为中华崛起传播智慧

To disseminate intelligence for the rise of China

机工传媒
China Machine Media

中国战略性新兴产业研究与发展

R&D of China's Strategic New Industries

中压开关

Medium Voltage Switchgear

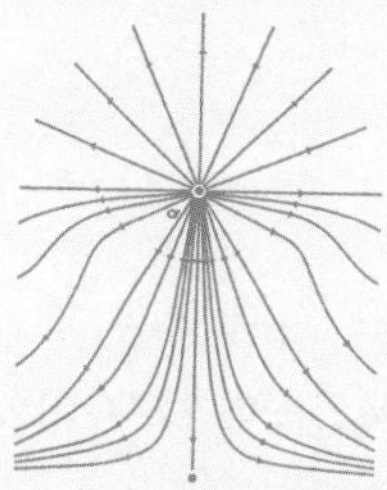

甘肃长城电工电器工程研究院有限公司等 组编

于庆瑞 王毅 主编

机械工业出版社
China Machine Press

本书分为3篇共9章，对中压开关发展现状、中压开关战略性新兴产业发展背景及产业政策、市场前景、行业风险、以及中压开关战略性新兴产业技术及其发展等进行了深入分析，并从中压开关智能制造及个性案例出发，提出了中压开关的技术改造方向，同时对中压开关的发展提出了政策性建议。

本书第1篇共2章，内容包括我国战略性新兴产业、《中国制造2025》和“一带一路”宏伟构想等战略性新兴产业的发展背景，以及中压开关行业的发展背景。第2篇共3章，内容包括国内外中压开关设备技术发展现状及我国中压开关设备战略性新兴产业技术发展特点。第3篇共4章，内容包括中压开关设备智能制造、中压开关设备的应用、中压开关设备产业发展研究以及中压开关行业企业介绍及供给侧结构性改革。

本书有机结合了普及性和科学性，既具有一定的理论深度，又具有浅显、实用的特点，其实际案例可为开关行业及企业发展提供指导。本书既适合政府部门、行业决策机构制定政策法规时参考，同时也适合企业决策者、技术、管理及市场人员，以及投资、证券行业及咨询机构的人员在规划、投资、研究及项目实施中使用。

图书在版编目（CIP）数据

中国战略性新兴产业研究与发展. 中压开关 / 于庆瑞，王毅主编 ; 甘肃长城电工电器工程研究院有限公司等组编. -- 北京 : 机械工业出版社, 2018.2
（中国战略性新兴产业研究与发展）
ISBN 978-7-111-59223-5

Ⅰ. ①中… Ⅱ. ①于… ②王… ③甘… Ⅲ. ①新兴产业—产业发展—研究—中国②中压开关—家电工业—产业发展—研究—中国 Ⅳ. ①F269.24 ②F426.619

中国版本图书馆CIP数据核字（2018）第035336号

机械工业出版社（北京市百万庄大街22号 邮政编码 100037）
责任编辑：张万英　　责任校对：刘　松
北京宝昌彩色印刷有限公司印制
2018年2月第1版第1次印刷
170mm×242mm · 16.75印张 · 291千字
标准书号：ISBN 978-7-111-59223-5
定价：108.00元

凡购本书，如有缺页、倒页、脱页，由本社发行部调换

电话服务	网络服务
社服务中心:(010)88361066	年鉴网:http://www.cmiy.com
销售一部:(010)68326294	机工官网:http://www.cmpbook.com
销售二部:(010)88379649	机工官博:http://weibo.com/cmp1952
读者购书热线:(010)68326643	**封面无机械工业出版社专用防伪标均为盗版**

《中国战略性新兴产业研究与发展》

编委会

序言

全球金融危机和经济衰退发生以来，美欧日俄等各国为应对危机、复苏经济、抢占未来发展的先机和制高点，都在重新审视发展战略，不断加快推进“再工业化”，培育发展以新能源、节能环保低碳、生物医药、新材料与高端制造、新一代信息网络、智能电网、海洋空天等技术为支撑的战略性新兴产业，在全球范围内构建以战略性新兴产业为主导的新产业体系。力图通过新一轮的技术革命引领，重新回归实体经济，创造新的经济增长点。这已成为很多国家摆脱危机、实现增长、提升综合国力的根本出路。可以预计，未来的二三十年将是世界大创新、大变革、大调整的历史时期，人类将进入一个以绿色、智能、可持续发展为特征的知识文明时代。那些更多掌握绿色、智能技术，主导战略性新兴产业发展方向的国家和民族将在未来全球竞争合作中占据主导地位，赢得全球竞争合作，共享持续繁荣进程中的主动权和优势地位。

为应对金融危机和全球性经济衰退以及日趋强化的能源、资源和生态环境约束，以实现中国经济社会的科学发展、和谐发展、持续发展，党中央、国务院提出加快调整产业结构、转变经济发展方式，加快培育和促进战略性新兴产业发展的方针，出台了《国务院关于加快培育和发展战略性新兴产业的决定》以及相关政策举措。可以肯定，未来 5 ～ 10 年将是我国结构调整与改革创新发展的一个新的战略机遇期，将通过继续深化改革，扩大开放，提升自主创新能力，建设创新型国家，实现我国科技、产业、经济由大变强的历史性跨越，我国经济社会发展将走出一条依靠创新驱动，绿色智能，科学发展、和谐发展、持续发展之路，实现中华民族的伟大复兴。

展望未来，高端装备制造、新能源汽车、节能环保、新一代信息技术、生物医药、新能源、新材料、绿色运载工具、海洋空天、公共安全等全球战略性新兴产业将形成十数万亿美元规模的宏大产业，成为发展速度最快，采用高新技术最为密集，最具持续增长潜力的产业群落。战略性新兴产业的发展需求也将拉动技术的创新突破和产业的结构调整，为包括我国在内的全球经济发展注入新的强大动力。

在世界各国高度重视培育和发展战略性新兴产业的新形势下，编著一套《中国战略性新兴产业研究与发展》图书，借鉴国外相关产业发展的成功经验，对行业发展思路、发展目标、发展战略、发展重点、投资方向、政策建议等方面进行全面、系统研究，凝聚对战略性新兴产业内涵和发展重点的认识，为国家战略性新兴产业发展规划的顺利实施，以及政府和有关部门制定促进战略性新兴产业发展的相关政策和法规提供参考，具有十分重要的现实意义。

《中国战略性新兴产业研究与发展》系列图书对相应产业的阐述、分析均注重强调战略性新兴产业的六个主要特点：

一是**绿色**。战略性新兴产业属于能耗低、排放少、零部件可再生循环的“环保型”“绿色型”产业，无论从产品的设计、制造、使用，还是回收、再利用等整个生命周期的各个环节，对资源的利用效率与对环境的承载压力均要求达到最理想水平。

二是**智能**。新型工业化要求坚持以信息化带动工业化、以工业化促进信息化，即要实现“两化融合”。而“两化融合”决定了智能是未来产业尤其是战略性新兴产业的发展方向。所谓智能，是指制造过程的智能化、产品本身的智能化、服务方式的智能化。这些均是智能的最基本层次，它还具有其他更为丰富的内涵。如：智能电网，通过先进的传感和测量技术、先进的设备技术、先进的控制方法以及先进的决策支持系统技术的应用，可实现电网的可靠、安全、经济、高效、环境友好和系统安全等方面的智能；智能汽车不只是安全智能，还包括节能、减排、故障预警等方面的智能。

三是**全球制造**。随着全球化趋势不断深化，战略性新兴产业的发展成果也必将是由全人类共创共享。新产品的研制开发，不再由一个企业独自完成，需要集成各方面优势资源共同解决。例如 iPhone 在中国完成装配，但它的设计、研发以及许多零部件的供应都是在美国、日本、欧洲等国实现的，其本身就是一个全球化的产品。因而，未来的制造必然是全球化制造、网络化制造。

四是**满足个性化需求与为更多人分享相结合**。目前中国有13亿人口，印度有12亿人口，还有巴西、印度尼西亚等新兴国家、发展中国家也都要实现现代化。在全球如此规模庞大的人群中，既存在富裕阶层、高消费阶层，他们的消费需求是个性化、多样化的；又有占比较大的中产阶层、贫困人口，他们的消费需求是基本层次的，但也不能被忽视。两种类型的消费需求必须同时被满足，这不仅是构建和谐社会的需要，而且是构建和谐世界的需要。因此，我国发展战略性新兴产业，应该既要满足中高端个性化的需求，同时又要满足我国与其他发展中国家广大普通消费者的需求。要把个性化的设计、个性化的产品生产，与规模化、工业化的传统生产结合起来，不能完全抛弃传统的规模化生产方式。

五是**可持续**。要使有限的自然资源得以有效、可持续利用，发展利用可再生资源、能源，强调发展再制造、循环经济。无论是原材料使用，还是零部件制造，从研发、设计之初就考虑到了生产中的废料、使用后的遗骸的回收处置，使其能够重新得到循环利用。

六是**增值服务**。培育发展战略性新兴产业需要注意在设计制造过程中与产品售后、使用过程中提供相关增值服务。不应再局限于传统的观念，只注重制造本身，而不注重服务的价值。例如，发展电动汽车产业，必须首先解决好商业模式问题，包括充电桩建设、电池更换、废旧电池回收等服务方面，否则将无法广泛推广。

《中国战略性新兴产业研究与发展》系列图书内容丰富，资料翔实，观点鲜明，立意高远，并力求充分体现出“四性”，即科学性、前瞻性、指导性和基础性。

第一，体现**科学性**。所谓科学性，就是指以科学发展观为指导。科学发展观的核心是以人为本，总体目标是全面、协调、可持续，基本方法是统筹兼顾，符合客观规律。《中国战略性新兴产业研究与发展》系列图书既要能够为党中央、国务院提出的加快发展战略性新兴产业的总体战略服务，又不应受到行业、部门的局限，更不能写成规划或某些部门规划的解读材料，而应能够立足于事物客观规律、立足于全局。各分册编写组同志重视调查、研究，力求对国情、科技、产业及全球相关产业的发展态势有比较准确的把握，努力为我国战略性新兴产业的发展提供一本基于科学基础的好素材。这套图书立足基于我国国情，而不是简单地把发达国家的相关产业信息进行综合、编译，照搬照抄。当然，我国发展战略性新兴产业不能“闭门造车”，而是要坚持开放性，积极参与国际分工合作，充分利用全球优势资源，提高发展的起点和水平。因而，有必要参照国际成功经验与最新发展趋势，但一定要以我国国情和产业特点为根本出发点，加快培育和发展有中国特色的、竞争能力强的战略性新兴产业。

第二，体现**前瞻性**。一是能够前瞻战略性新兴产业的发展，因为这套图书是战略性新兴产业的发展指导书。二是能够前瞻战略性新兴产业技术的发展。为了做好这两个前瞻，必须要适当地前瞻全球经济、我国经济与战略性新兴产业发展的趋势。只讲发展现状是不够的，因为关于现状的资料很多，通过简单地网络搜索即可查到；也不能只罗列国外的某些规划和发展战略。《中国战略性新兴产业研究与发展》系列图书的编写注重有深度的科学分析与前瞻性的研究。

第三，体现**指导性**。《中国战略性新兴产业研究与发展》系列图书本身就是指导书，能够对产业、对技术、对国家制定政策，甚至在未来国家发展战略与规划的制定等方面发挥一定的引导作用与影响。虽然不能说这套图书可以指导国家战略与规划的制定，但是应该努力发挥其积极的引导作用。

第四，体现**基础性**。所谓基础性，就是指要能够提供战略性新兴产业的基础信息、基础知识，以及我国和有关国家在相关产业发展方面的基本战略，主要的法规、政策和举措，并尽可能提供一些基本的技术路线图。比如在轴承分册，就描述了一个轴承产业发展的路线图。唯有如此，《中国战略性新兴产业研究与发展》系列图书才能满足原来立项的宗旨——不仅要为工程技术界、大学教师、大学生与研究生提供学习参考书，为产业界的技术人员、管理人员提供决策参照，而且要为政府部门的政策法规制定者提供参考。

机械工业出版社是具有60多年历史的专业性综合型出版机构，改革开放后，随着市场经济的发展，机械工业出版社不断改革转型，不但形成了完善的编辑出版工作流程和质量保证体系，而且编辑人员作风严谨，工作创新。

《中国战略性新兴产业研究与发展》系列图书不仅是一套科技普及书，更是一套产业发展参考书，必须既要介绍国内外战略性新兴产业的发展情况，又要阐述相关政策、法规、扶植措施等内容。因此，这套图书的组编单位、编写负责人和编写工作人员必须要有相关积累和优势。《中国战略性新兴产业研究与发展》系列图书所选的分册主编和作者主要是精力充沛的业内中青年专家，并由资深专家负责相应的编审、校审工作。现在看来大多数工作由中青年同志担当，是完全符合实际的。此外，这套图书的编著还充分发挥了有关科研院所、行业学会和协会的作用，他们的优势在于对行业比较熟悉，并掌握了较为丰富的资料。

最后，特别感谢国家出版基金对《中国战略性新兴产业研究与发展》系列图书的大力支持！感谢全体编写出版人员的辛勤劳动！

期望《中国战略性新兴产业研究与发展》为社会各界了解战略性新兴产业提供帮助，期待中国战略性新兴产业培育和发展尽快取得重大突破，祝愿我国在不久的将来实现由经济大国向经济强国的历史性跨越！

是为序。

路甬祥

前言

中压开关是作为发电、输电、配电和电能转换的开关装置，主要用于电力系统的控制、测量和保护等，对电力系统的安全、高效、稳定运行发挥着重要作用。电力工业是国民经济的支柱产业，历来受到党和政府的高度重视。

中压开关设备是配电领域中使用量大、使用范围广的设备之一。它是由敞开式开关设备发展而来，早期产品的断路器大多采用以绝缘油为绝缘介质的油断路器和采用空气作为绝缘介质的空气断路器。20 世纪 70 年代以来，以 SF_6 为绝缘介质的 SF_6 断路器和采用真空绝缘的真空断路器得到了普及，中压开关设备的可靠性得到大幅提升。进入 21 世纪，我国电力工业快速平稳发展，从而极大地激发了国内外企业开发生产中压开关设备的积极性，不但产品更新换代速度明显加快，而且有力地推动了行业的技术进步。近年来，国内中压开关行业主要是以企业自行开发设计为主，同时吸收国外先进技术进行再创新，行业主要产品的技术参数达到或超过国际同类产品水平。

国内中压开关技术发展具有典型的时代特征，随着坚强智能电网的建设、环保要求的强化、国土资源的稀缺以及安全法规的强化等，中压开关行业也研究开发了小型化、高可靠性、智能化和环保性等战略性新兴产业技术，并得到应用。

本书编写力求内容丰富、资料翔实、指导性强，可为政府、行业合理规划及统筹布局战略性新兴产业提供参考，为企业投资提供指导性建议，对从事中压开关设备研究、开发、生产的科技工作者也有很好的参考价值。本书的顺利出版得到了机械工业信息研究院、中国电器工业协会等单位的大力支持，特别感谢尹忠东主编了第 7 章 7.1 节中压开关在电力系统的应用分析，秦文杰主编了第 7 章第 7.2 节中压开关在炼油化工企业的应用分析。

本书第 1 篇由王毅、刘伟编写，第 2 篇由刘爱华、杨敬华等人编写，第 3 篇由王毅、秦文杰、尹忠东和蔡德成等人编写。

王毅

2017 年 9 月

编写说明

《国务院关于加快培育和发展战略性新兴产业的决定》确定了我国未来经济社会发展的战略重点和方向是战略性新兴产业，并且根据我国国情和科技、产业基础，又制定出现阶段重点发展节能环保、新一代信息技术、生物、高端装备制造、新能源、新材料、新能源汽车七大新兴产业。可见，未来几年七大战略性新兴产业将是国家重点支持、大力推广的产业。

为了使大家全面理解、准确把握、深刻领会国家这一战略决定的精神实质，了解其发展内涵，推动产业结构升级和经济发展方式转变，增强国际竞争优势，抢占新一轮经济和科技制高点，机械工业出版社在国家出版基金的支持下，组织各领域权威专家编写了一套《中国战略性新兴产业研究与发展》（以下简称《研究与发展》）图书。

《研究与发展》以国家相关发展政策和规划为基础，借鉴国外相关产业发展的成功经验，对产业发展思路、发展目标、发展战略、发展重点、投资方向、政策建议等方面进行了全面、系统的研究；对前瞻性、基础性和目前产业上有瓶颈限制的问题提出了有针对性的对策。

《研究与发展》采用分期分批的出版方式陆续出版发行，第一期12个分册图书已于2013年年底完成出版，包括：太阳能、风能、生物质能、智能电网、新能源汽车、轨道交通、工程机械、水电设备、农业机械、数控机床、轴承和齿轮。本次出版第二期13个分册图书，包括：功能材料、物流仓储装备、紧固件、模具、内燃机、塑料机械、塑木复合材料、物联网、制冷空调、智能制造装备、非常规油气、中压开关和数据中心。今后根据国家产业政策要求及各行业的发展情况还将陆续推出其他分册。

为了出版好《研究与发展》，机械工业出版社成立了《中国战略性新兴产业研究与发展》编委会，全国人大常委会原副委员长路甬祥担任编委会主任。路甬祥副委员长对该套图书的编写高度重视，亲自参加编委研讨会，多次提出重要指导意见。他从图书的定位、内容选材、作者队伍建设和运作流程等方面都给予了全面和具体的指导，并提出了“六个特点”和“四性”的具体要求，对每个分册的内容重点提出了具体的建议要求。

机械工业出版社还建立了完善的项目管理、编写组织、出版规范和网络支撑四个方面的工作体系来保证图书质量。各组编单位投入了大量的精力组织行业权威专家规划内容结构、研讨内容特色；参与图书编写的主创人员也不计报酬，自觉自愿地把自己的聪明才智和研究成果奉献给社会，奉献给国家。他们都担负着繁重的科研、教学、行业管理或生产任务，为了使此书能够早日与大家见面，他们不辞辛苦、加班加点。因为他们都有一个共同心愿——帮助企业快速成长，使中国由大变强。

在此，衷心地感谢为此项工作付出大量心血的组编单位、各位专家、各位撰稿人、编辑出版及工作人员！

尽管我们做了大量工作，付出了巨大努力，但仍难免有疏漏或错误之处，敬请读者批评指正！

《中国战略性新兴产业研究与发展》编辑部

2017 年 11 月

目录 CONTENTS

第1篇

绪　论

第 1 章 必要性及其背景

1.1 国家战略性新兴产业相关规划

1. 战略性新兴产业的提出

（1）战略性新兴产业与大国崛起 “战略性新兴产业”这一概念是我国于2009 年首先提出来的。战略性新兴产业的本质是未来的战略产业，实质是全球范围内因突破性技术创新催生的能够形成多家产业竞争优势的战略产业[1]。

1）英国与第一次工业革命。第一次工业革命的核心问题是动力问题，而瓦特蒸汽机的出现从根本上解放了英国的生产力。因此面积仅 24 万 km^2 的英国在 18、19 世纪成为世界发展的领头羊。19 世纪末，英国殖民地遍及各个大陆板块，总面积达 930 万 km^2，统治着当时世界上 3 亿多的人口，成为真正的“日不落帝国”[2]。动力问题的解决使人类不再受制于大自然，也是英国工业腾飞的最大动力。

2）德国与第二次工业革命。直到 19 世纪中叶，德国还是一个四分五裂的国家，工业化进程远远落后于英国，更谈不上成为世界强国。1809 年德国创办了世界上第一所真正现代意义上的大学 —— 柏林洪堡大学，第一次强调大学要教学和科研并重，并且提倡学术自由。在柏林洪堡大学的影响下，德国建立了一大批现代大学。第二次工业革命开始于 19 世纪六七十年代，结束于 20 世纪初，最重要的标志是电力的广泛使用和内燃机的发明。而在这次工业革命中，借助于科技创新优势，德国在重大科技革新和发明创造方面取得 200 多项成果，超过英法两国的总和。德国的经济和综合国力因此出现跨越式发展，煤炭和钢铁产量跃居欧洲第一，化工产品总产量跃居世界首位，超过了称霸欧洲一个多世纪的英国，一跃成为令人瞩目的世界强国[2]。

3）美国与第三次科技革命。美国原属英国殖民地，1776 年才独立，在 19 世纪的世界舞台上，还很少看到美国人的身影。第三次科技革命中，原子能、空间技术和电子计算机等新技术层出不穷，科学技术转化为实际效益的速度也越来越快，美国人牢牢掌控了 20 世纪科技发展的主线，一跃成为头号世界强国[2]。

4）大国崛起的基础。战略性新兴产业与全球大国崛起之间存在着耦合性，通常的规律是，一个国家首先通过制度创新激发了创新活力，促进了科技创新，科技创新成果的规模性应用带动了战略性新兴产业的发展，战略性新兴产业的快速成长则有效提升了该国的国际竞争力，奠定了大国崛起的基础。

（2）我国发展战略性新兴产业的背景 经济学中有一个著名的“微笑曲线”理论，如图 1-1 所示。“微笑曲线”理论认为：在产业链中，研发（包括技术、专利和标准等）、制造（包括组装与加工）及营销（包括品牌、服务等）诸环节的附加值曲线呈现两端高中间低的形态，即研发和营销环节附加值高，生产加工环节附加值低，大体呈“U”形的弧线，如同一个人微笑时上翘的嘴唇形状。因此，产业链诸环节的附加值曲线被称为产业“微笑曲线”。

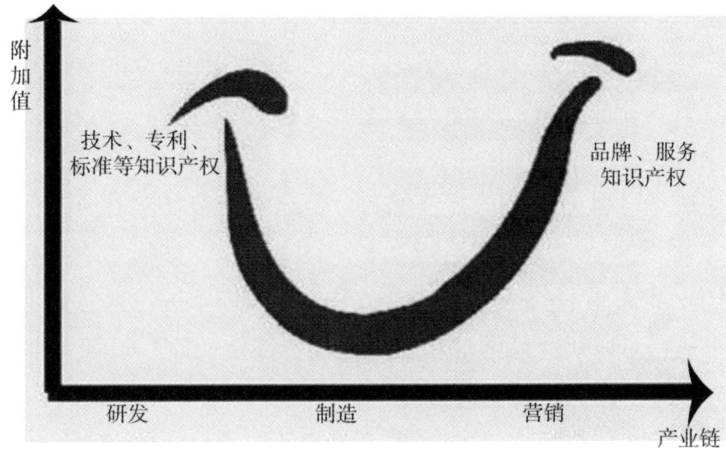

图 1-1 微笑曲线

改革开放初期，我国出现了一大批“技术在外”“营销在外”的加工型企业。这些企业的出现，为我国国民经济的发展赢得了必要的外汇资源。这些“两头在外”的企业，在经济学上称之为“打工企业”，仅能获得微薄的利润。这样的企业没有技术支撑，没有经营品牌，难于抵御市场风险。另外，为了获得微薄的利润，也牺牲了我国的资源、环境等。

据美国《纽约时报》报道，每销售 1 部售价 600 美元的 iPhone4，苹果公司可以从中获得 360 美元的利润，其利润占整个产品利润的 90%，而富士康等中国组装企业所获利润则仅占整个产品利润的 2% 左右。比较苹果公司和富士康的母公司鸿海集团最近几年的财务报表可以发现，由于所处产业链位置不同，两者在 2010—2012 年期间的年均毛利率相差甚远：前者高达 41.9%，而后者仅为 3.1%。

“微笑曲线”理论表明，要想提高产业附加值和国际竞争力，不能囿于制造加工环节，必须向研发与营销环节延伸，必须发展自主品牌、自有知识产权和高附加值的产品。因此企业要通过自主创新和引进技术相结合的方式，掌握战略性新兴产业关键核心技术，提高产品技术含量，拥有更多的自有知识产权产品。与此同时，企业还要通过建立自主营销网络等方法，将贸易链延伸到境外，实现能“引进来”，也能“走出去”。

工业是经济的根基，是国家综合实力的源泉，工业的发展与国家命运息息相关。从产出总量上看，我国经济总量稳居世界第二位，13 亿多人口的人均国内生产总值增至 7 800 美元左右。第三产业增加值占国内生产总值比重超过第二产业，基础设施水平全面跃升，农业连续增产，常住人口城镇化率达到 55%，一批重大科技成果达到世界先进水平。但与此同时，我们也应该清醒地认识到，大而不强仍然是中国制造业急需突破的瓶颈。从质量和结构等方面看，中国制造业与发达国家仍有较大差距。这种差距主要体现在以下几方面：

一是从国际竞争力角度看，中国制造业的发展不平衡，整体竞争力有待提升。

二是中国制造业具有庞大的规模优势，但这种优势伴随着两方面的问题。一方面，中国工业整体呈现的状态是既“大”且“胖”，如何“瘦身”，化解产能过剩，是中国工业面临的一个重要挑战；另一方面，中国工业总体上具有能耗较高、污染较重的特点，从产品结构和生产过程看都是如此。如何清洁化、绿色化，是中国工业转型和升级的一个重要内容。

三是在一些行业的国际分工格局中，中国处在价值链的相对低端，如组装环节。由于品牌、核心技术和关键零部件的生产掌握在发达国家企业手中，同生产活动相关的本土价值创造非常有限，传统的加工贸易模式尤其如此。另外，在成本不断上升的情况下，低端的生产组装面临来自低收入国家的严峻挑战。

四是在很多行业中，中国企业缺乏具有自主知识产权的核心技术和相应的研发能力。

2. 国家战略性新兴产业发展政策

（1）《国务院关于加快培育和发展战略性新兴产业的决定》 经过改革开放 30 多年的快速发展，我国综合国力明显增强，科技水平不断提高，建立了较为完备的产业体系，特别是高技术产业快速发展，规模跻身世界前列，为战略性新兴产业加快发展奠定了较好的基础。同时，在新的发展阶段，我国加快培育发展战略性新兴产业也面临着企业技术创新能力不强，掌握的关键核心技术少，有利于新技术新产品进入市场的政策法规体系不健全，支持创新创业的投融资和财税政策、体制机制不完善等突出问题。

2010 年 10 月 10 日，国务院颁布了《国务院关于加快培育和发展战略性新兴产业的决定》（以下简称《决定》），《决定》提出："我国正处在全面建设小康社会的关键时期，必须按照科学发展观的要求，抓住机遇，明确方向，突出重点，加快培育和发展战略性新兴产业。"

党中央、国务院高度重视培育和发展战略性新兴产业，并强调"要把发展战略性新兴产业作为产业结构优化升级的重点"，中央经济工作会议要求，要抓紧研究提出培育我国战略性新兴产业的总体思路，强化政策支持，加大财政投入，培育新的经济增长点。

《决定》根据我国国情和科技、产业基础，以及战略性新兴产业的发展阶段与特点，围绕经济社会发展的重大需求，从四个方面七个产业领域中选择了若干重点方向作为现阶段加快培育和发展战略性新兴产业的切入点和突破口：一是以有效缓解经济社会发展的资源、环境瓶颈制约为目标，着力发展节能环保和新能源产业；二是以加快推进经济社会信息化，促进信息化与工业化深度融合为目标，着力发展新一代信息技术产业；三是以提高人民健康水平，促进现代农业发展为目标，着力发展生物产业；四是以提升制造业核心竞争力，促进产业结构优化升级为目标，着力发展高端装备制造、新材料和新能源汽车产业。

1）节能环保产业。重点开发推广高效节能技术装备及产品，实现重点领域关键技术突破，带动能效整体水平的提高。加快资源循环利用关键共性技术研发和产业化示范，提高资源综合利用水平和再制造产业化水平。示范推广先进环保技术装备及产品，提升污染防治水平。推进市场化节能环保服务体系建设。加快建立以先进技术为支撑的废旧商品回收利用体系，积极推进煤炭清洁利用、海水综合利用。

2）新一代信息技术产业。加快建设宽带、泛在、融合及安全的信息网络基础设施，推动新一代移动通信、下一代互联网核心设备和智能终端的研发及产业化，加快推进三网融合，促进物联网、云计算的研发和示范应用。着力发展集成电路、新型显示、高端软件和高端服务器等核心基础产业。提升软件服务、网络增值服务等信息服务能力，加快重要基础设施智能化改造。大力发展数字虚拟等技术，促进文化创意产业发展。

3）生物产业。大力发展用于重大疾病防治的生物技术药物、新型疫苗和诊断试剂、化学药物及现代中药等创新药物大品种，提升生物医药产业水平。加快先进医疗设备、医用材料等生物医学工程产品的研发和产业化，促进规模化发展。着力培育生物育种产业，积极推广绿色农用生物产品，促进生物农业加快发展。

推进生物制造关键技术开发、示范与应用。加快海洋生物技术及产品的研发和产业化。

4）高端装备制造产业。重点发展以干支线飞机和通用飞机为主的航空装备，做大做强航空产业。积极推进空间基础设施建设，促进卫星及其应用产业发展。依托客运专线和城市轨道交通等重点工程建设，大力发展轨道交通装备。面向海洋资源开发，大力发展海洋工程装备。强化基础配套能力，积极发展以数字化、柔性化及系统集成技术为核心的智能制造装备。

5）新能源产业。积极研发新一代核能技术和先进反应堆，发展核能产业。加快太阳能热利用技术推广应用，开拓多元化的太阳能光伏光热发电市场。提高风电技术装备水平，有序推进风电规模化发展，加快适应新能源发展的智能电网及运行体系建设。因地制宜开发利用生物质能。

6）新材料产业。大力发展稀土功能材料、高性能膜材料、特种玻璃、功能陶瓷和半导体照明材料等新型功能材料。积极发展高品质特殊钢、新型合金材料和工程塑料等先进结构材料。提升碳纤维、芳纶和超高分子量聚乙烯纤维等高性能纤维及其复合材料发展水平。开展纳米、超导和智能等共性基础材料研究。

7）新能源汽车产业。着力突破动力电池、驱动电动机和电子控制领域关键核心技术，推进插电式混合动力汽车、纯电动汽车推广应用和产业化。同时，开展燃料电池汽车相关前沿技术研发，大力推进高能效、低排放节能汽车发展。

《决定》指出，目前我国战略性新兴产业发展面临的突出问题是关键核心技术掌握得少，产品进入市场面临诸多障碍。要加快培育和发展战略性新兴产业，必须把科技创新作为中心环节，把市场需求作为重要拉动力量，把国际化发展作为必要的条件，着力提升产业核心竞争力，营造良好市场环境，提高国际化发展水平。

《决定》突出财税金融政策的扶持和引导作用。主要包括加大财政支持力度，完善税收激励政策，鼓励金融机构加大信贷支持，引导金融机构建立适应战略性新兴产业特点的信贷管理和贷款评审制度，积极发挥多层次资本市场的融资功能，进一步完善创业板市场制度，支持符合条件的企业上市融资，大力发展创业投资和股权投资基金等。

（2）“十三五”战略性新兴产业发展规划　2016 年 11 月 29 日，国务院颁发了《“十三五”国家战略性新兴产业发展规划》（本小节简称《规划》），提出到 2020 年，形成新一代信息技术、高端制造、生物、绿色低碳和数字创意等

5 个产值规模 10 万亿元级的新支柱产业，并在更广领域形成大批跨界融合的新增长点，平均每年带动新增就业 100 万人以上。

1）打造新常态下经济发展新引擎。战略性新兴产业的发展，是重大科技突破和新兴社会需求两者的有机结合。在经济发展新常态下，战略性新兴产业将突破传统产业发展瓶颈，为中国提供弯道超车，在国际竞争中占据有利地位的宝贵机遇。

《规划》提出，到 2020 年，战略性新兴产业增加值占国内生产总值比重达到 15%；2015 年，战略性新兴产业增加值占国内生产总值比重为 8% 左右；未来 5 ～ 10 年，是全球新一轮科技革命和产业变革从蓄势待发到群体迸发的关键时期。

战略性新兴产业代表新一轮科技革命和产业变革的方向，其发展事关全局和长远，必须以更大的决心和勇气谋篇布局，确保战略性新兴产业成为支撑新旧增长动能转换的新动力，引领产业迈向中高端和经济社会高质量、可持续发展。

2）数字创意纳入战略性新兴产业五大领域。在《“十二五”国家战略性新兴产业发展规划》中，明确要进一步发展壮大数字创意、新一代信息技术、高端装备、新能源、新材料、生物和新能源汽车、节能环保等战略性新兴产业。

“十三五”国家战略性新兴产业领域的选择与“十二五”一脉相承，在前期发展基础上根据科技创新前沿发展情况和经济社会发展的重大需求，整合创新为五大领域。其中，数字创意近年来有突破性发展，被纳入“十三五”战略性新兴产业重点领域。

《规划》结合大量产业新增长点更迭涌现、产业融合态势明显等趋势，将“十二五”战略性新兴产业涵盖的“7 大领域 24 个重点方向”合并增补为 5 大领域 8 大产业，明确提出到 2020 年形成 5 个产值规模在 10 万亿元级别的新的支柱产业，将“壮大”作为未来五年战略性新兴产业工作的核心要务。

3）以创新、包容、开放推动发展。规划提出了完善管理方式、构建产业创新体系、强化知识产权保护和运用、深入推进军民融合、加大金融财税支持、加强人才培养与激励 6 方面的政策保障支持措施，并部署了 21 项重大工程。

创新、包容和开放是推动战略性新兴产业发展实现既定目标的关键因素。创新是战略性新兴产业发展的灵魂；建立更加包容性的政府监管规范模式，为新产业新技术发展营造良好的生态环境；坚持开放理念，利用国际市场和国际技术资源推进发展。21 个重点工程作为推动战略性新兴产业发展的抓手，通过政策落实和试点等带动引领战略性新兴产业取得发展，推动我国形成全球产业发展新高地。

3. 地方战略性新兴产业政策

为推进产业结构优化升级，加快经济发展方式转变，构建国际竞争新优势，掌握未来发展主动权，实现经济社会可持续发展，中央作出了加快培育发展战略性新兴产业的重大战略部署，各级地方政府紧紧围绕这一大局，在其“十三五”规划中制定了战略性新兴产业发展目标及定位，并制定了各种政策意见和规划方案，有的地方政府甚至出台了各具特色的“十三五”战略性新兴产业发展规划。

（1）北京市战略性新兴产业发展情况及相关政策　北京市积极发挥自身资源优势，通过加强自主创新与重大项目带动，战略性新兴产业整体发展态势良好，重点领域创新成果不断涌现，对首都产业结构优化升级、城市管理和民生服务的支撑作用日益增强。主要表现在以下几个方面：

1）在内外部环境深刻变化、调整转型进入新阶段的背景下，北京市战略性新兴产业总体保持平稳健康发展，战略性新兴产业经济带动作用日益突出，在产业结构调整转型中取得新进展；同时，战略性新兴产业的较快发展促使北京市产业结构优化的重点从三次产业间的调整向产业内部结构升级转变，产业链条不断向高端环节聚集，产业布局加快向高端产业功能区集聚。

2）在战略性新兴产业总体发展形势良好的背景下，重点领域发展迅速，优秀企业不断发展壮大，培育了联想集团等千亿元级集团，中国普天、北大方正和同方股份等若干百亿元级骨干企业，以及大唐电信、航天信息、百度、搜狐和新浪等一大批十亿元级创新型企业。

3）战略性新兴产业区域格局初步形成，示范区发挥了良好的经济带动作用。

4）产学研协同发展促进自主创新能力提升，推动产业集聚发展及创新型产业基地形成。通过整合产学研的创新资源，北京市形成了我国规模最大，实力最强，结构最完善的区域创新体系，并带动了战略性新兴产业自主创新能力快速提升。

为全面贯彻落实《国务院关于加快培育和发展战略性新兴产业的决定》（国发〔2010〕32 号）和《北京市国民经济和社会发展第十二个五年规划纲要》，提升战略性新兴产业在全市经济发展中的支柱地位，将北京建设成为具有全球影响力的科技创新中心和国家战略性新兴产业策源地，北京市制定了《北京市关于加快培育和发展战略性新兴产业的实施意见》，将加快培育和发展战略性新兴产业作为推动北京市率先形成创新驱动发展格局的重要引擎，以建设具有全球影响力的战略性新兴产业科技创新中心作为主要目标，按照“创新驱动、高端发展、重点跨越、引领示范”的发展方向，构建“以新一代信息技术为引擎，以生物、节能环保、新材料和新能源汽车为突破，以新能源、航空航天和高端装备制造为先导”的战略性新兴产业格局，深度推进产业结构优化升级。

（2）上海市战略性新兴产业发展及相关政策　上海是我国重要的国际港口城市和经济中心城市，肩负着建设“四个中心”（国际经济中心、国际金融中心、国际贸易中心和国际航运中心），推进“四个率先”（率先转变发展方式，率先提高自主创新能力，率先推进改革开放，率先构建社会主义和谐社会）的历史使命。但资源环境的约束日益突显，建设用地、水环境和大气容量十分有限，资源环境的约束对产业结构调整、转变发展方式提出了更为迫切的需求。上海必须加快培育和发展知识密集度高，资源耗费量少，环境友好，综合效益明显，且具有较强成长潜力的战略性新兴产业，形成新的经济增长点，提高人民生活质量和水平，促进资源节约型和环境友好型社会建设。

根据国务院《关于加快培育和发展战略性新兴产业的决定》和《上海市国民经济和社会发展第十二个五年规划纲要》，上海市制定了《上海市战略性新兴产业发展“十二五”规划》，在明确发展目标的基础上，确定了培育企业主体、推进成果转化、强化人才激励、健全金融服务、完善管理机制及深化国际合作等保障措施。另外，《上海市国民经济和社会发展第十三个五年规划纲要》中，还提出了到2020年，“战略性新兴产业增加值占全市生产总值比重达到20%左右”；在加快推动产业转型升级方面提出了“按照高端化、智能化、绿色化和服务化要求，促进产业融合发展，不断完善以现代服务业为主，战略性新兴产业引领，先进制造业支撑的新型产业体系，不断提升服务经济特别是实体经济发展的质量和水平”的要求。

（3）广东省战略性新兴产业发展及相关政策　广东省战略性新兴产业发展迅速，日益成为新的经济增长点，在全国战略性新兴产业发展中具有举足轻重的地位。2013年全省战略性新兴产业实现工业增加值3 177.71亿元，比上年增长8.1%，占全省规模以上工业比重达12.4%；实现工业销售产值12 667.40亿元，比上年增长10.5%；实现出口交货值4 642.64亿元，比上年增长5.1%；实现利润978.69亿元，比上年增长17.5%。[3]

《广东省“十三五”发展规划纲要》在其“主要发展目标和发展理念”中提出了战略性新兴产业快速发展的目标；在“坚持创新发展，推动转型升级，着力构建以创新为主要引领和支撑的经济体系和发展模式”中提出了“做大做强战略性新兴产业”，并确定了互联网、物联网等优势产业；将战略性新兴产业作为“十三五”国际合作的重点领域。

（4）甘肃省战略性新兴产业发展相关政策　2016 年 8 月 9 日，甘肃省印发了《甘肃省“十三五”战略性新兴产业发展规划》。该《规划》提出，甘肃省将完善相关法律法规，梳理取消制约战略性新兴产业发展的制度障碍，营造有利于战略性新兴产业发展的良好制度环境。进一步下放行政审批权限，简化项目审批、核准及备案等程序，放宽市场准入，建立战略性新兴产业重点项目审批“绿色通道”，鼓励和支持民间资本加大向战略性新兴产业领域的投入。该《规划》提出，到 2020 年，甘肃省将培育发展 100 户骨干企业，力争打造 50 条百亿元产业链，战略性新兴产业增加值占生产总值比重达到 16%。此外，甘肃省将以新能源、生物医药、节能环保、现代服务业和公共安全等领域为重点，加大技术创新和体制机制创新，依托骨干企业，延伸拓展产业链，推动战略性新兴产业发展壮大。该《规划》还提出，甘肃省将整合扶持战略性新兴产业发展的省级财政专项资金，通过对骨干企业进行股权投资和对创新平台奖补扶持，加大对战略性新兴产业的财政支持力度。同时，完善对骨干企业的股权投资机制，加大股权投资扶持力度，支持企业尽快上市融资。支持战略性新兴产业企业申报国家重大专项，争取专项建设基金和中央预算内补助资金。加大省级财政资金对各类众创空间、孵化器等创新平台的扶持，鼓励地方出台相应财政支持政策，提高产业创新能力。加大财政资金对战略性新兴产业聚集区配套设施的支持力度。

从 2014 年起，甘肃省评选出了三批（60 户）战略性新兴产业总体攻坚战骨干企业，以债券、股权等灵活的方式，对重点战略性新兴产业项目进行扶持。

另外，甘肃省还制定了《甘肃省人民政府关于促进战略性新兴产业加快发展若干政策措施的意见》《甘肃省发展和改革委员会关于加强战略性新兴产业自主创新能力建设的意见》《关于对战略性新兴产业发展总体攻坚战骨干企业突出贡献人才奖励的决定》等政策，促进战略性新兴产业的发展。

4. 战略性新兴产业与中压开关

中压开关属于战略性新兴产业中的高端装备领域，对新能源、轨道交通等战略性新兴产业的发展发挥着重要作用。

天水长城开关厂有限公司是中压开关行业的领军企业，该公司 2014 年被甘肃省评选为该省战略性新兴产业总体攻坚战第一批骨干企业。

福州天一同益电气股份有限公司是主要生产中压开关设备的企业，该公司2013年被福建省评选为该省战略性新兴产业第二批骨干企业。

1.2 《中国制造 2025》的政策

1.《中国制造 2025》

（1）《中国制造 2025》的背景

1）全球制造业格局面临重大调整。新一代信息技术与制造业深度融合，正在引发影响深远的产业变革，形成新的生产方式、产业形态、商业模式和经济增长点。各国都在加大科技创新力度，推动三维（3D）打印、移动互联网、云计算、大数据、生物工程、新能源和新材料等领域取得新突破。基于信息物理系统的智能装备、智能工厂等智能制造正在引领制造方式变革；网络众包、协同设计、大规模个性化定制、精准供应链管理、全生命周期管理和电子商务等正在重塑产业价值链体系；可穿戴智能产品、智能家电和智能汽车等智能终端产品不断拓展制造业新领域。我国制造业转型升级、创新发展迎来重大机遇。

全球产业竞争格局正在发生重大调整，我国在新一轮发展中面临巨大挑战。国际金融危机发生后，发达国家纷纷实施“再工业化”战略，重塑制造业竞争新优势，加速推进新一轮全球贸易投资新格局。一些发展中国家也在加快谋划和布局，积极参与全球产业再分工，承接产业及资本转移，拓展国际市场空间。我国制造业面临发达国家和其他发展中国家“双向挤压”的严峻挑战，必须放眼全球，加紧战略部署，着眼建设制造强国，固本培元，化挑战为机遇，抢占制造业新一轮竞争制高点。

2）我国经济发展环境发生重大变化。随着新型工业化、信息化、城镇化和农业现代化同步推进，超大规模内需潜力不断释放，为我国制造业发展提供了广阔空间。各行业新的装备需求、人民群众新的消费需求、社会管理和公共服务新的民生需求及国防建设新的安全需求，都要求制造业在重大技术装备创新、消费品质量和安全、公共服务设施设备供给和国防装备保障等方面迅速提升水平和能力。全面深化改革和进一步扩大开放，将不断激发制造业发展活力和创造力，促进制造业转型升级。

我国经济发展进入新常态，制造业发展面临新挑战。资源和环境约束不断强化，劳动力等生产要素成本不断上升，投资和出口增速明显放缓，主要依靠资源要素投入、规模扩张的粗放发展模式难以为继，调整结构、转型升级、提质增效刻不容缓。形成经济增长新动力，塑造国际竞争新优势，重点在制造业，难点在制造业，出路也在制造业。

3）建设制造强国任务艰巨而紧迫。经过几十年的快速发展，我国制造业规模跃居世界第一位，建立起门类齐全、独立完整的制造体系，成为支撑我国经济社会发展的重要基石和促进世界经济发展的重要力量。持续的技术创新，大大提高了我国制造业的综合竞争力。载人航天、载人深潜、大型飞机、北斗卫星导航、超级计算机、高铁装备、百万千瓦级发电装备和万米深海石油钻探设备等一批重大技术装备取得突破，形成了若干具有国际竞争力的优势产业和骨干企业，我国已具备了建设工业强国的基础和条件。

但我国仍处于工业化进程中，与先进国家相比还有较大差距。制造业大而不强，自主创新能力弱，关键核心技术与高端装备对外依存度高，以企业为主体的制造业创新体系不完善；产品档次不高，缺乏世界知名品牌；资源能源利用效率低，环境污染问题较为突出；产业结构不合理，高端装备制造业和生产性服务业发展滞后；信息化水平不高，与工业化融合深度不够；产业国际化程度不高，企业全球化经营能力不足。推进制造强国建设，必须着力解决以上问题。

建设制造强国，必须紧紧抓住当前难得的战略机遇，积极应对挑战，加强统筹规划，突出创新驱动，制定特殊政策，发挥制度优势，动员全社会力量奋力拼搏，更多依靠中国装备、依托中国品牌，实现中国制造向中国创造的转变，中国速度向中国质量的转变，中国产品向中国品牌的转变，完成中国制造由大变强的战略任务。

（2）《中国制造 2025》的制定经纬　2013 年初，中国工程院院长周济倡议开展“制造强国战略研究”重大咨询项目。2013 年底，中国工程院将“制造强国战略研究”阶段性报告提交中央，其中就包括制定《中国制造 2025》的建议。

2014 年 1 月 7 日，国务院副总理马凯专题听取了中国工程院的阶段性成果汇报，对“制造强国战略研究”项目给予充分肯定，同时认为应该由咨询转变为行动，要求由工业和信息化部牵头，联合多部委、中国工程院等单位，尽快制定《中国制造 2025》战略规划。

2015 年 5 月 8 日，国务院发布了《中国制造 2025》。

《中国制造 2025》的背后凝聚了 50 多位院士和 100 多位专家两年多的研究成果，是我国实施制造强国战略第一个 10 年的行动纲领，明确了我国成为制造强国的阶段性目标和各项指标，为中国制造业绘就了发展蓝图。

《中国制造 2025》不是具体规划，而是面向全行业的行动纲领，智能化、绿色化和服务化是三个发展方向。其实，《中国制造 2025》只是中国迈向制造强国的第一个 10 年的行动纲领。“制造强国战略研究”项目提出，力争用 30 年时间，通过“三步走”战略，实现制造强国的战略目标：2025 年，使中国制造业迈入制造强国行列；2035 年，使中国制造业整体达到世界制造强国的中等水平；2045 年，使中国制造业综合实力迈入世界制造强国前列。

（3）解读《中国制造 2025》 《中国制造 2025》是党中央、国务院总揽国际国内发展大势，站在增强我国综合国力、提升国际竞争力以及保障国家安全的战略高度做出的重大战略部署，其核心是加快推进制造业创新发展，提质增效，实现从制造大国向制造强国转变。《中国制造 2025》由工业和信息化部会同国家发展和改革委员会、科学与技术部、财政部、国家质检总局及中国工程院等部门和单位联合编制。

制造业是国民经济的支柱产业，是工业化和现代化的主导力量，是国家安全和人民幸福的物质保障，是衡量一个国家或地区综合经济实力和国际竞争力的重要标志。历史证明，每一次制造技术与装备的重大突破，都深刻影响了世界强国的竞争格局，制造业的兴衰印证着世界强国的兴衰。实践也证明，制造业是创新的主战场，是保持国家竞争实力和创新活力的重要源泉。大力发展制造业，对我国实施创新驱动发展战略，加快经济转型升级，实现百年强国梦具有十分重要的战略意义。必须坚持发展制造业的决心和信心不动摇，通过制造业创新升级，铸就更加坚实的强国之基。

实施《中国制造 2025》，建设世界制造强国，是我们吸取错失前两次工业革命的历史经验教训，主动应对新一轮科技革命和产业变革的重大战略选择。当前，世界经济和产业格局正处于大调整、大变革和大发展的新的历史时期。一方面国际金融危机的影响仍在持续，经济复苏缓慢，发展的不确定因素增多；另一方面，全球新一轮科技革命和产业变革酝酿新突破，特别是新一代信息技术与制造业深度融合，加上新能源、新材料和生物技术等方面的突破，正在引发影响深远的产业变革。发达国家纷纷实施“再工业化”战略，强化制造业创新，重塑制造业竞争新优势；一些发展中国家也在加快谋划和布局，积极参与全球产业再分工，谋求新一轮竞争的有利位置。面对全球产业竞争格局的新调整和抢占未来产业竞争制高点的新挑战，我们必须前瞻布局，主动应对，在新一轮全球竞争格局中赢得主动权。

实施《中国制造 2025》，推动制造业跨越发展，是实现“两个百年”奋斗目标和中华民族伟大复兴中国梦的战略需要。“两个百年”奋斗目标和“中国梦”是全国人民共同的向往和追求，要实现这个奋斗目标，必须有坚实的经济基础和强大的制造业做支撑，这对我国制造业转型升级、更好地满足经济社会发展和国防建设的重大需求提出了迫切要求。实施制造强国战略契合了“两个百年”奋斗目标和“中国梦”的根本要求，通过持续实施《中国制造2025》《中国制造2035》《中国制造2045》，到建国100周年时成为全球领先的制造强国，以制造业的繁荣和强大，托起中华民族伟大复兴的“中国梦”。

实施《中国制造2025》，推动制造业由大变强，是实现经济稳增长、调结构、提质增效的客观要求。改革开放以来，制造业对经济增长的贡献率基本保持在40%左右，工业制成品出口占全国货物出口总量的90%以上，是拉动投资、带动消费的重要领域。当前我国经济发展进入新常态，正处于爬坡过坎的重要关口，制造业发展的水平和质量就显得尤为重要。要实现我国经济发展换挡但不失速，推动产业结构向中高端迈进，重点、难点和出路都在制造业。制定《中国制造2025》战略规划，就是为了应对这一系列变化带来的深刻影响，瞄准创新驱动、智能转型、强化基础和绿色发展等关键环节，推动制造业实现由大变强。

《中国制造2025》是我国实施制造强国战略第一个10年的行动纲领。《中国制造2025》明确提出了建设制造强国的“三步走”战略，以10年为一个阶段，通过“三步走”实现制造强国建设，并对第一个10年的战略任务和重点进行了具体部署。总体看，《中国制造2025》不是一般意义上的中长期发展规划，而是兼顾当前和长远，兼顾战略和战术的一个行动计划。既立足当前，面向制造业转型升级、提质增效，提出了九大战略任务、五项重点工程和若干重大政策举措；又着眼长远，着眼应对新一轮科技革命和产业变革，抢占未来竞争制高点，围绕先进制造和高端装备制造，前瞻性地部署了重点突破的十大战略领域，描绘了未来30年建设制造强国的宏伟蓝图和梯次推进的路线图。

建设制造强国是国家战略，也是一项系统工程，必须把社会各方面的力量动员起来，把社会各方面的资源整合起来，共同推进。要在充分尊重和发挥市场在资源配置中决定性作用的前提下，体现我国集中力量办大事的制度优势，发挥好政府的引导和推动作用。坚持有所为，有所不为，从国情出发，分步实施、重点突破、务求实效，推动中国制造向中国创造转变、中国速度向中国质量转变、中国产品向中国品牌转变，让中国制造“十年磨一剑”，10年上一个新台阶！

2.《智能制造发展规划（2016—2020 年）》

为贯彻落实《国民经济和社会发展第十三个五年规划纲要》和《中国制造 2025》，工业和信息化部、财政部联合组织相关单位和专家，通过大量的研究和调研，在充分听取专家、行业协会、重点企业及各地主管部门的意见基础上，编制完成了《智能制造发展规划（2016—2020 年）》（简称《规划》）。2016 年 12 月 8 日，工业和信息化部、财政部印发了该《规划》。

该《规划》作为指导“十三五”时期全国智能制造发展的纲领性文件，明确了“十三五”期间我国智能制造发展的指导思想、目标和重点任务。

该《规划》提出了智能制造发展的指导思想：牢固树立创新、协调、绿色、开放、共享的发展理念，全面贯彻落实《中国制造 2025》和推进供给侧结构性改革部署，将发展智能制造作为长期坚持的战略任务，分类分层指导，分行业、分步骤持续推进，“十三五”期间同步实施数字化制造普及、智能化制造示范引领，以构建新型制造体系为目标，以实施智能制造工程为重要抓手，着力提升关键技术装备安全可控能力，着力增强软件、标准等基础支撑能力，着力提升集成应用水平，着力探索培育新模式，着力营造良好发展环境，为培育经济增长新动能、打造我国制造业竞争新优势、建设制造强国奠定扎实的基础。

该《规划》提出，2025 年前，推进智能制造实施“两步走”战略：第一步，到 2020 年，智能制造发展基础和支撑能力明显增强，传统制造业重点领域基本实现数字化制造，有条件、有基础的重点产业智能转型取得明显进展；第二步，到 2025 年，智能制造支撑体系基本建立，重点产业初步实现智能转型。

该《规划》提出了十个重点任务：一是加快智能制造装备发展，攻克关键技术装备，提高质量和可靠性，推进在重点领域的集成应用；二是加强关键共性技术创新，突破一批关键共性技术，布局和积累一批核心知识产权；三是建设智能制造标准体系，开展标准研究与试验验证，加快标准制修订和推广应用；四是构筑工业互联网基础，研发新型工业网络设备与系统、信息安全软硬件产品，构建试验验证平台，建立健全风险评估、检查和信息共享机制；五是加大智能制造试点示范推广力度，开展智能制造新模式试点示范，遴选智能制造标杆企业，不断总结经验和模式，在相关行业移植、推广；六是推动重点领域智能转型，在《中国制造 2025》十大重点领域试点建设数字化车间 / 智能工厂，在传统制造业推广应用数字化技术、系统集成技术和智能制造装备；七是促进中小企业智能化改造，引导中小企业推进自动化改造，建设云制造平台和服务平台；八是培育智能制造生态体系，加快培育一批系统解决方案供应商，大力发展龙头企业集团，做优做强一批“专精特”配套企业；九是推进区域智能制造协同发展，推进智能制造装备产业集群建设，加强基于互联网的区域间智能制造资源协同；十是打造智能制造人才队伍，健全人才培养计划，加强智能制造人才培训，建设智能制造实训基地，构建多层次的人才队伍。同时《规划》提出了加强统筹协调、完善创新体系、加大财税支持力度、创新金融扶持方式、发挥行业组织作用和深化国际合作交流六个方面的保障措施。

《规划》作为“十三五”时期指导智能制造发展的纲领性文件，将统筹国内智能制造发展，加快形成全面推进制造业智能转型的工作格局。

3. 国家智能制造专项

2015 年 5 月 13 日，在中国工程院、工业和信息化部和中国科学院主办的“2015 智能制造国际会议”上，工业和信息化部强调要将智能制造作为《中国制造 2025》主攻方向。

另外，为全面贯彻国务院颁布的按照《中国制造 2025》提出的将智能制造作为两化深度融合的主攻方向的总体要求，着力发展安全可控智能装备和智能产品，培育新型生产方式，推进生产过程智能化，全面提升企业研发、生产、管理和服务的智能化水平，工业和信息化部、财政部决定于2015年起组织实施智能制造专项。

（1）2015 年国家智能制造专项　根据《工业和信息化部办公厅、财政部办公厅“关于组织实施2015年智能制造专项的通知”》（工信厅联装函[2015]354号），2015 年度国家智能制造专项重点支持“智能制造综合标准化试验验证”和制造新模式应用项目。

“智能制造综合标准化试验验证” 主要包括智能制造标准体系试验验证，考核指标为：①技术规范或标准全过程试验验证，形成企业标准 / 行业标准草案 / 国家标准草案 / 国际标准草案。②建成部件和系统级试验验证测试体系。③在重点领域智能制造新模式中的应用。

重点领域智能制造新模式应用的重点领域及考核指标见表 1-1。

2015 年智能制造专项立项 94 个项目，这些项目有的来自企业，有的来自研究所，项目成果可以快速产业化和市场化，促进工业转型升级，加快制造强国建设进程。以此为契机，后续仍有一系列相关部委及地方的配套政策将会加速落地，形成持续性风口，预计智能制造将形成贯穿全年的持续性主题机会。2015 年在智能制造专项新模式应用项目指南中，将中压开关作为扶持方向之一。

表 1-1 重点领域智能制造新模式应用的重点领域及考核指标

（%）

智能制造新模式领域		生产效率	运营成本	产品研制周期	产品不良品率	能源利用率	资源综合利用率
（一）新一代信息技术产品智能制造新模式	传感器智能制造新模式	提高 20	降低 20	缩短 20	降低 20	提高 10	
	移动终端智能制造新模式	提高 20	降低 20	缩短 20	降低 30	提高 15	
（二）高档数控机床和机器人智能制造新模式	高档数控机床智能制造新模式	提高 30	降低 10	缩短 50	降低 10	提高 10	
	机器人智能制造新模式	提高 30	降低 10	缩短 10	降低 30	提高 4	
（三）航空装备智能制造新模式		提高 20	降低 30	缩短 20	降低 10	提高 4	
（四）海洋工程装备及高技术船舶智能制造新模式		提高 30	降低 20	缩短 20	降低 5	提高 12	
（五）先进轨道交通装备智能制造新模式		提高 30	降低 20	缩短 50		提高 5	
（六）节能与新能源汽车智能制造新模式		提高 20	降低 20	缩短 20	降低 20		提升 20
（七）电力装备智能制造新模式		提高 20	降低 20	缩短 20	降低 10		提高 4
（八）新材料智能制造新模式		提高 30	降低 20		降低 20	提高 25	
（九）农业机械装备智能制造新模式		提高 50	降低 20	缩短 20	降低 10	提高 40	

（2）2016 年国家智能制造专项　为深入实施《中国制造 2025》，加快制造业智能化转型，培育制造业竞争优势，在 2015 年实施智能制造专项的基础上，财政部、工业和信息化部确定 2016 年起进一步重点推进智能制造综合标准化与新模式应用工作，发布了《财政部 工业和信息化部关于组织开展智能制造综合标准化与新模式应用工作的通知》。

《2016 年智能制造综合标准化与新模式应用项目指南》中有关新模式应用项目领域没有明确规定，在技术指标中对离散型智能制造和流程型智能制造进行了规定；并在“安全可控核心智能制造装备”中规定：提高智能制造所需短板装备创新应用水平，每个新模式应用项目中至少采用 8 种以上核心智能制造装备的创新应用。在综合指标中规定，生产效率提高 20% 以上，运营成本降低 20% 以上，产品研制周期缩短 30% 以上，产品不良品率降低 20% 以上，能源利用率提高 10% 以上。

1.3 “一带一路”宏伟构想

1.“一带一路”宏伟构想的背景

“一带一路”倡议，是我国最高决策层主动应对全球形势深刻变化，统筹国内国际两个大局作出的重大战略决策，是关乎未来中国改革发展、稳定繁荣乃至实现中华民族伟大复兴中国梦的重大“顶层设计”。“一带一路”倡议的提出，具有深刻的时代背景。

一是当前我国经济的阶段性特征就是“三期”叠加的新阶段，即增长速度进入换挡期，这是由经济发展的客观规律所决定的；结构调整面临阵痛期，这是加快经济发展方式转变的主动选择；前期刺激政策消化期，这是化解多年来积累的深层次矛盾的必经阶段。社会改革和发展到了矛盾集聚、风险积压、需要攻坚克难以及爬坡过坎的关键期。

二是世界经济全球化、区域经济一体化加快推进，全球经济增长和贸易、投资格局正在发生深刻调整，主要表现在：①引领着全球经济增长的发达经济体在全球经济增长中的主导作用已经发生动摇，而新兴与发展中经济体始终保持着较高增长率，逐渐成为稳定经济增长的主要力量。②世界工业生产格局出现分化，发达经济体工业增长减速，而新兴与发展中国家工业增长表现不俗，但作为工业增长引擎的制造业要想在全球工业生产格局中凸显领导力，仍尚待时日。③世界资本流动格局发生逆转，原来的西方发达资本输出国大幅减少境外投资，加速全球资本回流，恶化了发展中国家融资环境。世界贸易格局进一步分化，美国、欧盟和亚洲的发展中国家在刺激政策的作用下商品出口增长较快，日本出口形势则急剧恶化，而在商品进口方面，亚洲的发展中国家增长强劲，继续保持领先，美国和欧盟进口则持续乏力疲软。在此情形下，我国长期以来以西方发达经济体国家为主对外开放的格局，需要调整、转向，与此同时，伴随着经济全球化和区域经济一体化进程加快，我国周边资源丰富，潜力巨大的东盟、中亚和南亚等发展中国家和地区，亟需通过合作激活发展动力。

三是经济的高速增长使中国成为世界能源进口和消费大国，据统计，2013 年原油进口量达到 2.82 亿吨，原油进口量的 80% 需要经过马六甲海峡，对外依存度高达 58%，这种原油进口来源和运输渠道集中和单一的格局，与近年来南海局势的紧张，使得我国原油进口潜在的“马六甲之困”日益突出，能源安全风险加剧。

四是 21 世纪以来“中国威胁论”甚嚣尘上，甚至喧嚣“食品安全威胁论、环境威胁论、军事威胁论、粮食威胁论、经济威胁论、网络威胁论和地缘政治威胁论等”。为了加强宣传解释，讲好中国故事，做好中国传播，播好中国声音，我国要用实际行动昭示天下，向世界宣告中国的和平崛起理念，中国崛起不以损害别国的利益为代价，不构成对任何国家的威胁。

五是中美战略博弈日益白热化，美国“重返”亚洲再平衡战略与中国参与建构国际新秩序形成越来越激烈的对冲。

2.“一带一路”宏伟构想的提出

2013 年 9 月 7 日，习近平主席在哈萨克斯坦纳扎尔巴耶夫大学发表演讲时表示：为了使欧亚各国经济联系更加紧密、相互合作更加深入及发展空间更加广阔，我国可以用创新的合作模式，共同建设“丝绸之路经济带”“以点带面，从线到片，逐步形成区域大合作”。

2013 年 10 月 3 日，习近平主席在印尼国会发表演讲时表示：中国愿同东盟国家加强海上合作，使用好中国政府设立的中国—东盟海上合作基金，发展好海洋合作伙伴关系，共同建设“21 世纪海上丝绸之路”。

在不到一个月的时间里，习近平主席先后提出建设“丝绸之路经济带”和“21世纪海上丝绸之路”两大宏伟构想，强调相关各国要打造互利共赢的“利益共同体”和共同发展繁荣的“命运共同体”。

中国古代，丝绸之路在世界版图上延伸，诉说着沿途各国人民友好往来、互利互惠的动人故事。如今，一个新的倡议在世界政经版图中从容铺展——共建“丝绸之路经济带”和“21 世纪海上丝绸之路”。

“一带一路”沿线有 60 多个国家，总人口约 44 亿，GDP 约 21 万亿美元，分别约占世界的 63% 和 29%。受资源禀赋、产业基础和地缘政治等因素的制约，一些国家在发展进程中明显落伍。沿线国家人均 GDP 约为世界平均水平的 48%，一些国家是低收入国家，还有 9 个是最不发达国家。一些国家基础设施落后，产业和社会事业的发展水平低。建设“一带一路”有利于沿线国家发挥各自比较优势，把经济的互补性转化为发展的推动力。

3. “一带一路”宏伟构想解读

（1）“一带一路”构建开放新格局，助推区域大合作　回顾历史，2 000 多年前，各国人民就通过海陆两条丝绸之路开展商贸往来。从 2 100 多年前张骞出使西域到 600 多年前郑和下西洋，海陆两条丝绸之路把中国的丝绸、茶叶和瓷器等输送到沿途各国，带去了文明和友好，赢得了各国人民的赞誉和喜爱。

如今，随着中国经济的崛起和腾飞，中国在更多方面有能力帮助别国，特别是作为制造业大国，中国不仅可以输出丰富多彩、价廉物美的日常用品，而且能够向世界提供更多的技术和设备。作为全球主要外汇储备国，中国能够携手各国共同应对金融风险，有实力投资海外，与急需资金的国家共同把握发展机遇。

改革开放 30 多年来，我国对外开放取得了举世瞩目的伟大成就，但受地理区位、资源禀赋和发展基础等因素影响，对外开放总体呈现东快西慢、海强陆弱格局。“一带一路”将构筑新一轮对外开放的“一体两翼”，在提升向东开放水平的同时加快向西开放的步伐，助推内陆沿边地区由对外开放的边缘迈向前沿。

“一带一路”沿线大多是新兴经济体和发展中国家，总人口约 44 亿，经济总量约 21 万亿美元，分别约占全球的 63% 和 29%。这些国家普遍处于经济发展的上升期，开展互利合作的前景广阔。深挖我国与沿线国家的合作潜力，必将提升新兴经济体和发展中国家在我国对外开放格局中的地位，促进我国中西部地区和沿边地区对外开放，推动东部沿海地区开放型经济率先转型升级，进而形成海陆统筹、东西互济和面向全球的开放新格局。

中国经济的发展，是一个不断开拓创新和寻求突破的过程，从沿海地区向西部内陆不断推进，“一带一路”建设将为全面深化改革和持续发展创造前提条件，在区域合作新格局中寻找未来发展的着力点和突破口，可谓是“一子落而满盘活”。

在中国国内近年实行西部大开发战略的形势下，中国和中亚乃至向西更多国家的经贸合作也成为发展的必然趋势。而中国的发展经验和成果，可以为中亚等各国借鉴。公路、铁路、油气管道和网络通信设施等不断修建，正在形成古丝绸之路上的现代商队。

（2）“一带一路”连接“中国梦”与“世界梦” 打开世界地图可以发现，“一带一路”这条世界上跨度最长的经济大走廊，发端于中国，贯通中亚、东南亚、南亚、西亚乃至欧洲部分区域，东牵亚太经济圈，西系欧洲经济圈。它是世界上最具发展潜力的经济带，无论是从发展经济、改善民生，还是从应对金融危机、加快转型升级的角度看，沿线各国的前途命运，从未像今天这样紧密相连、休戚与共。

“一带一路”不仅是实现中华民族振兴的宏伟构想，更是沿线各国的共同事业，有利于将政治互信、地缘毗邻和经济互补等优势转化为务实合作、持续增长优势。

通过“一带一路”宏伟构想的实施，无论是“东出海”还是“西挺进”，都将使我国与周边国家形成“五通”。“一带一路”合作中，经贸合作是基石。遵循和平合作、开放包容、互学互鉴和互利共赢的丝路精神，中国与沿线各国在交通基础设施、贸易与投资、能源合作、区域一体化和人民币国际化等领域，必将迎来一个共创共享的新时代。

据报道，2013 年中国与“一带一路”国家的贸易额超过 1 万亿美元，占中国外贸总额的 1/4。过去 10 年，中国与沿途国家的贸易额年均增长 19%。未来 5 年，中国将进口 10 万亿美元的商品，对外投资将超过 5 000 亿美元，出境游客数量约 5 亿人次，周边国家以及丝绸之路沿线国家将率先受益。

（3）“一带一路”筑牢“利益共同体”和“命运共同体” “一带一路”是开放包容的经济合作倡议，不限国别范围，不是一个实体，不搞封闭机制，有意愿的国家和经济体均可参与进来，成为“一带一路”的支持者、建设者和受益者。在共同建设的未来，“一带一路”无疑将释放更大的活力。

“一带一路”宏伟构想符合时代潮流，亚洲已经成为经济增长的引擎，是世界多极化和全球化的中坚力量。如何巩固和发展“一带一路”的成果，进一步凝聚亚洲国家的共识和力量，打造“利益共同体”和“命运共同体”，实现和谐亚洲是亚洲国家的共同课题。

“一带一路”宏伟构想正在世界各国人民心中落地生根。复兴丝绸之路，一幅横贯东西、共谋发展的宏大蓝图正在铺展开来。有梦想，有追求，有奋斗，一切都有可能。中国人民有梦想，世界各国人民有梦想，这将给世界带来无限生机和美好前景。

（4）“一带一路”宏伟构想取得的成果 2015 年是“一带一路”建设的开局之年。习近平总书记提出的“一带一路”宏伟构想，在经过一年多的酝酿后，成为中国迈向世界舞台的“新名片”，吸引了全世界的目光。在党中央国务院的正确领导下，在各地方、各部门的共同努力下，在企业和社会各界的积极参与下，“一带一路”建设取得了实实在在的成果。

一项顶层设计。2015 年 3 月 28 日，习近平总书记在出席博鳌亚洲论坛时发表重要演讲，详细阐述了“一带一路”宏伟构想。其间，经国务院授权，国家发展和改革委员会、外交部和商务部联合对外公布了《推动共建丝绸之路经济带和 21 世纪海上丝绸之路的愿景与行动》，提出了共建“一带一路”的时代背景、共建原则、框架思路、合作重点、合作机制以及中国的开放态势和行动等，使“一带一路”成为各方共同聚焦的热点。

一系列国际共识。2015 年以来，在习近平总书记和李克强总理的高层访问活动中，“一带一路”这一关键词保持着很高的出镜率。通过高层引领，沿线国家对“一带一路”的理解认同不断提升，合作意愿持续升温。在博鳌亚洲论坛、中国发展高层论坛等重要多边场合，“一带一路”也成为各方共同关心和热议的话题。“一带一路”所体现的和平合作、开放包容、互学互鉴和互利共赢的核心理念，把沿线国家黏合在一起，凝聚成为国际社会的一项重要共识。

一揽子合作协议。我国与俄罗斯签署了《丝绸之路经济带建设和欧亚经济联盟建设对接合作的联合声明》，与匈牙利签署了政府间关于共同推进“一带一路”建设的谅解备忘录。乌法峰会期间，中蒙俄三国签署了《关于编制建设中蒙俄经济走廊规划纲要的谅解备忘录》。有关部门与塔吉克斯坦、哈萨克斯坦、卡塔尔和科威特等国签署了共建“一带一路”的谅解备忘录，中哈重大产能合作签署了 28 个项目文件。这充分体现了“一带一路”所倡导的共商、共建和共享原则，使我国在“一带一路”重点方向培育起若干支点国家和核心团队。

一批建设项目。中巴经济走廊建设顺利推进，习近平总书记访问巴基斯坦期间，签署的项目累计金额达 460 亿美元。习近平总书记出访印尼期间，我国与印尼签署雅加达—万隆高铁合作建设框架协议，明确项目按照中国技术标准设计并使用中国设备。中塔公路二期、中亚天然气管道 D 线等项目正在加快推进，莫斯科至喀山高铁、中老铁路、中泰铁路和中缅皎漂港等项目建设有序推进，中白工业园项目全面动工。

一个支撑保障体系。各有关方面紧紧围绕大的布局，积极参与和服务“一带一路”建设。中央有关部门普遍建立了工作和领导机制，出台落实“一带一路”规划的实施意见，能源、农业、生态环保、教育和文化合作等一批专项规划编制工作已经启动。金融系统积极发挥支撑保障作用，2015 年以来，我国与沿线国家和地区经常项下跨境人民币结算金额超过 2.63 万亿元，签署双边本币互换协议的沿线国家达到 15 个。丝路基金全面启动运行，巴基斯坦卡洛特水电站成为基金首个投资项目。大多数省区市制定了参与“一带一路”建设有关实施方案，充分发挥比较优势，找准自身定位，积极有序参与，八方动员、协同推进的格局已初步形成。

参考文献

[1] 霍国庆，孙皓．战略性新兴产业与大国崛起[J]. 智库理论与实践，2016(1)：90-93.

[2] 宋果，徐保军．从大国崛起看发展战略性新兴产业[J]. 人民论坛，2011(24)：124-125.

[3] 2013 年广东省战略性新兴产业发展情况分析[J/OL]. http：//www.gdstats.gov.cn/tjzl/tjfx/201408/t20140828_162315.html.

第 2 章　中压开关行业发展背景

2.1　建设坚强型智能电网

1. 概述

“十二五”期间，我国电力建设步伐不断加快，多项指标居世界首位。截至 2015 年底，全社会用电量达到 5.69 万亿 kW · h，全国发电装机容量达 15.3 亿 kW。华北、华中、华东、东北、西北和南方六个区域各级电网网架不断完善，配电网供电能力、供电质量和装备水平显著提升，智能化建设取得突破，农村用电条件得到明显改善，全面解决了无电人口的用电问题。

坚强智能电网是以特高压电网为骨干网架、各级电网协调发展的坚强网架为基础，以通信信息平台为支撑，具有信息化、自动化和互动化特征，包含电力系统的发电、输电、变电、配电、用电和调度各个环节，覆盖所有电压等级，实现“电力流、信息流、业务流”的高度一体化融合的现代电网。

智能电网具有坚强、自愈、兼容、经济、继承和优化的特征。与传统电网相比，智能电网体现出电力流、信息流和业务流高度融合的显著特点，其先进性和优势主要表现在：

1）具有坚强的电网基础体系和技术支撑体系，能够抵御各类外部干扰和攻击，能够适应大规模清洁能源和可再生能源的接入，电网的坚强性得到巩固和提升。

2）信息技术、传感器技术、自动控制技术与电网基础设施有机融合，可获取电网的全景信息，及时发现、预见可能发生的故障。故障发生时，电网可以快速隔离故障，实现自我恢复，从而避免大面积停电的发生。

3）柔性交流 / 直流输电、网厂协调、智能调度、电力储能和配电自动化等技术的广泛应用，使电网运行控制更加灵活、经济，并能适应大量分布式电源、微电网及电动汽车充放电设施的接入。

4）通信、信息和现代管理技术的综合运用，将大大提高电力设备的使用效率，降低电能损耗，使电网运行更加经济和高效。

5）实现实时和非实时信息的高度集成、共享与利用，为运行管理展示全面、完整和精细的电网运营状态图，同时能够提供相应的辅助决策支持、控制实施方案和应对预案。

6）建立双向互动的服务模式，用户可以实时了解供电能力、电能质量、电价状况和停电信息，合理安排电器使用；电力企业可以获取用户的详细用电信息，为其提供更多的增值服务。

2. 智能电网建设在我国的正式提出

我国电力行业着力技术创新，研究与实践并举，在智能电网发展模式、理念和基础理论、技术体系以及智能设备等方面开展了大量卓有成效的研究和探索。

2009 年 5 月，在北京召开的“2009 特高压输电技术国际会议”上，国家电网公司正式发布了“坚强智能电网”发展战略。2009 年 8 月，国家电网公司启动了智能化规划编制、标准体系研究与制定、研究检测中心建设、重大专项研究和试点工程等一系列工作。

在 2010 年 3 月召开的全国“两会”上，温家宝总理在《政府工作报告》中强调：“大力发展低碳经济，推广高效节能技术，积极发展新能源和可再生能源，加强智能电网建设。”这标志着智能电网建设已成为国家的基本发展战略。

电网已成为工业化、信息化社会发展的基础和重要组成部分。同时，电网也在不断吸纳工业化、信息化成果，使各种先进技术在电网中得到集成应用，极大提升了电网系统功能。

（1）智能电网是电网技术发展的必然趋势　近年来，通信、计算机、自动化等技术在电网中得到广泛的深入应用，并与传统电力技术有机融合，极大地提升了电网的智能化水平。传感器技术与信息技术在电网中的应用，为系统状态分析和辅助决策提供了技术支持，使电网自愈成为可能。调度技术、自动化技术和柔性输电技术的成熟发展，为可再生能源和分布式电源的开发利用提供了基本保障。通信网络的完善和用户信息采集技术的推广应用，促进了电网与用户的双向互动。随着各种新技术的进一步发展、应用并与物理电网高度集成，智能电网应运而生。

（2）发展智能电网是社会经济发展的必然选择　为实现清洁能源的开发、输送和消纳，电网必须提高其灵活性和兼容性。为抵御日益频繁的自然灾害和外界干扰，电网必须依靠智能化手段不断提高其安全防御能力和自愈能力。为降低运营成本，促进节能减排，电网运行必须更为经济高效，同时须对用电设备进行智能控制，尽可能减少用电消耗。分布式发电、储能技术和电动汽车的快速发展，改变了传统的供用电模式，促使电力流、信息流、业务流不断融合，以满足日益多样化的用户需求。

电力技术的发展，使电网逐渐呈现出诸多新特征，如自愈、兼容、集成和优化，而电力市场的变革，又对电网的自动化、信息化水平提出了更高要求，从而使智能电网成为电网发展的必然趋势。

3. 我国建设智能电网的有利条件

多年来，我国电力行业大力加强电网基础建设，同时密切关注国际电力技术发展方向，重视各种新技术的研究创新和集成应用，自主创新能力快速提升，电网运行管理的信息化、自动化水平大幅提高，科技资源得到优化，建立了位居世界技术前沿的研发队伍和技术装备，为建设智能电网创造了良好条件。

1）在电网网架建设方面，网架结构不断加强和完善，特高压交流试验示范工程和特高压直流示范工程成功投运并稳定运行；全面掌握了特高压输变电的核心技术，为电网发展奠定了坚实基础。

2）在大电网运行控制方面，具有“统一调度”的体制优势和丰富的运行技术经验，调度技术装备水平国际领先，自主研发的调度自动化系统和继电保护装置获得广泛应用。

3）在通信信息平台建设方面，建成了“三纵四横”的电力通信主干网络，形成了以光纤通信为主，微波、载波等多种通信方式并存的通信网络格局；SG186 工程取得阶段性成果，ERP、营销和生产等业务应用系统已完成试点建设并开始大规模推广应用。

4）在试验检测手段方面，已根据智能电网技术发展的需要，组建了大型风电网、太阳能发电和用电技术等研究检测中心。

5）在智能电网发展实践方面，各环节试点工作已全面开展，智能电网调度技术支持系统、智能变电站、用电信息采集系统、电动汽车充电设施、配电自动化和电力光纤到户等试点工程进展顺利。

6）在大规模可再生能源并网及储能方面，深入开展了集中并网、电化学储能等关键技术的研究，建立了风电接入电网仿真分析平台，制定了风电场接入电力系统的相关技术标准。

7）在电动汽车充放电技术领域，我国在充放电设施的接入、监控和计费等方面开展了大量研究，并已在部分城市建成电动汽车充电运营站点。

8）在电网发展机制方面，我国电网企业业务范围涵盖从输电、变电、配电到用电的各个环节，在统一规划、统一标准和快速推进等方面均存在明显的优势。

4.《电力发展“十三五”规划（2016—2020 年）》中关于智能电网建设的任务

（1）智能高效，创新发展的发展原则　《电力发展“十三五”规划（2016—2020 年）》提出，电力工业“十三五”期间要加强发输配用交互响应能力建设，构建“互联网 +”智能电网。加强系统集成优化，改进调度运行方式，提高电力系统效率。大力推进科技装备创新，探索管理运营新模式，促进转型升级。

（2）推进智能电网建设的重点任务　《电力发展“十三五”规划（2016—2020 年）》提出，电力工业“十三五”期间将推进“互联网 +”智能电网建设；全面提升电力系统的智能化水平，提高电网接纳和优化配置多种能源的能力，满足多元用户供需互动需求；实现能源生产和消费的综合调配，充分发挥智能电网在现代能源体系中的作用。

电力工业“十三五”的任务：

1）提升电源侧智能化水平，加强传统能源和新能源发电的厂站级智能化建设，促进多种能源优化互补。

2）全面建设智能变电站，推广应用在线监测、状态诊断和智能巡检系统，建立电网对山火、冰灾和台风等各类自然灾害的安全预警体系。

3）推进配电自动化建设，根据供电区域类型差异化配置，整体覆盖率达 90%，实现配电网可观可控。

4）提升输配电网络的柔性控制能力，示范应用配电侧储能系统及柔性直流输电工程。

5）构建“互联网 +”电力运营模式，推广双向互动智能计量技术应用。

6）加快电能服务管理平台建设，实现用电信息采集系统全覆盖。全面推广智能调度控制系统，应用大数据、云计算、物联网和移动互联网技术，提升信息平台承载能力和业务应用水平。

7）调动电力企业、装备制造企业和用户等市场主体的积极性，开展智能电网支撑智慧城市创新示范区，合力推动智能电网发展。

（3）“互联网 +”智慧能源的创新模式　“十三五”期间，我国电力工业将发电、输配电、负荷和储能融入智能电网体系中，加快研发和应用智能电网、各类能源互联网关键技术装备，实现智能化能源生产消费基础设施、多能协同综合能源网络建设、能源与信息通信基础设施深度融合，建立绿色能源灵活交易机制，形成新型城镇多种能源综合协同、绿色低碳及智慧互动的供能模式。

5. 智能电网建设对中压开关的要求

智能电网的建设，对中压开关设备提出了以下要求。

（1）安全　保障对象：人身安全、设备安全。保障状态：正常运行、自身故障、相邻故障和自然灾害。保障措施：贯穿成品的研发、制造、运输及使用全过程；统计、分析和整理影响安全的因素和状态；可能涉及到安全的各种预案。例如，与中压成套设备相关联的安全：所有事故有人在场的情况达 75%，所以让人远离设备是保证安全最重要的一项工作；可降低成本，不用人到现场，无交通成本。

（2）稳定　运行可靠免维护，最起码要达到少维护和便于维护的要求。运行期间变化不大或有规律，也是全寿命管理的基础。

（3）智能　无需人工干预，就能独立地执行相关指令。智能感知是指对设备自身运行状况进行的在线感知。不同的电力设备需要重点感知的内容不同，如中压成套设备在线监测的重要性排名为：触头温升、二次元器件、机械特性、真空度和局部放电。温升包含梅花触头、母排、电缆头和低压室。

智能识别是指对各种类别故障的识别和定位。智能控制是指具有信息网络化交互、共享的控制方式。主要有设备的状态评估，故障预测、预警，故障控制，寿命预测及管理；其中，故障控制应根据不同设备的不同类型故障（严重程度和后果）决定是否进行自身控制或者由电网协调控制。

2.2　大型集团用户的集中招标采购

随着电力设备采购制度的不断发展，集中招标这一科学合理的采购模式受到了越来越多的关注，而这与提升设备采购质量、加强采购透明性和减少采购成本等优势密切相关。

众所周知，电力设备分为发电机、锅炉和汽轮机等发电设备，变压器、电线电缆等一次设备，继电器、电力自动化等二次设备，烟气脱硫、除尘器等电力环保设备，而且设备自身质量、性能和价格等直接关乎电力企业的经济效益、社会效益和环境效益，故选择恰当的采购模式愈发重要。采购中引入集中招标方式，则有助于改善设备质量、节约采购成本、提升服务水平及增强采购公开公平程度等，因此其不失为推动电力设备采购工作稳健前行的有效途径和手段。作为国有大型企业集团，国家电网公司、南方电网公司、中石油和中石化等大型集团用户都采用集中招标的方式采购所需的电力设备。

电力设备集中招标采购对设备自身有着一定的标准要求，通常有国家标准、行业标准和企业标准之分。为了满足自身使用的需要，大型集团用户都制定了相应的企业标准，这些标准中部分参数高于国家标准和行业标准，这就要求电力设备制造企业利用集中招标采购电力设备的前期阶段，必须准确掌握设备需遵循的标准。

国家电网公司（简称“国网”）是中国负责电网运营的重要企业，其在全国电网建设投资中占比达85%以上，年均采购输变电设备金额占行业总产值的50%以上，是输变电设备行业主要的下游用户。国网集中招标采购设备的范围、技术要求及竞标规则对整个输变电设备制造行业都将产生重要影响，具有风向标的作用。在“三集五大”总体发展战略的指导下，国家电网为逐步实现电网建设物资采购的集约化，降低运维成本并加强设备标准化管理，其于2005年在公司总部设立了招投标管理中心，对330 kV及以上重大工程的相关设备实行集中招标采购。2007年，国网逐步制定了各电压等级输变电设备的典型造价资料，并开始在基建与设备采购中推行“通用设计、通用设备、通用造价和标准工艺”，初步建立了输变电标准体系，为集中招标规模的扩大化奠定了标准化的技术基础。自2009年起，国网加快了电网建设步伐，电网建设投资规模显著增长，10 kV及以上电压等级的输变电设备纳入了集中招标平台。

国网在扩大输变电设备集中招标范围的同时，相应的竞标规则也在逐步改进与完善。在集中招标模式推行的初期，由于采购范围较小，且尚无统一的技术标准对供应商及其产品做出明确规范，设备价格作为集约采购成本节约的可量化因素，在这一阶段的评标过程中占有较大权重，自2009年4季度起国网大规模采用“低价中标”的竞标规则。尽管这种对采购成本过分关注的竞标规则节约了大量静态投资，但招标规模的不断扩大也使得这种竞标规则的弊端随之显现，一些生产技术水平低、产品质量差的企业通过相对低价投标途径挤入国网市场，部分企业通过不适当地降低设备质量与标准的方式，压低投标价格以抢占更多的市场份额，给电网建设及运维造成较大质量隐患。为改善设备市场竞争环境，提高电网建设的稳定性和可靠性，国网自2011年3月份第二批输变电设备集中招标采购起，采用综合评估法进行评标，对设备价格的评价标准由“低价”调整为“二次均价”，同时提高技术资质、商务运作、产品质量以及售后服务等因素对评标结果影响的权重，特别是在二次设备领域，技术因素所占权重均达到或超过50%，综合评价法在集中采购中整体上得到了较好的贯彻执行。

国网电力设备需求量大，供货厂家多，由于前期“典设”“通用设计”等技术要求不统一，导致设备在通用互换、扩建等方面产生了新的问题，同时结构差异性较大，也为设备安全运行、备品备件储备等工作带来困难。为了解决以上问题，国网组织相关的部门开展电力设备的标准化设计工作，便于产品在运行过程中发生故障或抽检发现某企业产品存在质量问题时，随时更换为其他企业的合格产品

大型集团用户的集中招标采购与原有的分散招标采购方式相比，电力设备集中招标采购有着一定的优越性，但其并非所有的电力设备采购均可采用此方式。这就要求我们必须对其具体的适用范围有所了解和明确，然后根据实际情况，制定灵活可行的集中招标采购策略，进而降低采购成本，提高设备采购质量和服务水平，推动行业健康发展。

2.3 环保、安全要求的强化

1. 环保要求的强化

（1）我国环境保护的基本形势 “十一五”以来，我国环境保护取得了积极进展，特别是污染减排两项指标都超额完成规划目标。根据目前的监测和统计数据，《国家“十二五”环境保护规划》确定的 7 项约束性指标中，除了 NOx 排放总量控制指标之外，其他指标都已经于 2014 年提前完成。但是，我国的环境形势依然极其严峻，主要污染物和 CO_2 排放量都居世界第一，总体上处于排放高平台期，环境质量总体上处于历史上最差的时期，对地下水、土壤和公众健康的影响还在上升，生态系统功能依然十分脆弱。

根据耶鲁大学的全球环境绩效指数（EPI）评估报告，中国 GDP 总量在世界排名由 2006 年的第 4 名上升到目前稳居第 2 名，而环境绩效指数从 2006 年的 65 分下降到 2014 年的 43 分，排名从第 94 名（参评 133 个）下降到 2014 年的第 116 名（参评 132 个），倒数第 17 名。

中国用 40 年的时间基本上完成了发达国家 100 多年的工业化和城市化发展进程，取得了举世瞩目的经济增长成就。但是，另一方面也只用了大约 30 年的时间“集聚”和“爆发”了发达国家 100 多年的环境问题。如果解决不好当前我国的环境问题，不但会严重影响社会经济的可持续发展和老百姓的健康，还可能影响执政党和政府的公信力，影响国家的长治久安和中华民族的伟大复兴。

1）水污染是我国最严重的环境污染。当前我国水污染形势依然严峻，据《2013 年中国环境状况公报》显示，全国十大流域劣 V 类水质占 9%，25% 以上的湖库出现富营养化。城市水体黑臭现象普遍，老百姓生活、周边的景观水水质都得不到保证。地表水污染又造成地下水污染和土壤污染，目前全国超过 50% 的地下水已经污染，形成了常规污染物、有毒有机物、重金属、藻毒素和持久性有机污

染物（POPs）等水体污染衍生物相互作用的复杂的流域性复合态势。流域水资源过度开发、水生态严重失衡、水质性缺水和水量性缺水问题并存。农村仍约有 1 亿人口饮水安全得不到保障，全国近岸海域四类和劣四类海水点位比例接近 26%。

2）空气污染造成的健康影响不可忽视。2011 年，世界卫生组织（WHO）发布的世界城市空气质量报告显示，在 91 个国家中我国空气质量排名倒数第 15 位。北京市 PM10 年平均浓度是 WHO 推荐标准的 6.2 倍，在 91 个国家的 1 082 个城市中排名第 1 035 位。2016 年以前的 10 年，全国城市能见度年平均下降了 0.2 km。京津冀、长三角和珠三角等区域 PM2.5 污染严重，个别城市灰霾天数达 200 天以上。根据环境保护部环境规划院估算，2003—2010 年期间，每年由于空气污染造成 30 万～ 50 万人过早死亡。如果根据美国健康影响研究所（HEI）发布的《全球疾病负担报告 2010》，我国由于细颗粒物造成的城市居民过早死亡人口为 123 万人，农村室内固体燃料污染造成的过早死亡人口约 100 万人。

3）土壤污染正在威胁公众食品安全。土壤保护明显滞后，部分地区土壤污染严重，耕地土壤环境质量堪忧，工矿业废弃地土壤环境问题突出，危及食品安全，POPs 的环境健康危害效应已经开始显现。根据全国第一次土壤污染状况调查公报，全国土壤总超标率为 16.1%，与“七五”全国土壤环境总体清洁的调查结果相比，40 年来我国土壤环境呈现急剧恶化的趋势。全国受重金属污染耕地达 3 亿亩（1 亩 =666.7 m^2，下同），污水灌溉污染耕地 3 250 万亩，固体废弃物堆存占地和毁田 200 万亩。根据全国第一次土壤污染状况调查公报，耕地土壤点位超标率达到 19.4%。由土壤污染派生的食品、蔬菜安全问题日益严重。全国大约有 60 万～ 100 万个污染场地。

4）生态系统功能和质量继续下降。2007 年我国人均生态足迹为 2.2 全球公顷，在核算的 153 个国家中居第 74 位。生态足迹增加的速度远高于生物承载力的增长速度，已是生物承载力的 2 倍。1985—2008 年，我国除西藏、内蒙古、新疆与青海四个省（区）生态盈余外，其余大部分省份长期是“生态赤字”。森林、草原等自然生态系统质量低下，结构简单化，局部破碎化、人工化明显。草地生态系统功能破坏，传统牧业区草地退化严重。湿地生态系统功能退化，湿地消失，面积萎缩严重，湿地自然调节能力下降。2010 年，全国水土流失面积 357 万 km^2，占国土面积的 37.2%，全国沙化土地总面积达 173 万 km^2，占国土面积的 18.03%，我国南方 8 省（区、市）石漠化面积 12.96 万 km^2，并且以年均 2%

左右的速度扩展。据估计，我国野生高等植物濒危比例达 15%，部分濒危生物资源向国外出口，造成了生物资源的严重流失，外来物种入侵对农业安全、食品安全和生物多样性造成严重危害。

5）突发环境事件正在威胁社会稳定和安全。突发环境事件风险隐患大，布局性、结构性环境风险不容忽视。2005—2014 年期间，发生了一批严重的环境事件，环境保护部直接处置的事件共 1 078 起，其中重特大事件 83 起。根据 2009 年环境保护部重点行业企业环境风险及化学品检查的结果，12.2% 的企业距离饮用水水源保护区、重要生态功能区等环境敏感区域不足 1 km，10.1% 的企业距离人口集中居住区不足 1 km，72% 的企业分布在长江、黄河、珠江和太湖等重点流域沿岸。环境事件中以影响老百姓健康的事件最为突出，较大以上环境健康事件中累积性环境污染导致的健康损害占总数的 46.4%。

（2）环保措施的强化

1）环保部门的升级。为了加大环境政策、规划和重大问题的统筹协调力度，2008 年 3 月 11 日，在第十一届全国人民代表大会第一次会议关于国务院机构改革方案中提出并组建了环境保护部。这一举措表明了国家对环保工作的重视。

原国家环保总局只是国务院的直属单位，尽管在行政级别上也是正部级单位，但在制定政策的权限，以及参与高层决策等方面，与作为国务院组成部门的部委有着很大不同。在国务院召开的一些会议上，它仅仅只是列席旁听的角色，不能发言，无法就别的部门的问题发表意见。而环境保护部作为国务院的组成部门，将更多地参与国家的有关环保方面的重大决策，在人员编制、机构和职能等方面将有所加强，为国际环保交流与合作带来更多便利。

2）环保政策的强化。自十八大将生态文明建设纳入五位一体的总体布局以及十八届三中全会提出的关于生态文明建设总体指导思想以来，生态文明建设已上升到国家战略的高度，随着一系列相关政策法规的出台，生态文明的制度体系建设正在逐步完善。

2016 年以来，中央不断推进生态文明的建设工作，从 2016 年 3 月 24 日中共中央政治局召开会议审议通过《关于加快推进生态文明建设的意见》（简称“意见”），到 5 月 5 日国务院正式出台此文件，进一步明确了生态文明建设的总体要求、目标愿景，被业界认为是指导我国全面开展生态文明建设的顶层设计文件。

《意见》通篇贯穿着“绿水青山就是金山银山”的理念，多次提及“绿色”

一词：大力推进绿色发展，倡导绿色生活，推进绿色城镇化，发展绿色产业，实现生活方式绿色化等，而“绿色化”也是首次出现在中央文件中，与新型工业化、城镇化、信息化和农业现代化“四化”并提，形成“新五化”。

3）国家“十三五”环境保护的基本策略

a. 国民经济绿色化。粗放型经济增长方式是造成我国环境污染和生态破坏日益严重的根本原因。因此，改变增长方式、调整产业结构、推进国民经济绿色化是我国环境保护的根本途径。

实现国民经济绿色化，首先要用绿色、低碳和循环的理念改造传统的产业，实施绿色版《中国制造2025》战略，提高国民经济的资源产出率，实现经济绿色化。

其次是通过严格执法和政策扶持，发展一批提供良好环境质量和生态服务产品的产业，通过实施《大气污染防治行动计划》《水污染防治行动计划》和《土壤污染防治行动计划》带动重大工程建设，将节能降耗、低碳经济、环保产业及循环经济培育成新的支柱产业和经济增长点，实现绿色经济化。

b. 国土空间功能化。根据《环境保护法》，实施环境空间功能化管理。结合全国主体功能区规划要求，制定全国生态环境功能区划，划定并严守生态环境资源红线，做好环境差异化要求空间落地和用途管治工作。加快建立生态环境功能区划、城市环境总体规划制度，推动国民经济发展规划、土地利用规划、城乡总体规划和环境保护规划的“多规合一”或“多规融合”。

根据生态环境承载力，明确国土空间的生态环境功能，加快推动构建生态功能保障基线、环境质量安全底线和自然资源利用上线三大红线体系，按照环境功能区对接环境质量标准、污染物排放标准和生态保护要求，建立健全生态环境红线管控制度，在红线区域实施最严格的水资源保护、土地用途管制和产业退出制度。

实施“反降级”的刚性约束，不能为了经济发展而牺牲环境质量，把划定生态环境红线列入五年发展规划的约束性指标中，地方政府予以落实，经地方人大批准形成生态红线法定图则，由地方政府颁布实施。

c. 保护环境法治化。严格实施《环境保护法》，抓紧制、修订《大气污染防治法》《土壤环境保护法》等有关环境法律和实施细则，锻造向污染宣战的有力武器。

健全“统一监管、分工负责”和“国家监察、地方监管、单位负责”的监管体系，对污染物、污染源和污染介质实施统一监管；提高环境监管执法能力，推进环境监察标准化建设。

加快建立生态环境损害赔偿制度，严格追究环境污染者和生态破坏者的责任。严格落实对违法排污企业停产整顿和超标排污企业的限制治理权。

建立环境专员制度，重点严格督查中央政府有关部门和地方政府违反环境保护政策法规的行为。

建立跨区域、跨流域的环境联合执法工作制度，以及会同其他相关部门的联合环境执法机制。

统筹陆海环境执法，建立环保部门与海洋部门间的协调合作机制，从源头解决海洋环境污染、海洋生态破坏等问题。

d. 环境供给市场化。把环境保护全面融入到国民经济绿色化和全球绿色增长进程，提高环境保护在新经济增长中的作用和地位。在推进环保产业进程中，要全面放开环境保护市场，推行环境供给市场化。广泛采用 PPP 模式和第三方治理和监测服务，政府重点制定规划标准和政策，建立一个政府执法和企业守法环境，为环境保护市场化创建制度和政策。严格实施“污染者付费原则（PPP）”“使用者付费原则（UPP）”和“受益者补偿原则（BPP）”，积极发展生态金融和环境风险规避办法，探索新业态、新产品和新模式，开通绿色金融和绿色资本市场渠道，发挥价格、税收、补贴等激励和导向作用，解决目前环境保护投融资过分依靠政府投资和支持的问题。

加大国家创新基金、国家新兴产业创业投资引导基金等对节能环保产业的支持力度，鼓励多渠道建立节能环保产业发展基金，引导社会投资加大对节能环境产业领域的投入。

同时，选择重要江河源头区或国家重点生态功能区等典型区域 / 流域开展生态补偿试点，探索形成生态补偿长效机制。设立由受补偿地区自主支配的专项资金，形成责权明确、赏罚分明的专项资金渠道。以生态资产价值为依据提高生态补偿标准，针对不同群体制定不同的补贴标准，完善社会保障体系、改善城乡居民生活水平。

e. 决策监管科学化。健全环境与发展综合决策机制，实行重大决策、政策的环境影响评价，推进规划环境影响评价。建立区域生态环境保护联动协作机制，由区域内省级人民政府和国务院有关部门参加，负责对区域环境与发展领域的重大问题进行协调与决策。

健全国家环境监察和督察体制，提高环保行政效能，授权区域环境督查机构对地方政府执行国家环境保护政令、履行环境保护责任的监督力度，实施国家环境总督查制度，将环境执法监督人员纳入公务员序列，探索建立环保警察队伍。建立完善环境质量的监测、评价、考核和预警一体化机制，建立完善对各级政府环境质量的监督机制。

开展生态环境承载力预测预警评估，以流域区域生态环境质量状况及其变化、损害健康的重点污染源和污染物排放情况为基础构建监测预警机制，对水土资源和环境容量超载区域及时“亮红灯”。

将资源环境承载力监测预警工作纳入国家统一监测网格和地方环保规划体系，构建部门协同、上下联动的资源环境承载力监测预警体系。完善环境监测制度，在重点区域建立资源环境承载能力立体监测监控系统，发挥资源环境超载风险预警效能。

f. 治理主体多元化。没有多元化的治理体系和公众的广泛参与就谈不上现代意义上的环境良治。良好的生态环境是最公平的公共产品和最普惠的民生福祉。

首先，提供良好的生态环境是政府的基本职能，政府要在生态环保中起统领和决定性作用。政府要善于运用市场机制和手段，充分发挥市场的作用，出台环境税政策，全面推行主要排污指标的有偿使用和交易制度。深化“以奖促防”“以奖促治”“以奖代补”等政策，在继续治理严重污染地区的同时，加大对生态良好地区的保护投入。政府要着力改革环境财政支出方式，设立政府预算支出环保支出比重制度，并向同级人民代表大会报告。

其次，明确企事业单位对治污减排的主体责任。完善建立资源环境许可，特别是污染物排放许可证制度，所有排放污染物的企事业单位必须在排放行为发生前申请排污许可。实行企业污染物排放总量控制制度，推进行业性和区域性污染物总量控制。完善损害鉴定评估机制和重大疑难案件咨询制度，对造成的损害依法严格赔偿。将生态环境损害与人身财产损害纳入赔偿范围，建立环境损害赔偿社会化分担机制，认定企事业单位经营者和产权拥有者的环境责任为终身责任，明确污染者必须承担环境治理的全部责任。

最后，通过开展生态文明价值观教育、普及绿色经济知识及宣传环保法律政策，培育社会公众的节约环保理念。发挥公众在环保工作中的基础性作用，发挥社会公众的环境监督功能。积极发挥社会民间团体和媒体的作用，让民间团体和媒体成为环境保护的重要力量。

g. 环境信息公开化。全面推行环境信息公开制度是建立“阳光”环境监督执法体系最有效的手段，是防治环境监督执法腐败最好的“双氧水”。

首先，要建立“不准公开”的环境信息负面清单，向社会全面公开接受监督。建立政策法规、项目审批、案件处理、环境质量监测、重点污染源监测信息和环境管理的公布制度。推动企业污染物排放、环境治理和执法监测等信息的公开。建立企业环境信用评价体系及环境责任终身制度，从环境伦理道德和法律层面引导企业承担社会责任。

其次，妥善处理好地方法院受理环境诉讼、因环境问题政府有关领导辞职等问题。通过法律拓展公众参与环保渠道，健全环境立法、环评、规划、重大政策和项目等听证制度，建立政府、企业、公众及时沟通、平等对话和协商解决的机制和平台。

完善社会监督机制和激励机制，引导公众对政府环境管理与企业环境行为进行监督，鼓励有奖举报并保护举报人利益。发挥社会组织在生态环境管理中的积极作用，鼓励环保公益组织参与社会监督。

（3）中压开关环保技术的研究开发

1）利用热塑材料代替热固材料。提高开关设备寿命周期环保性的研究，塑料固封极柱不但具有环氧固封极柱的特点，如绝缘强度高，可为真空灭弧室提供支撑和防护，免受环境、机械力等的影响，还在很多方面优于环氧固封极柱。主要表现在：①从极柱性能角度看，热塑型极柱重量可减轻35%左右[1]。②优于热塑性材料的熔融固化特点，热塑型极柱可回收再利用，提高了产品的环保性[1]。

2）SF_6替代绝缘气体的研究。单质绝缘气体主要包括CO_2、N_2和干燥空气。据报道，在高气压CO_2绝缘GIS中，当气压高于1.0 MPa时，CO_2的绝缘性能趋于饱和[2]，通过优化断路器设计，CO_2可以实现替代SF_6气体[3]。干燥空气与硅橡胶复合绝缘系统绝缘性能优于裸电极，适用于GIS、GCB[4]，绝缘子上附着微小杂质时，压缩空气的绝缘强度比N_2高1.5倍[5]。

至今为止研究过的SF_6替代气体中尚未发现同时满足高绝缘性能、低液化温度、无毒和低温室效应潜能值（GWP）的纯气体，一般将绝缘强度较高的气体与N_2、CO_2等液化温度较低的缓冲气体混合以获得较低液化温度和GWP，适用于低温环境[6]，最典型的SF_6/N_2混合气体已用于GIL中。

从环保角度考虑，采用含较低SF_6比例的混合气体虽然能大幅减少SF_6的使用量，但仍无法从根本上解决SF_6的温室效应问题，从环保、绝缘性能方面综合考虑，完全不含SF_6的混合气体主要有CF_3I/CO_2、氟碳类混合气体（如$c-C_4F_8/C_2F_6/C_3F_8+CO_2/N_2$）等。

3）中压开关设备智能制造项目的研究与实施。天水长城开关厂有限公司中压空气绝缘开关设备制造数字化车间项目列入了2015年度国家智能制造专项智能制造新模式应用计划项目。

该项目研究开发了中压开关设备数字化车间建模、车间多层次多维度的集成、基于机器视觉的外形参数检测、适应多产品的柔性工装以及满足全自动磨合的定制IGBT测试电源等关键技术。

该项目建立了产品模型、制造模型、管理模型和质量模型，优化配置了互联互通的产品生命周期管理（PLM）系统、企业资源计划管理系统（ERP）和车间制造执行系统（MES），实现了基于模型的产品设计数字化、企业管理信息化和制造执行敏捷化，形成了企业统一的数据平台，产品设计的数字化率达到100%。

该项目建成了生产过程数据采集分析系统和车间级工业通信网络，能够充分采集制造进度、现场操作、质量检验和设备状态等生产现场信息，并与车间MES实现了数据集成。

该项目建立了自动化智能化的加工、装配、检验和物流等系统，并通过工业通信网络实现互联和集成，关键加工工序数控化率达到80%以上。该项目对离散型智能制造模式方面的研究和应用，在中压开关制造领域具有典型的示范意义。

另外，特变电工股份有限公司智能电网中低压成套设备智能制造新模式、西电宝鸡电气有限公司中低压输配电装备智能制造新模式也列入了2015年度国家智能制造专项智能制造新模式应用计划。

2. 安全要求的强化

（1）新《中华人民共和国安全生产法》解读　党的十八届四中全会作出全面推进依法治国的总体部署，这是党中央领导集体治国理政的重大战略抉择，标志着法治中国建设步入新征程。全国人大常委会2014年8月31日审议通过的新《中华人民共和国安全生产法》（简称“新《安全生产法》”），已于2014年12月1日起施行。

安全生产是企业生存与发展的基础。无数事例表明，企业不消灭事故，事故终归要毁灭企业，而且企业负责人也会付出沉重代价。新《安全生产法》明确规定：“强化落实生产经营单位的主体责任，建立生产经营单位负责、职工参与、政府监管、行业自律、社会监督的机制。”要求企业负责人对本单位安全生产工作全面负责，必须健全制度、落实责任、保障投入、严格管理和加强培训，推进标准化建设，提高安全管理水平。依法生产经营是企业安身立命之本，也是必须履行的社会责任。有法必依，执法必严，违法必究。生命红线不可逾越，法律底线不可触碰。

新《安全生产法》贯穿着“以人为本，生命至上”的崇高理念，这是坚守“发展决不能以牺牲生命为代价”这条“红线”的必然要求。

新《安全生产法》主要表现出以下十大亮点：

一是坚持以人为本，推进安全发展。新《安全生产法》提出了安全生产工作应当以人为本，充分体现了党中央关于安全生产工作的一系列重要指示精神，对于坚守发展决不能以牺牲人的生命为代价这条“红线”，牢固树立以人为本、生命至上的理念，正确处理重大险情和事故应急救援中“保财产”还是“保人命”问题，具有重大意义。为强化安全生产工作的重要地位，明确安全生产在国民经济和社会发展中的重要地位，推进安全生产形势持续稳定好转，新法将坚持安全发展写入了总则。

二是建立完善安全生产方针和工作机制。新《安全生产法》确立了“安全第一、预防为主、综合治理”的安全生产工作“十二字方针”，明确了安全生产的重要地位、主体任务和实现安全生产的根本途径。“安全第一”要求从事生产经营活动必须把安全放在首位，不能以牺牲人的生命、健康为代价换取发展和效益。“预防为主”要求把安全生产工作的重心放在预防上，强化隐患排查治理，打非治违，从源头上控制、预防和减少生产安全事故。“综合治理”要求运用行政、经济、法治、科技等多种手段，充分发挥社会、职工和舆论监督各个方面的作用，抓好安全生产工作。坚持“十二字方针”，总结实践经验，新《安全生产法》明确要求建立生产经营单位负责、职工参与、政府监管、行业自律和社会监督的机制，进一步明确各方安全生产职责。做好安全生产工作，落实生产经营单位主体责任是根本，职工参与是基础，政府监管是关键，行业自律是发展方向，社会监督是实现预防和减少生产安全事故目标的保障。

三是落实“三个必须”，明确安全监管部门执法地位。按照“三个必须”（管业务必须管安全，管行业必须管安全，管生产经营必须管安全）的要求，新《安全生产法》首先规定国务院和县级以上地方人民政府应当建立健全安全生产工作协调机制，及时协调、解决安全生产监督管理中存在的重大问题。其次明确了国务院和县级以上地方人民政府安全生产监督管理部门实施综合监督管理，有关部门在各自职责范围内对有关行业、领域的安全生产工作实施监督管理。并将其统称为负有安全生产监督管理职责的部门。再次明确了各级安全生产监督管理部门和其他负有安全生产监督管理职责的部门作为执法部门，依法开展安全生产行政执法工作，对生产经营单位执行法律、法规、国家标准或者行业标准的情况进行监督检查。

四是明确了乡镇人民政府以及街道办事处、开发区管理机构安全生产职责。乡镇街道是安全生产工作的重要基层单位，有必要在立法层面明确其安全生产职责，同时，针对各地经济技术开发区、工业园区的安全监管体制不顺、监管人员配备不足、事故隐患集中和事故多发等突出问题，新《安全生产法》明确：乡镇人民政府以及街道办事处、开发区管理机构等地方人民政府的派出机关应当按照职责，加强对本行政区域内生产经营单位安全生产状况的监督检查，协助上级人民政府有关部门依法履行安全生产监督管理职责。

五是进一步强化生产经营单位的安全生产主体责任，做好安全生产工作，落实生产经营单位主体责任是根本。新《安全生产法》把明确安全责任，发挥生产经营单位安全生产管理机构和安全生产管理人员作用作为一项重要内容。

六是建立事故预防和应急救援的制度。新《安全生产法》把加强事前预防和事故应急救援作为一项重要内容：

1）生产经营单位必须建立生产安全事故隐患排查治理制度，采取技术、管理措施及时发现并消除事故隐患，并向从业人员通报隐患排查治理情况的制度。

2）政府有关部门要建立健全重大事故隐患治理督办制度，督促生产经营单位消除重大事故隐患。

3）对未建立隐患排查治理制度、未采取有效措施消除事故隐患的行为，设定了严格的行政处罚。

4）赋予负有安全监管职责的部门对拒不执行执法决定，有发生生产安全事故现实危险的生产经营单位依法采取停电、停供民用爆炸物品等措施，强制生产经营单位履行决定。

5）国家建立应急救援基地和应急救援队伍，建立全国统一的应急救援信息系统。生产经营单位应当依法制定应急预案并定期演练。参与事故抢救的部门和单位要服从统一指挥，根据事故救援的需要，组织采取告知、警戒、疏散等措施。

七是建立安全生产标准化制度。安全生产标准化是在传统的安全质量标准化基础上，根据当前安全生产工作的要求、企业生产工艺特点，借鉴国外现代先进安全管理思想，形成的一套系统、规范和科学的安全管理体系。2010 年《国务院关于进一步加强企业安全生产工作的通知》（国发〔2010〕23 号）、2011 年《国务院关于坚持科学发展安全发展促进安全生产形势持续稳定好转的意见》（国发〔2011〕40 号）均对安全生产标准化工作提出了明确的要求。近年来，矿山、危险化学品等高危行业企业安全生产标准化取得了显著成效，工贸行业领域的标准化工作正在全面推进，企业本质安全生产水平明显提高。结合多年的实践经验，新《安全生产法》在总则部分明确提出推进安全生产标准化工作，这必将对强化安全生产基础建设，促进企业安全生产水平持续提升，产生重大而深远的影响。

八是推行注册安全工程师制度。为解决中小企业安全生产“无人管、不会管”的问题，促进安全生产管理人员队伍朝着专业化、职业化方向发展，国家自 2004 年以来连续 10 年实施了全国注册安全工程师执业资格统一考试，21.8 万人取得了资格证书。截至 2013 年 12 月，已有近 15 万人注册并在生产经营单位和安全生产中介服务机构执业。

九是推进安全生产责任保险制度，新《安全生产法》总结了近年来的试点经验，通过引入保险机制，促进安全生产，规定了国家鼓励生产经营单位投保安全生产责任保险。

十是加大对安全生产违法行为的责任追究力度。

（2）《电力安全生产监督管理办法》解读　2015 年 2 月 17 日，国家发展和改革委员会审议通过了《电力安全生产监督管理办法》，该办法于 2015 年 3 月 1 日实施。《电力安全生产监督管理办法》对 2004 年发布的《电力安全生产监管办法》进行了以下几方面的修订：

一是明确了国家能源局及其派出机构的电力安全监管职责。根据《国务院办公厅关于印发国家能源局主要职责内设机构和人员编制规定的通知》和《电力安全事故应急处置和调查处理条例》，《电力安全生产监督管理办法》对国家能源局及其派出机构的电力安全监督管理职责进行了明确：对电力企业的电力运行安全（不包括核安全）、电力建设施工安全、电力工程质量安全、电力应急、水电站大坝运行安全和电力可靠性工作等方面实施监督管理。

二是明确了国家能源局及其派出机构电力安全监管职责的内部划分。国家能源局负责全国电力安全生产监督管理工作；按照属地化管理原则，国家能源局派出机构负责辖区内电力安全生产监督管理工作；涉及跨区域的电力安全生产监督管理工作，由国家能源局协调确定具体负责的派出机构，如向家坝水电站同时跨四川、云南两省，分属不同区域，需国家能源局协调明确负责向家坝水电站安全监督管理工作的派出机构；同一区域内涉及跨省的电力安全生产监督管理工作，由所在区域派出机构协调确定，如跨省的输电联络线安全监督管理应由区域监管局协调确定。

三是明确了国家能源局及其派出机构电力安全监督管理的范围：中华人民共和国境内以发电、输电、供电和电力建设为主营业务并取得相关业务许可或按规定豁免电力业务许可的电力企业。

四是明确了电力企业的安全责任。根据新修订的《中华人民共和国安全生产法》，对电力企业安全生产管理基本职责进行了扩充，增加了电力建设施工安全和电力工程质量安全等方面的内容。同时根据国家能源局发布的相关规章和规范性文件，对调度、并网、涉网二次系统、大坝安全、电力应急和电力建设等关键环节管理要求给予进一步明确。

五是依据《中华人民共和国行政处罚法》、国务院有关文件以及有关部门规章，列出以下几方面的处罚规定：对国家能源局及其派出机构、人员的处罚规定；对电力企业违反本《办法》的处罚，如约谈、通报、停工整顿；对电力企业有迟报、漏报、谎报和瞒报电力安全事件信息的，不及时组织应急处置的，未按规定对电力安全事件进行调查处理的给予罚款；对企业主要负责人违反本《办法》的处罚；对电力企业阻碍监管工作的处罚。

（3）中压开关的安全可靠性　在电力系统中，中压开关设备属于电压等级 3.6 ～ 40.5 kV 的开关设备。目前在电网运行中，中压开关设备使用范围最广，但是随着电网结构的日渐复杂化，使得电力系统承担的负荷愈发严重，而这些因素的产生，促使人们更加重视电网运行过程中的安全可靠性问题。中压开关设备在配电系统中起着不可忽视的作用，其设备的安全可靠运行与配电系统的安全密切相关，一旦发生设备损毁现象，配电系统就会出现相应的故障，进而引发供电区域的大面积停电，不仅影响了人们的正常生活，还会为电力企业带来不小的经济损失。

在配电网络运行过程中，中压开关由接触器、断路器以及负荷开关三种设备组成。其中断路器的灭弧介质有两种：真空和 SF_6 气体。而真空灭弧介质的应用占首位。由于上述两种断路器的广泛应用，实现了中压开关柜的小型化，并相应增加了闭锁功能，保证了中压开关设备的安全可靠运行。但是在实际调查中发现，由于中压开关柜的绝缘介质为空气，在使用过程中，极容易与外界环境相互接触，降低了自身的安全可靠性能。

为了有效解决上述问题，相关专业人员开展了大量的研究，经过不懈努力，开发了真空灭弧室的固体绝缘技术，其最大的优势在于：将固体浇注成型作为真空灭弧室的外绝缘介质，提升了绝缘能力以及抗冲击强度。同时，对原有的空气绝缘铠装式开关柜进行优化，逐渐形成以低压力 SF_6 气体为主的全封闭柜式中压开关设备。

参考文献

[1] 王茂玉，齐大翠，刘随军，等．热塑性塑料用于极柱固封的探究[J]．电气制造，2015（1）．

[2] OKABE S, GOSHIMA H, TANIMURA A, et al. Fundamental insulation characteristic of high-pressure CO_2 gas under actual equipment conditions[J]. IEEE Transactions on Dielectrics & Electrical Insulation, 2007, 14（1）: 83-90.

[3] STOLLER P C, SEEGER M, IORDANIDIS A, et al. CO_2 as an arc interruption medium in gas circuit breakers[J]. IEEE Transactions on Plasma Science, 2013, 41（8）: 2359-2369.

[4] KWON J H, SEO C W, KIM Y M, et al. Lightning impulse breakdown characteristic of dry-air/silicone rubber hybrid insulation in rod-plane electrode[J]. Journal of Electrical Engineering & Technology, 2015, 10（3）: 1181-1187.

[5] ROKUNOHE T, YAGIHASHI Y, AOYAGI K, et al. Development of SF_6-free 72.5 kV GIS[J]. IEEE Transactions on Power Delivery, 2007, 22（3）: 1869-1876.

[6] 周文俊，郑宇，杨帅，等．替代 SF_6 的环保型绝缘气体研究进展与趋势[J]．高压电器，2016（12）．

第 2 篇

中压开关行业技术现状

第 3 章 中压开关设备的定义及分类

随着我国电力工业的持续快速发展，为中压开关装备制造行业带来了良好的发展商机，同时也带来了新的挑战，中压开关设备应抓住这一千载难逢的发展机遇，不断地更新产品，以满足电力工业不断增长的需求。

3.1 中压开关设备及主要元器件的定义

（1）开关设备 开关设备是除进出线外，其余完全被接地金属外壳封闭的开关设备，主要用于与发电、输电、配电和电能转换有关的开关装置以及其同控制、测量、保护及调节设备的组合，包括这些电器和设备以及相关的内部连线、辅件、外壳和支撑件组成的总装。

（2）断路器 断路器是能关合、承载及开断运行回路的正常电流，也能在规定时间内关合、承载及开断规定的过载电流（包括短路电流）的开关设备。

（3）隔离开关 隔离开关是一种没有灭弧装置的开关设备，在分闸位置时，触头间有符合规定要求的绝缘距离和明显的断开标志；在合闸位置时，能承载正常回路条件下的电流及在规定时间内异常条件下的电流的开关装置。一般只用来关合和开断有电压无负荷的线路，主要用在断路器分闸后建立可靠的绝缘间隙，将被检修线路和电源隔开，根据运行需要换接线路，以及开断和关合短线路的充电电流和小容量的空载变压器的励磁电流。

（4）负荷开关 负荷开关是能关合、承载及开断在正常回路条件（包括规定的过载操作条件）下的电流，也能在一定时间内承载规定异常（例如短路）下的电流的机械开关器件。

（5）重合器 重合器是具有多次重合功能和自具控制和保护功能的断路器。其具有多次重合功能能有效排除临时性故障，并且还具有自具控制和保护功能，主要表现在它自带控制和操作电源，它的操作不受外界继电控制，而是由微处理器中事先编写好的程序指令控制重合器动作。

(6)分段器 分段器是一种以隔离故障线路区段为目的的负荷隔离开关。它一般由切断负荷的灭弧室和隔离闸刀组成，具有记忆和识别功能。能够在重合器开断的情况下，隔离永久性故障线段，恢复供电。常与重合器组合使用。

（7）接触器　接触器除手操作外，只有一个起始位置，是能关合、承载及开断正常电流及规定的过载电流的装置。适用于频繁操作的供电场合，特别是在冶金、石化等发电厂厂用电系统中控制高压电动机和小容量变压器等电器设备。

（8）起动器　起动器是辅助电动机接通、分断的组合电器，与适当的过载保护元件相结合，起动和停止电动机，并起保护作用的组合体。

（9）接地开关　接地开关就是用作回路的接地部件的机械开关器件，能在规定时间内耐受异常条件下的电流，但不要求承载正常回路条件下的电流。当受电端发生故障时，接地开关应能自动关合，形成人为接地短路状态，迫使送电端分闸，切断故障。

（10）避雷器　避雷器是防止过电压损坏电力设备的限压保护装置，其本质就是一个放电器。

（11）互感器　互感器是用来将信息传递给测量仪器、仪表和控制装置的设备。它可把大电量信号按比例换成小电量信号，以便提供测量和继电保护所需的信号，把电力系统处于高电位的部分与处于低电位的测量仪表和继电保护部分分开，以保证运行人员的安全。按比例变换电压信号的互感器称作电压互感器，按比例变换电流信号的互感器称作电流互感器。

3.2　中压开关设备的分类

1. 一般分类

中压开关设备是除进出线外，其余完全被接地金属外壳封闭的开关设备。主要用于接受、分配电能，对电路进行测量、控制和保护。通常按照它的使用范围、结构型式、绝缘介质和母线的设置等进行分类。GB3906—2016 中又提出了一种新的分类方法，即根据主回路隔室打开时其他隔室或功能单元是否可带电运行，以及在内部电弧故障情况下能否满足对设备附近人员进行有效保护而分类。

（1）按使用范围分　中压开关设备可分为户内、户外和特殊使用环境条件型（高海拔、舰船用和核电站用等）。

（2）按结构类型分　中压开关设备可分为箱型、间隔型和铠装型（应当明确指出，在 2016 年修订发布的 GB3906—2016《3.6 kV ～ 40.5 kV 交流金属封闭开关设备和控制设备》标准中，已经取消了这种结构型式分类的规定，被按运行连续性的分类的规则取代）。

（3）按绝缘介质分　中压开关设备可分为空气绝缘、气体绝缘和固体绝缘等几大类。

（4）按运行连续性分　中压开关设备可分为LSC1、LSC2（LSC2B、LS-C2A）。

1）LSC1类开关柜。具有一个或多个高压可触及隔室的功能单元，当其中任意一个高压可触及隔室打开时，至少一个其他功能单元不能保持带电。

2）LSC2类开关柜。至少具有一个用于高压连接的可触及隔室（即连接隔室，且单母线开关设备的母线连接隔室除外）的功能单元，该隔室打开时，至少一条母线能保持带电且所有其他功能单元可以正常运行。如果LSC2类功能单元除连接隔室外还有其他可触及隔室，可以进一步细分为LSC2A和LSC2B。① LSC2A类开关柜：如果任何一个可触及隔室（不同于单母线开关设备和控制设备的母线隔室）打开时，至少一条母线能保持带电且所有其他功能单元能够正常运行的LSC2类功能单元。② LSC2B类开关柜：如果功能单元的任何其他可触及高压隔室打开时，功能单元的高压连接（例如电缆连接）能保持带电的LSC2类功能单元。

（5）按主隔室隔板等级分　中压开关设备可分为PM（金属隔板）级、PI（非金属隔板）级。

下面主要详细介绍按绝缘介质分类的几种柜体。

2. 空气绝缘开关设备

（1）按开关柜主接线形式分　空气绝缘开关设备可分为单母线开关柜、双母线开关柜、双母线带旁路母线开关柜和单母线分段带旁路母线开关柜。

（2）按安装地点分　空气绝缘开关设备可分为户内和户外。①用于户内（用N表示）表示只能在户内安装使用，如KYN28A—12等开关柜。②用于户外（用W表示）表示可以在户外安装使用。

（3）按断路器安装方式分　空气绝缘开关设备可分为移开式（手车式）和固定式。

1）移开式或手车式（用Y表示）。表示柜内的主要电器元件（如断路器）是安装在可抽出的手车上的，由于手车柜有很好的互换性，因此可以大大提高供电的可靠性，常用的手车类型有：隔离手车、计量手车、断路器手车、PT手车、电容器手车和所用变压器手车等。其结构图如图3-1所示。

2）固定式（用G表示）。表示柜内所有的电器元件（如断路器或负荷开关等）均为固定式安装的，固定式开关柜较为简单经济，如KGN7—12、GG—1A等。

3. 新型智能化开关设备

智能化开关设备就是广泛采用计算机技术和现代传感器技术控制的，具有智能化功能的开关设备。它的特点是：可靠性高，采用数字电路进行控制、保护、计量、检测及信号取样，因而精确性更高；可以存储数据，便于事后分析，实现集中管理；可实现遥控操作，无人值守。

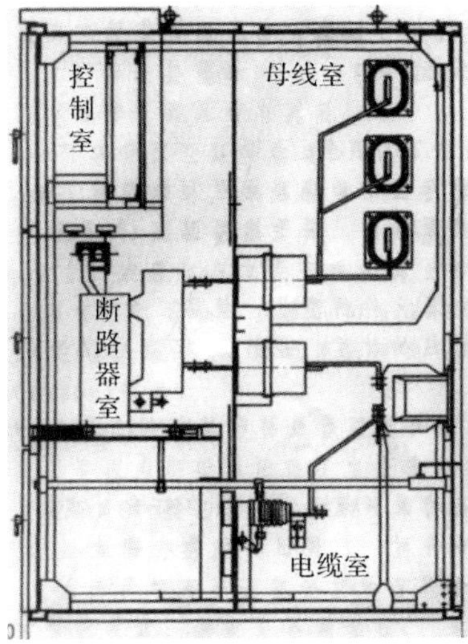

图 3-1 可移开式开关柜结构

4. 中压气体绝缘开关设备

中压气体绝缘开关设备的分类主要有：

（1）按绝缘方式分 中压气体绝缘开关设备可分为压缩空气式、SF_6 式、N_2 式或 SF_6 与 N_2 式混合式，其中 SF_6 气体绝缘方式使用的居多。

（2）按配用的高压元件分 中压气体绝缘开关设备可分为负荷开关型、负荷开关 + 熔断器组合电器型和断路器型。

（3）按壳体材料分 中压气体绝缘开关设备可分为铝筒式和钢板式。

中压气体绝缘开关设备目前主要采用 SF_6 气体作为绝缘介质，SF_6 气体与大气相比，其特点是：绝缘性能是空气的 3 倍；化学特性稳定；在开关设备工作温度范围内不液化；无毒等。与空气绝缘开关设备相比，气体绝缘开关设备可缩短导体长度，缩小柜体尺寸，降低电能消耗等。但 SF_6 气体作为“联合国气候变化框架公约”公布的六种温室气体之一，受到了限制使用，并逐步减少使用，因此 SF_6 气体绝缘开关设备的发展受到了限制。为此，开展了限制、减少 SF_6 气体的研究、开发，从绝缘方面研讨了 N_2、CO_2、N_2/O_2 混合气体等，明确了干燥混合空气是最佳绝缘气体。

虽然干燥混合空气的绝缘强度相比 SF_6 气体要低 1/3，但通过采用高气体压力以及气体和固体的混合绝缘结构，就可以大幅度提高空气的绝缘性能。

气体绝缘金属封闭开关设备的技术进步主要表现在以下几个方面：

1）产品集成化，使得开关柜体积大大缩小，成本明显下降。

2）小型操动机构能较好地与主开关（特别是真空开关）特性配合，可靠性高，尺寸小。

3）组装式结构取代了老式焊接结构，不仅提高了产品尺寸精度，美化了产品外观，且简化了组装工艺，产品部件易于储存，可缩短生产周期。

4）广泛采用微型计算机技术，断路器、隔离开关和接地开关实现电动操作，使用电子式电压、电流互感器代替传统的电压、电流互感器，实现了数字化传输，使开关设备实现智能化。

5）将光电传感技术应用于内部电弧灭弧装置，该装置通过光传感器感知内部电弧，并自动将母线接地，这样，电弧故障转变成一般的短路故障，以一般方式开断，可以避免事故的扩大。

5. 固体绝缘开关设备

固体绝缘开关设备其主回路主要采用环氧树脂或合成橡胶浇注，并在表面形成接地层，由于环氧树脂具有比空气高 5 ～ 6 倍的绝缘强度，不仅一次回路与外部环境隔离，而且柜体尺寸缩小了，提高了设备的可靠性和安全性。

（1）固体绝缘开关设备的结构特点　真空灭弧室和一次回路导体用环氧树脂分相浇注，其表面包裹了一层屏蔽层作为接地保护。因此，一次回路不外露，可以防止因潮湿、烟雾和灰尘等污染引起的老化。

在经济性方面，由于环氧树脂的绝缘性能较高，因此可实现柜体的小型化，有助于降低产品的运输、安装成本。在安全性方面，由于环氧树脂表面有作为接地保护的外屏蔽层，而且是分相设置，所以不会发生一次回路接地而引起的短路故障，可有效防止触电等事故的发生，提高了设备维护时的安全性。在操作方面，由于采用永磁操动机构，从而大幅减少了零部件的数量，并且操作时更省力。另外，由于不使用 SF_6 气体，因此无需气体检漏装置和密封容器，所以设备的可靠性和维护性都得到了提高，并简化了设备结构。

（2）固体绝缘开关设备的环保性　近年来，LCA 作为分析和评价产品从资源利用、制造、使用、回收和报废的整个寿命周期内对环境影响的方法，已成为人们关注的焦点。在节能方面，LCA 评价也是开关设备评价的有效方法。

LCA 是以地球温室效应影响因素作为指标，将设备在制造、使用和报废过程中使用的材料及能量换算为 CO_2 的排放量进行比较。由于 SIS 不使用 SF_6 气体，因此不存在 SF_6 气体的影响。另外柜体尺寸缩小后缩短了导体长度，使一次回路电阻变小，因此设备在运行中的电能损耗降低了。而且柜体的小型化使柜体材料使用量减少，降低了温室效应。

3.3 中压开关设备产品的技术特点

1. 基本结构

（1）外壳 外壳是开关柜的基础，具有支撑内部元件和构件，以及保护内部设备不受外界影响，防止人员接近或触及带电部分，防止人员触及运动部件的作用。开关柜外面的盖板和门，里面的隔室隔板和手车柜活门都是外壳的组成部分。

（2）功能隔室 以产品型号为 KYN28 的 12 kV 可移开式高压开关设备（如图 3-1 所示）为例进行介绍， KYN28 型高压开关设备是国内高压开关设备产品发展过程中的一个典型产品，主要特点是外壳结构由以前均为焊接形式改变为组装形式，并采用自具表面防腐防锈功能的敷铝锌钢板材料制作，无须另作表面涂漆或涂粉处理、断路器手车在开关柜内由中置轨道作为柜车之间配合定位和移动的支撑基准。

该产品由控制室、断路器室、母线室和电缆室组成，其中断路器室内的可移开部件 —— 断路器手车为中置定位安装。运行连续性类别为 LSC2B，隔板等级为 PM。

1）控制室。控制室也叫仪表室或低压室，是用于安装二次控制、保护等元件的隔室，与开关设备的高压隔室完全隔离。通常有内外双层仪表安装板，装设测量和保护用仪表、继电器、微型计算机保护装置和状态指示器等，控制室内设有集成式安装板，安装二次端子排，控制室侧板与上端顶板有控制线穿越孔，与控制电源小母线连接。

2）母线室。用于安装主母线和分支母线。母线室内主母线的排列有三种：即上下、水平方向一字型和三角型排列。

3）断路器室。其内安装有断路器的可移开部件（手车），手车与主回路的连接采用触头连接方式，手车的工作位置、试验位置（隔离位置）都在柜门关闭下的隔室内实现。

手车在柜内的移动轨道布置可分为中置定位和落地式，手车的推进操作方式一般有：丝杆推进、蜗轮蜗杆推进和杠杆推进。图 3-1 中的产品手车为中置定位丝杆推进方式。

4）电缆室。电缆室除用于连接进出线电缆外，还可按主回路一次方案要求，安装接地开关、电流互感器、电压互感器和避雷器等一次元件。

在部分馈线方案开关设备电缆室内，断路器下口一侧，装设接地开关用于电缆侧接地；一些母线采用系统接地方案时，接地开关还直接连接在主母线系统上。

5）压力释放通道和盖板。上述三个隔室，都设置有专门释放内部电弧故障效应产生的高压气体压力释放的通道和盖板。

（3）联锁　为防止误操作，通过机械联锁、机械程序锁、电气闭锁和微型计算机软件编写程序联锁等方式，中压开关设备应具有一整套防误联锁装置，可实现以下的“五防”联锁功能。

1）防止误分、误合。

2）防止带负荷分、合上下隔离开关或带负荷推入拉出断路器手车。

3）防止带电合接地开关或挂临时接地线。

4）防止带接地线或接地开关合闸时合断路器或隔离开关。

5）防止误入带电间隔。

2．主要特点

虽然在很长一段时间内，我国生产的产品和国外的产品具有很大的相似性，但是在质量上和可靠性上却存在一定差距。而现阶段我国相关技术的创新和产业的升级使得中压成套开关设备制造技术得以提升，在技术上和国外的先进企业相比，逐渐缩小了差距。现在，我国的企业以提高产品质量来满足用户的需求，生产出运行可靠、性能优良的产品。

（1）可移开式交流金属封闭开关设备　空气绝缘开关设备的体积较大，易受大气环境条件的影响，如污秽、潮湿等。为了降低对周围环境空气质量的敏感性和缩小尺寸，有些产品采用了主回路导体包覆固体绝缘材料层的复合绝缘结构，既起防护作用，也承担部分主绝缘的能力。其主要特点为：

1）柜体采用敷铝锌钢板折弯件双层错叠搭接，外壳采用金属板经折弯螺栓连接或铆接而成，连接灵活，结构简单，刚度好。

2）开关柜内应装设可靠的“五防”闭锁装置，安全可靠性高。

3）断路器手车可采用中置或中置落地形式，联锁简单可靠，手车互换性高。

4）电动／手动一体化断路器与接地开关的操作机构，可自由转换。

5）配装了智能开关柜集成操控装置 IED，实现了开关设备的智能化。

6）结构相对复杂，工艺要求高，以保证柜体和手车不变形。

7）装配精度高，特别对于触头接触部位，以保证接触电阻小。

（2）箱式气体绝缘金属封闭开关设备　箱式气体绝缘金属封闭开关设备的主要特点是以 SF_6 气体作为一次主电路的绝缘介质，一些高压元件采用新的绝缘连接方式，密封壳体结构模块化。因此，该产品不受污秽、潮湿和海拔等外界环境因素的影响；结构紧凑；真空灭弧，电气寿命高；可靠性高，维护工作量小；可配置传统的二次或数字式控制和保护单元，实现远距离监视、遥控；有多种主接线方案。此种产品具有如下技术优势。

1）高压主电路的气体绝缘技术和插接技术。对主电路电场进行了优化，以低压力 SF_6 气体作绝缘介质；开发了内锥、外锥插接式电缆终端头，插接式固体绝缘母线，采用硅橡胶绝缘的十字形连接套、端头 T 形连接套，插接式电压互感器和避雷器。

2）密封技术。采用高寿命、高可靠性的动密封；结构简单、可靠的静密封。

3）现代化数字技术与软件技术。控制和保护单元具有保护、控制、测量、通信、监测、故障录波和时间记录等功能。

（3）固体绝缘开关设备　主回路导体外部采用环氧树脂或合成橡胶，并在其外表面覆有接地层，实现主回路与外部环境的隔离，使开关设备免受外部环境条件的影响，也提高了外绝缘的运行可靠性，可实现开关设备的小型化，减少占地面积。

与空气绝缘开关设备比较，气体绝缘开关设备和固体绝缘开关设备，除了具有不受环境影响，可靠性高的特点外，还具有全寿命周期内，包括占地、运行维护等因素总成本较低的经济优势。

3.4　中压开关设备的相关标准

与中压开关相关的主要国家及行业标准见表 3-1，与中压开关相关的主要国际标准见表 3-2。

表 3-1　与中压开关相关的主要国家及行业标准

序号	标准号	标准名称	适用范围
1	GB 3906—2006	3.6 ～ 40.5 kV 交流金属封闭开关设备和控制设备	该标准参照 IEC 62271-200:2003《额定电压 1 kV 以上 52 kV 及以下交流金属封闭开关设备和控制设备》而制定 该标准规定了工厂装配的、额定电压为 3.6 ～ 40.5 kV、户内或户外安装的、频率为 50 Hz 及以下的交流金属封闭开关设备和控制设备的各项技术要求。外壳内可能装有固定式或可移开式的元件，并可能充有绝缘和 / 或开断用流体（液体或气体）

（续）

序号	标准号	标准名称	适用范围
2	GB/T 11022—2011	高压开关设备和控制设备标准的共用技术要求	该标准参照 IEC 60694:1996《高压开关设备和控制设备标准的共用技术要求》而制定 该标准适用于电压 3 kV 及以上，频率 50 Hz 及以下的电力系统中运行的户内和户外的交流高压开关设备和控制设备
3	GB 1984—2014	高压交流断路器	该标准参照 IEC 62271-100:2007《高压开关设备和控制设备—第 100 部分：交流断路器》而制定 该标准规定了设计安装在户内或户外且运行在频率 50 Hz、电压为 3 000 V 及以上的系统中的交流断路器的各项技术要求
4	GB/T 1985—2014	高压交流隔离开关和接地开关	该标准代替 GB/T1985—2004《高压交流隔离开关和接地开关》 该标准适用于设计安装在户内和户外，且运行在频率 50 Hz、标称电压 3 000 V 及以上的系统中，端子是封闭的和敞开的交流隔离开关和接地开关。该标准也适用于这些隔离开关和接地开关的操动机构及其辅助设备 封闭式开关设备和控制设备中的隔离开关和接地开关的附加要求在 GB 3906、GB 7674 和 IEC 62271-201 中给出
5	GB/T 3804—2017	3.6 ～ 40.5 kV 高压交流负荷开关	该标准参照 IEC 62271-103:2011《高压开关设备和控制设备—第 103 部分：额定电压 1 kV 以上、52 kV 及以下负荷开关》而制定
6	GB/T 2900.20—2016	电工术语、高压开关设备和控制设备	该标准代替 GB/T2900.20—1994《电工术语 高压开关设备和控制设备》，并修改采用 IEC 60050（441）：1984《开关设备、控制设备和熔断器》标准 该标准规定了与额定电压 3.6 kV 及以上的高压开关设备和控制设备有关的通用术语、开关设备和控制设备的总装及其部件、开关装置及其部件、操作和特性参数等电工术语的定义 该标准适用于断路器、隔离开关、接地开关、负荷开关、旁路开关、转换开关、隔离断路器、重合器、分段器、接触器、起动器、组合电器和金属封闭开关设备等开关设备和控制设备
7	GB/T 28811—2012	高压开关设备和控制设备 基于 IEC 61850 的数字接口	该标准规定了高压开关设备和控制设备以及它们构成的成套设备和与变电站其他部分进行数字通信的专用设备及对它们的试验要求。该数字通信设备可代替金属并行导线并可以集成到高压开关设备和控制设备及其成套设备中，也可以作为外部设备使现有的开关设备、控制设备及其成套设备和 IEC61850 相兼容 该标准适用于 IEC61850 系列的产品标准。它用来处理遵循 IEC61850 标准带有串行通信接口的开关设备、控制设备及其成套设备的相关部分

（续）

序号	标准号	标准名称	适用范围
8	GB/T 16926—2009	高压交流负荷开关—熔断器组合电器	该标准参照 IEC 62271-105:2002《高压开关设备和控制设备 第 105 部分：交流负荷开关 - 熔断器组合电气》而制定 该标准适用于公用和工业配电系统中所用的负荷开关，包括负荷隔离开关与限流熔断器功能组合的三级单元 该标准适用于频率在 50 Hz、标称电压 3 kV 及以上、35 kV 及以下的三相交流系统中，户内或户外安装的组合电器
9	GB 3804—2004	3.6 ～ 40.5 kV 高压交流负荷开关	该标准参照 IEC 60265-1:1998（IEC 60265 的第 3 版）《高压负荷开关 第一部分：额定电压 1 kV 以上 52 kV 以下的负荷开关》而制定 该标准适用于额定电压 3.6 ～ 40.5 kV，频率为 50 Hz，安装于户内或户外且具有关合和开断电流额定值的三极交流负荷开关和隔离负荷开关，也适用于这些负荷开关的操动机构及其辅助设备
10	GB 3309—1989	高压开关设备常温下的机械试验	该标准参照 IEC 56《交流高压断路器》（1981 年版）、IEC 129《交流高压隔离开关和接地开关》（1984 年版）而制定 该标准规定了高压开关设备常温下的机械试验方法 该标准适用于额定电压为 3 ～ 500 kV、频率为 50 Hz 或 60 Hz 的交流高压断路器、交流高压负荷开关、交流高压隔离开关和接地开关、组合电器、金属封闭开关设备及各种操动机构等在常温下的机械试验
11	GB/T 29489—2013	高压交流开关设备和控制设备的感性负载开合	该标准参照 IEC62271-110:2008《高压开关设备和控制设备 第 110 部分：感性负载开合》而制定 该标准适用于户内或者户外安装、运行频率为 50 Hz、电压 3 000 V 及以上的系统中，且用于感性负载电流开合的高压交流开关设备和控制设备 该标准并没有考虑开合空载变压器，即开断变压器励磁电流。近区故障、失步电流关合和开断，以及容性电流开合不适用于用来开合并联电抗器和电动机的断路器。因此这些方式没有包含在该标准中
12	GB/T 33977—2017	高压成套开关设备和高压 / 低压预装式变电站产生的稳态、工频电磁场的量化方法	该标准参照 IEC/TR 62271-208:2009《高压开关设备和控制设备 第 208 部分：高压成套开关设备和高压 / 低压预装式变电站产生的稳态、工频电磁场的量化方法》而制定

（续）

序号	标准号	标准名称	适用范围
13	GB/T 28565—2012	高压交流串联电容器用旁路开关	该标准参照 IEC 62271-109:2008《高压开关设备和控制设备 第 109 部分：交流串联电容器用旁路开关》而制定 该标准规定了高压交流串联电容器用旁路开关的各项技术要求，包括额定值、设计与结构、试验要求、安装、运行和维护规则等 该标准适用于设计安装在户外且运行在频率 50 Hz、电压 66 kV 及以上系统中的交流串联电容器用旁路开关。该标准仅适用于三相系统中的旁路开关，该标准也适用于旁路开关的操动机构及其辅助设备
14	GB/T 13540—2009	高压开关设备和控制设备的抗震要求	该标准参照 IEC 62271-2:2003《高压开关设备和控制设备 第 2 部分：额定电压 72.5 kV 及以上的抗震要求》而制定，同时参考了 IEC 62271-207:2007《高压开关设备和控制设备 第 207 部分：额定电压 52 kV 以上的气体绝缘成套开关设备的抗震要求》和 IEC 62271-300:2006《高压开关设备和控制设备—第 300 部分：交流断路器的抗震要求》标准 该标准规定了高压开关设备和控制设备的抗震要求，并明确了采用分析、试验或者两者组合的验证抗震性能的原则 该标准适用于标称电压 3 kV 及以上，频率 50 Hz 及以下的电力系统中运行的户内和户外安装的所有高压开关设备和控制设备，包括其与地面刚性连接的支撑构架，开关设备和控制设备的抗震要求考虑了所有的辅助和控制设备，不论其是一体安装还是独立安装 该标准给出了验证地面安装的高压开关设备和控制设备抗震性能的试验程序 该标准还对抗震性能的地面加速水平进行了规定，并给出了适合与验证要求具有抗震能力的开关设备和控制设备性能的备选方案
15	GB/T 28534—2012	高压开关设备和控制设备中六氟化硫（SF_6）气体的释放对环境和健康的影响	该标准参照 IEC 62271-303:2008《高压开关设备和控制设备 第 303 部分：六氟化硫（SF_6）的使用和处理》而制定 该标准适用于在高压开关设备和控制设备正常和异常操作时 SF_6 处理，以及人员安全和环境兼容的处理程序，也包括了 SF_6 的储存和运输以及人员培训 该标准通常也适用于包含 SF_6 的混合气体 该标准适用于充有 SF_6 气体的开关设备和控制设备

（续）

序号	标准号	标准名称	适用范围
16	GB/T 28537—2012	高压开关设备和控制设备中六氟化硫（SF_6）的使用和处理	该标准参照 IEC 62271-303:2008《高压开关设备和控制设备 第 303 部分：六氟化硫（SF_6）的使用与处理》而制定 该标准适用于高压开关设备和控制设备在安装、交接、正常和异常操作时 SF_6 的处理、寿命终了的处置 安全和环境的程序认为这些程序是保证从事 SF_6 工作人员安全。并将其排放到环境中的数量减少到最小的最低要求
17	GB/T 28810—2012	高压开关设备和控制设备 电子及其相关技术在开关设备和控制设备的辅助设备中的应用	该标准参照 IEC 62063:1999《高压开关设备和控制设备 电子及相关技术在开关设备和控制设备的辅助设备中的应用》而制定 该标准规定了对高压开关设备和控制设备相关的国家标准，引入先进技术的基本导则。要求这些先进技术可以使开关设备的用户，最大限度地获得由电子设备带来的利益 该标准限定了开关设备和控制设备相关的辅助设备的全部或部分采用电子装置。该标准中引入的条款就是为了涵盖这些技术。它还定义了应保证的功能的不同等级，以及相应的界定条件
18	GB/T 11023—1989	高压开关设备六氟化硫（SF_6）气体密封试验方法	该标准规定了高压开关设备 SF_6 气体封闭的有关专用术语、试验项目及试验方法 该标准规定了试验方法用以测定设备 / 隔室的相对年漏气率 该标准适用于以 SF_6 气体作为灭弧、绝缘介质的高压开关设备气体密封试验
19	JB/T 5872—1991	高压开关设备电气图形符号及文字符号	该标准规定了额定电压 3 kV 及以上的高压开关设备用的电气图形符号和相应的文字符号。该标准适用于高压开关设备电气图的绘制
20	JB/T 8754—2007	高压开关设备和控制设备型号编制办法	该标准规定了高压开关设备和控制设备及其成套设备、熔断器、封闭母线及其配套设备的型号命名原则、组成及编制方法 该标准适用于额定电压 3.6 kV 及以上的高压开关设备和控制设备及其配套设备。亦适用于高压 / 低压预装式变电站等隶属于高压开关行业统一管理的设备
21	NB/T 42101—2014	3.6 ～ 40.5 kV 智能交流金属封闭开关设备和控制设备	该标准根据国家坚强智能电网的战略目标和智能高压开关设备建设的要求，参照现行国家标准、行业标准和 IEC 标准，并结合 3.6 ～ 40.5 kV 交流金属封闭开关设备和控制设备现状而制定 该标准给出了 3.6 ～ 40.5 kV 智能交流金属封闭开关设备和控制设备的技术原则、基本技术要求和试验要求

（续）

序号	标准号	标准名称	适用范围
22	NB/T 42101—2016	高压开关设备型式试验及型式试验报告通用导则	该标准参照《STL General Guide 2013》而制定 该标准适用于交流 3 kV、直流 1.5 kV 及以上电力系统用高压设备，根据国家标准、IEC 标准、行业标准实施的型式试验及出具的型式试验报告 该标准旨在规范各实验室实施高压开关设备型式试验及出具型式试验报告，统一不同实验室发布的不同型式试验报告中实验结果和数据的表述
23	DL/T 404—2007	交流金属封闭开关设备和控制设备	该标准根据 IEC 62271-200:2003《额定电压 1 kV 以上 52 kV 及以下交流金属封闭开关设备和控制设备》而制定 该标准规定了工厂装配的、额定电压为 3.6 ～ 40.5 kV、户内或户外安装的、频率为 50 Hz 及以下的交流金属封闭开关设备和控制设备的各项技术要求
24	DL/T 402— 2016	高压交流断路器	该标准根据 IEC 62271-100:2003《高压开关设备和控制设备—第 100 部分：交流断路器》而制定 该标准规定了设计安装在户内或户外且运行在频率 50 Hz、电压为 6 ～ 1 000 kV 的系统中的交流断路器的各项技术要求
25	DL/T 403—2000	12 ～ 40.5 kV 高压真空断路器订货技术条件	该标准规定了额定电压为 12 ～ 40.5 kV 的高压真空断路器的使用条件、参数、结构、技术要求和试验项目
26	DL/T 593—2016	高压开关设备和控制设备标准的共用技术要求	该标准参照 IEC 62271-1:2007《高压开关设备和控制设备标准的共用技术要求》而制定 该标准适用于电压 3 kV 及以上，频率为 50 Hz 的电力系统中运行的户内和户外交流高压开关设备和控制设备
27	DL/T 1081—2008	12 ～ 40.5 kV 户外高压开关运行规程	该标准适用于额定电压为 12 ～ 40.5 kV、额定频率为 50 Hz 的户外安装的高压开关设备
28	DL/T 555—2004	气体绝缘金属封闭开关设备现场耐压及绝缘试验导则	该标准规定了额定电压为 72.5 kV 及以上，频率为 50 Hz 的户内和户外安装的气体绝缘金属封闭开关设备的现场耐压及绝缘实验要求及方法 该标准适用于全部或部分采用气体作为绝缘介质的气体绝缘金属封闭开关设备 GIS 新安装部分、扩建部分及解体部分均应按照该标准实验 单独使用 SF_6 的罐式断路器可以参照该标准执行

表 3-2　与中压开关相关的主要国际标准

序号	标准号	标准名称
1	IEC 62271-200:2003	高压开关设备和控制设备 第 200 部分：额定电压 1 kV 以上 52 kV 及以下交流金属封闭开关设备和控制设备
2	IEC 62271-1:2007	高压开关设备和控制设备 第 1 部分：高压开关设备和控制设备标准的共用技术要求
3	IEC 62271-100:2017	高压开关设备和控制设备 第 100 部分：交流断路器
4	IEC 62271-103:2011	高压开关设备和控制设备 第 103 部分：额定电压 1 kV 以上 52 kV 及以下负荷开关
5	IEC/TR 62271-208:2009	高压开关设备和控制设备 第 208 部分：高压成套开关设备和高压 / 低压预装式变电站产生的稳态、工频电磁场的量化方法
6	IEC 62271-109:2008	高压开关设备和控制设备 第 109 部分：交流串联电容器用旁路开关
7	IEC 62271-105:2002	高压开关设备和控制设备 第 105 部分：交流负荷开关 - 熔断器组合电气
8	IEC62271-110:2008	高压开关设备和控制设备 第 110 部分：感性负载开合
9	IEC 62271-303:2008	高压开关设备和控制设备 第 303 部分：六氟化硫（SF_6）的使用和处理
10	IEC 62271-303:2008	高压开关设备和控制设备 第 303 部分：六氟化硫（SF_6）的使用与处理
11	IEC 62063:1999	高压开关设备和控制设备 电子及相关技术在开关设备和控制设备的辅助设备中的应用

第 4 章　我国中压开关设备发展现状

进入 21 世纪，我国电力工业一直处于快速平稳发展之中，从而极大地激发了国内外企业开发生产中压开关设备的积极性，不但产品更新换代速度明显加快，而且有力地推动了行业的技术进步。中压开关设备是配电领域中使用量大、使用范围广的设备之一。随着电网结构的日趋复杂，电力负荷的不断增加以及配电技术的快速发展，电力用户对中压开关产品提出了更高的要求。作为受配电设备主要构成装置的开关设备，不但要具有高可靠性，还要求具有高的安全性、维护 / 检查省力、与环境协调等，其发展动态对整个电网的安全稳定运行有着十分重要的意义。

4.1　国内中压开关设备的发展进程

中压金属封闭开关设备是由敞开式开关设备发展而来，早期产品的断路器大多采用以绝缘油为绝缘介质的 OCB（油断路器）和采用空气作为绝缘介质的 ACB（空气断路器）。20 世纪 70 年代以来，以 SF_6（六氟化硫）为绝缘介质的 GCB（SF_6 断路器）和采用真空绝缘的 VCB（真空断路器）得到了普及，老产品很快被淘汰，金属封闭开关设备用主开关定位于 GCB 和 VCB，并广泛采用空气与固体绝缘材料的复合绝缘方式，并且向多层发展，新产品大多可实现正面操作与正面维护。

进入 20 世纪 90 年代后半期，降低对环境影响的呼声高涨，并开始采取防止地球温室效应的环保措施。1997 年召开的《联合国气候变化框架公约》第三方缔约方（COP3）会议确定 SF_6 气体为温室效应气体而成为减排对象，因此固体绝缘开关设备（SIS）的开发取得了进步，新开发的 SIS 连接部件的绝缘采用柔性绝缘橡胶，可将主回路模块式分离，从而提高了主回路结构的自由度。

我国金属封闭开关设备的发展大致经历了五个阶段。

第一阶段是起步阶段。可追溯到 20 世纪 50 年代，当时的产品主要有 GG—1A 固定式开关设备和 GCF 型手车式开关设备等产品。GG—1A 固定式开关设备母线在柜顶安装，母线和上隔离开关裸露在柜外，严格意义上讲还不能称作金属封闭开关设备，但由于 GG—1A 固定式开关设备结构简单、工艺要求低、符合当时的国情，因此占据了当时中压开关设备市场的绝大部分份额。

第二阶段是联合设计阶段。从20世纪60年代末期起，随着我国综合国力的提高，自主联合设计的各种移开式开关设备不断发展起来，主要产品有GC2（F）—10等产品，大量配用SN10—10等少油断路器和极少量的真空断路器，操作机构选用CT8弹簧操动机构和CD10电磁操动机构。期间由西安高压电器研究所设计的KGN1—10、XGN2—12两种固定结构的产品得到了推广。移开式开关设备由于体积小，手车互换方便，有利于检修维护，故受到用户欢迎。12 kV移开式开关设备经历了GC、GFC向JYN、KYN型发展的过程。20世纪80年代开发的JYN、KYN型移开式开关设备多为落地式结构，主要配少油断路器，少数产品可配真空、SF_6断路器。比较典型的12 kV产品主要有JYN3—12、KYN1—12和KYN3—12等，40.5 kV产品主要有JYN1—35、GBC—35、XGN—35和KYN10—40.5等。

第三阶段是引进消化阶段。20世纪90年代，随着西门子公司8BK20、ABB公司ZS1等性能优良的中置式开关设备进入国内市场，国内厂家通过引进消化先进技术，先后开发出了KYN18A、KYN18C、KYN28A和KYN31—12等性能优良的产品，主要配用真空断路器，少油断路器退出了历史舞台。40.5 kV的开关设备有BA1—40.5、KYN37A—40.5、KYN61—40.5、KYN72—40.5和KYN58—40.5等性能优良的产品。

第四阶段是自主创新阶段。进入21世纪，中压开关设备市场竞争更加激烈，KYN18、KYN28等产品生产厂家非常多，市场竞争进入了价格竞争的恶性循环。同时，随着我国开关设备生产厂家自主创新能力的提高，具有研发实力的企业开始开发差异化产品。西安高压电器研究院推出了KYN96（AMS1）、KYN61系列金属铠装式开关设备等产品，天水长城开关厂有限公司开发了i-AX、i-AY系列小型智能化开关设备及i-AT2系列大电流开关设备。

第五阶段是自我完善优化阶段。近年来，随着12 kV 、40.5 kV中压开关设备在现场安装、调试和运行等方面暴露出一些问题，各生产厂开展了一系列的改进设计，将KYN28开关设备钣金部件间的螺栓连接改为压窝铆钉拉铆方式，铆钉头均在内藏式压窝里，使得柜体外形整齐美观，彻底解决了现场并柜困难及更换的问题。另外，针对手车及接地开关操作力大的问题，开发了可远方和就地操作的电动操控装置，降低了维护人员的工作强度。其次，解决了主回路温升问题，在发热较为严重的关键点加装测温仪，一旦发现温度超出设定限值，将会发出报警信号，提示工作人员及时处理超标点发热问题，杜绝发热造成材料劣化引发事故。随着用户的需求不断增加，中压开关设备提高可靠性和降低运行成本成为亟待解决的问题，这就需要通过完善优化，才能得以实现。

4.2 我国中压开关设备产业发展的规模和取得的成果

近年来，国内高压开关行业主要是以企业自主开发设计为主，同时吸收国外先进技术进行二次开发，SF_6和真空开关已成为行业高压、中压设备的主导产品，基本实现了行业产品无油化。行业主要产品的技术参数达到或超过了国际同类产品水平，高铁牵引开关设备等已基本满足用户要求。但有些还不能完全满足市场需求，一些重要的市场高新技术产品和部分关键材料部件，仍然依赖进口，核电站用中压开关设备核心技术及元件仍被国外公司控制，国内大部分市场被其占有。通用型交流金属封闭开关设备发展的方向有着明显的时代特征，其主要表现和特点如下：

1）设备智能化。随着工业技术的发展，对供电质量提出了更高的要求，同时也对电器设备性能提出了更高要求。随着新技术的发展，特别是电子、微电子技术和计算机的迅速发展，将对电器元件带来深远的影响。在原有产品继续完善性能、功能，提高质量的同时，将产生一批新型产品。新型产品的主要特征为：电器产品智能化、产品电子化、产品组合化和模块化。这就使得成套设备智能化和操作简单化成为为发展提供基础和其发展的必然。

由于用电环境的不同，用电条件的不同，在劳动强度方面，从劳动力的减少和保证操作准确性的需要和提高效率等方面出发，开关设备二次技术改造传统技术为机电一体化技术。机电一体化技术是建立在微电子技术、信息、传感技术、计算机控制技术、伺服驱动技术及精密机械技术等高度发展的技术上的综合技术。机电一体化技术用在开关设备中，把计算机加入机械系统，使开关设备系统有了“大脑”，再加入“传感器”采集信息，用光纤传导信息，使开关设备系统有了“感觉”，大脑根据感觉做出判断与决定，使系统有了“智能”，因此，现代二次技术使开关设备实现“智能化”，为智能化的发展提供了无限空间。

2）设备小型化。现代科学技术的发展，新技术和新工艺以及新材料的使用，使得电器元件得到了长足发展。通过优化设计，选择小型化元件，提高断口耐压，元件和功能复合集成，新技术如光电传感器等应用，使产品结构更紧凑，从而实现了产品小型化。达到缩小产品体积，减少占地面积，降低消耗（能源与材料）和高可靠性等目的。电器元件做得越来越精致，越来越小，开关成套设备做小的条件得到了最基本的保证。与此同时，城市电力负荷日益激增，人口密度不断增加。随着对经济性能的追求及资源稀缺因素的影响，为了节约用地、减少损耗、减低空间要求、运输安装方便以及减少材料成本，产品必将向小型化和紧凑型方向发展。现代化设备的使用，现代加工工艺水平的提高也为小型化发展提供了良好的基础条件。

3）设备的高安全和可靠性能。21 世纪是以人为本的社会，高度强调人的主观性、人的需要以及对人的保护等。所以设备的安全和可靠性被提到更高的层次上来，国家制定了 GB19517—2009《国家电气设备安全技术规范》等相关的新标准来保证设备的安全和可靠性能，最大限度地提高系统和产品的运行质量和供电质量。达到节省成本，提高经济效益的目的，这是用户和设备制造企业共同追求的目标。红外线技术、电子在线检测技术和电磁屏蔽技术等为高安全性能设备的开发提供了基础技术，高可靠性、少免维护型产品的市场需求必将快速稳步增长。

4）设备的环保要求。资源紧张已经成为未来生存和发展必须面对的问题，世界各个国家已经把环境保护和资源的可持续发展和综合利用提到了一个重要高度，绿色无污染、节能降耗、消耗资源少、材料可以回收利用或可降解的可持续利用产品成为未来产品发展的必然。所以，成套设备在未来的设计制造中，必然会向使用无污染和可回收利用的新材料方向发展，而在产品的制造过程中也必然会使用一些新的技术工艺和新的设备来避免对环境造成污染。现在世界各国的一些组织正在讨论关于产品谁生产谁回收的问题，这也是产品向环保方向发展的一个方面的内容。

5）设备的国际化。随着国际化竞争日趋加剧，大量国外的先进产品涌入以及我国产品向国外出口，产品国际化依然是必然的趋势。作为国际化产品必须要符合国际的相关规定和标准，也要符合相应国家的一些特殊标准和规定，所以在设计和制造产品时，必须以国际标准来保证自己的产品适应整个国际竞争的需要。成套产品的发展，必然要在符合国家最新标准的基础上，向国际标准靠拢，这是国际竞争的需要，也是全球化产品的必然结果。

4.3 我国中高压开关设备经济运行情况分析

我国未来理想配电网模式的发展，智能变电站是构建智能电网的重要支撑节点。智能化中高压开关设备是智能变电站的核心设备，其通过装设各类传感器，采集设备的运行状态，对数字化信息进行就地处理，实现自适应控制和故障诊断等功能。此外，智能化中高压开关设备具有高速网络交互接口，能够为智能电网的优化运行提供信息支撑。

1. 总体经济指标

我国中高压开关行业 2015 年主要总体经济指标见表 4-1。

表 4-1　我国中高压开关行业 2015 年主要总体经济指标

序号	项目	2014 年数据	2015 年数据	增长（%）
1	全年从业人员数（总计）/ 万人	16.69	16.20	-2.95
2	其中从事中高压开关人数 / 万人	8.70	8.70	0.00
3	从事科技活动人员数 / 万人	4.10	4.06	-1.09
4	从事研发人员数 / 万人	2.20	2.16	-1.96
5	工业总产值 / 亿元	1 927.46	1 945.48	0.93
6	其中中高压开关产值 / 亿元	1 068.92	1 070.51	0.15
7	新产品产值 / 亿元	704.88	627.28	-11.01
8	工业销售产值 / 亿元	1 860.68	1 889.90	1.57
9	其中出口交货值 / 亿元	52.11	55.03	5.60
10	工业增加值 / 亿元	469.48	473.77	0.91
11	主营业务收入 / 亿元	1 797.95	1 839.14	2.29
12	主营业务成本 / 亿元	1 318.56	1 329.61	0.84
13	营业费用 / 亿元	97.78	91.64	-6.28
14	主营业务税金及附加 / 亿元	9.94	10.72	7.82
15	应交增值税 / 亿元	79.32	75.47	-4.85
16	管理费用及财务费用 / 亿元	133.06	134.00	0.71
17	其中：利息支出 / 亿元	19.49	24.24	24.35
18	其他业务收入 / 亿元	26.83	16.33	-39.12
19	利润总额 / 亿元	146.65	148.73	1.42
20	其中中高压开关部分 / 亿元	77.58	79.07	1.92
21	年末资产总计 / 亿元	2 001.18	2 232.37	11.55
22	年末固定资产原值 / 亿元	456.36	548.75	20.24
23	年末固定资产净值 / 亿元	314.87	339.58	7.85
24	全年完成基建投资额 / 亿元	41.26	34.68	-15.94
25	全年技改措施项目完成投资额 / 亿元	8.86	7.33	-17.29
26	流动资产年平均余额 / 亿元	1 252.10	1 398.38	11.68
27	其中：应收账款余额 / 亿元	500.75	624.41	24.69
28	年末负债合计 / 亿元	1 074.79	1 165.85	8.29
29	年末所有者权益合计 / 亿元	903.68	989.60	9.51
30	全年科技活动经费使用数 / 亿元	56.13	55.98	-0.27

（续）

序号	项目	2014 年数据	2015 年数据	增长（%）
31	研究与发展经费支出 / 亿元	48.38	51.34	6.11
32	新产品开发费用支出 / 亿元	37.49	35.29	-5.87
33	全员职工工资总额 / 亿元	86.85	94.02	8.26
34	资本保值增值率 (%)	110.23	112.48	2.04
35	资产负债率 (%)	53.71	52.14	-2.92
36	流动资产周转率 / 次	1.44	1.32	-8.33
37	成本费用利润率 (%)	9.47	9.56	0.95
38	工业全员劳动生产率 /(万元 / 人)	28.12	29.25	4.02
39	产品销售率 (%)	96.54	97.14	0.62
40	总资产贡献率 (%)	12.01	11.27	-6.16
41	销售利税率 (%)	13.12	12.77	-2.67
42	资金利税率 (%)	15.06	13.52	-10.23
43	人均创利税 /(万元 / 人)	14.13	14.50	2.64
44	税金总额 / 亿元	89.26	86.19	-3.44
45	利税总额 / 亿元	235.91	234.92	-0.42
46	应收账款占流动资产比率 (%)	39.99	44.65	11.65
47	经济效益综合指数 (%)	2.83	2.88	1.77
48	万元产值能耗平均水平 / 吨标煤	0.04	0.04	0.00

2. 工业总产值

我国中高压开关行业 2006—2015 年产值情况如图 4-1 所示。

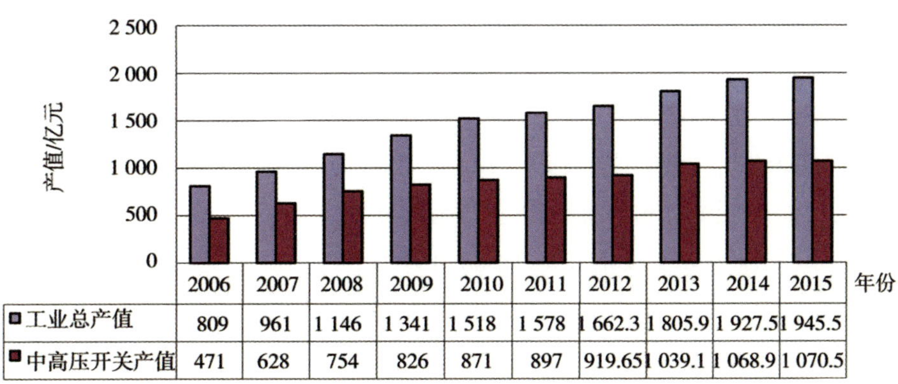

图 4-1　我国中高压开关行业 2006—2015 年产值情况

2015 年，中高压开关行业完成工业总产值 1 945.48 亿元，比 2014 年增加 18.02 亿元，增长率为 0.93%，比 2014 年降低了 5.8 个百分点。

2015 年，中高压开关行业中工业总产值 1 亿元以上的企业 165 家，占行业统计企业数的 64.96%，比 2014 年减少 27 家。产值 10 亿元以上的企业 29 家，占行业统计企业数的 11.42%，与 2014 年企业数相同。产值 20 亿元以上的企业 17 家，占行业统计企业数的 6.69%，与 2014 年企业数相同，其产值合计 1 239.95 亿元，占行业总产值的 63.73%，比 2014 年提高了 3.98 个百分点。

2015 年，工业总产值增长率 20% 以上的企业 30 家，比 2014 年减少了 16 家，占行业统计企业数的 11.81%，比 2014 年下降了 5.81 个百分点；产值增长率 50% 以上的企业 7 家，比 2014 年减少了 5 家，占行业统计企业数的 2.76%，比 2014 年下降了 1.84 个百分点。

2015 年，工业总产值 1 亿元以上的企业中，增长率 20% 以上的企业 24 家，比 2014 年减少了 14 家；增长率 50% 以上的企业 5 家，比 2014 年减少了 3 家。工业总产值 10 亿元以上的企业中，增长率 20% 以上的企业 7 家，比 2014 年增加了 2 家；增长率 50% 以上的企业 1 家。

2015 年，工业总产值下降的企业 116 家，比 2014 年增加了 21 家，占行业统计企业数的 45.67%，比 2014 年上升了 9.27 个百分点。

2015 年，华北区工业总产值 71.92 亿元，比 2014 年增加了 3.75 亿元，增长率为 5.5%，比 2014 年提高了 12.51 个百分点；地区比重比 2014 年提高了 0.16 个百分点；产值最高的省市为北京市（51.39 亿元）。东北区工业总产值为 71.29 亿元，比 2014 年增加了 0.83 亿元；增长率为 1.18%，比 2014 年提高了 5.17 个百分点；地区比重与 2014 年持平；产值最高的省市为辽宁省（64.72 亿元）。华东区工业总产值为 1 047.24 亿元，比 2014 年增加了 5.78 亿元；增长率为 0.55%，比 2014 年下降了 8.03 个百分点；地区比重比 2014 年下降了 0.2 个百分点；产值最高的 3 个省市分别为上海市（130.26 亿元）、江苏省（444.73 亿元）和浙江省（220.17 亿元），占行业总产值的比重分别为 6.7%、22.86% 和 11.32%。中南区工业总产值为 574.52 亿元，比 2014 年增加了 16.71 亿元，增长率为 3%，比 2014 年下降了 5.32 个百分点；地区比重比 2014 年提高了 0.59 个百分点；产值最高的省市为河南省（449.94 亿元），占行业总产值的比重为 23.13%。西南区工业总产值为 41.8 亿元，比 2014 年减少了 23.22 亿元，增长率为 -35.71%；地区比重比 2014 年下降了 1.22 个百分点；产值最高的省市为四川省（35.47 亿元）。西北区工业总产值为 138.71 亿元，比 2014 年增加了 14.17 亿元；增长率为 11.38%，比 2014 年提高了 13.65 个百分点；地区比重比 2014 年提高了 0.67 个百分点；产值最高的省市为陕西省（118.89 亿元），占行业总产值的比重为 6.11%。

2015 年，工业总产值前 5 位企业为：河南森源集团有限公司（231.06 亿元）、大全集团有限公司（180.94 亿元）、许继集团有限公司（108.02 亿元）、平高集团有限公司（85.41 亿元）和有能集团有限公司（81.46 亿元）。

3. 工业销售产值

2015 年，完成工业销售产值 1 889.90 亿元，比 2014 年增加了 29.22 亿元，增长率为 1.57%，比 2014 年下降了 4.63 个百分点，高于工业总产值增长率 0.64 个百分点。产品销售率为 97. 14%，比 2014 年上升了 0.6 个百分点。

2015 年，工业销售产值前 5 位的企业是：河南森源集团有限公司（224.80 亿元）、大全集团有限公司（180.92 亿元）、许继集团有限公司（107.66 亿元）、平高集团有限公司（81.17 亿元）和有能集团有限公司（79.42 亿元）。

4. 出口交货值

我国中高压开关行业 2006—2015 年出口交货值完成情况如图 4-2 所示。

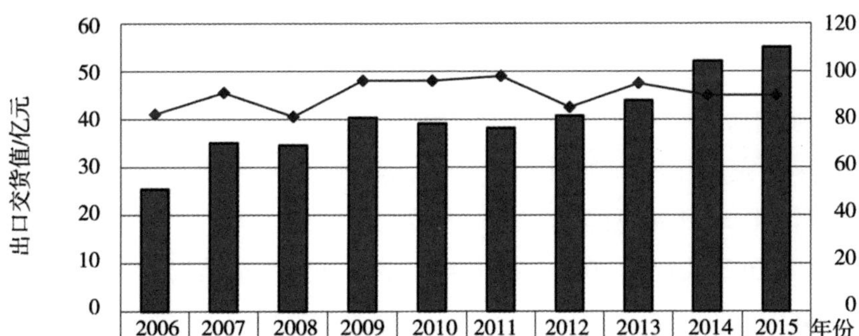

	2006	2007	2008	2009	2010	2011	2012	2013	2014	2015
出口交货值	25.4	35.07	34.62	40.34	39.12	38.22	40.74	43.93	52.11	55.03
出口企业数	82	91	81	96	96	98	85	95	90	90

图 4-2　我国中高压开关行业 2006—2015 年出口交货值完成情况

2015 年，实现出口交货值 55.03 亿元，比 2014 年增加了 2.92 亿元；增长率为 5.6%，比 2014 年下降了 13.02 个百分点。90 家企业完成出口业务，与 2014 年持平，占行业统计企业数的 35.43%，比 2014 年提高了 0.95 个百分点。

2015 年，中高压开关行业出口交货值 1 000 万元以上的企业 51 家，比 2014 年减少了 1 家，占出口企业的 56.67%，比 2014 年下降了 1.11 个百分点。出口 1 亿元以上的企业 12 家，比 2014 年减少 3 家，占出口企业的 13.33%，比 2014 年下降了 3.34 个百分点；出口值合计 38.03 亿元，占行业出口总值的 69.11%，比 2014 年下降了 1.13 个百分点。

2015 年，出口交货值增长率 20% 以上的企业 24 家，比 2014 年减少了 3 家；增长率为 50% 以上的企业 14 家，比 2014 年增加了 1 家；增长率为 100% 以上的企业 11 家，比 2014 年增加了 3 家。出口值 1 亿元以上的企业中，增长率 20% 以上的企业 7 家，与 2014 年持平；增长率 50% 以上的企业 4 家，与 2014 年持平。

2015 年，出口交货值占工业销售产值的比重为 2.91%，比 2014 年提高了 0.11 个百分点。

2015 年，华东区出口企业 51 家，比 2014 年增加了 1 家。出口企业数最多的 3 个省市分别为上海市（10 家）、江苏省（12 家）和浙江省（14 家）。华东区出口值（33.69 亿元）占行业出口总值的 61.22%，比 2014 年下降了 0.4 个百分点。2015 年中高压开关行业出口交货值最大的省市为上海市，出口交货值为 11.11 亿元。

2015 年，出口交货值前 5 位的企业为：正泰电气股份有限公司（8.58 亿元）、平高集团有限公司（6.90 亿元）、大全集团有限公司（4.59 亿元）、西安西电开关电气有限公司（3.24 亿元）和新东北电气集团高压开关设备有限公司（3.03 亿元）。

5. 工业增加值

2015 年，完成工业增加值 473.77 亿元，比 2014 年增加了 4.29 亿元；增长率为 0.91%，比 2014 年下降了 13.85 个百分点。

我国中高压开关行业 2006—2015 年工业增加值完成情况如图 4-3 所示。

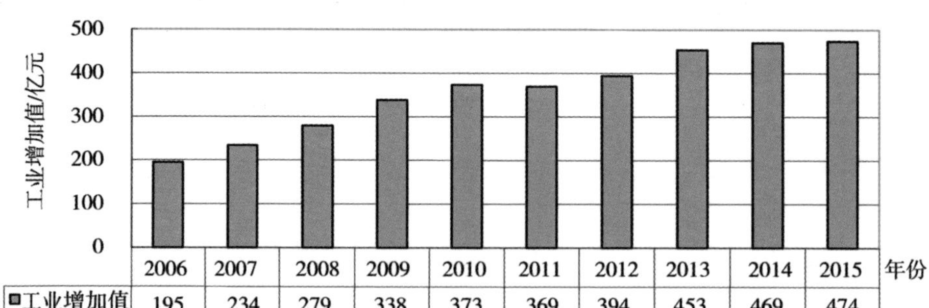

图 4-3 我国中高压开关行业 2006—2015 年工业增加值完成情况

2015 年，工业增加值 1 亿元以上的企业 78 家，比 2014 年减少了 4 家，占行业统计企业数的 30.71%，比 2014 年下降了 0.71 个百分点。工业增加值 5 亿元以上的企业 17 家（其中：华东区 12 家，中南区 4 家，西北区 1 家），比 2014 年减少了 2 家，占行业统计企业数的 6.69%，比 2014 年下降了 0.59 个百分点。工业增加值 10 亿元以上的企业 10 家（其中：华东区 6 家，中南区 3 家，西北区 1 家），与 2014 年持平，占行业统计企业数的 3.94%，比 2014 年提高了 0.11 个百分点。

2015 年，工业增加值增长率 20% 以上的企业 49 家，比 2014 年减少了 14 家，占行业统计企业数的 19.29%，比 2014 年下降了 4.85 个百分点。增长率 50% 以上的企业 19 家，比 2014 年减少了 4 家，占统计企业数的 7.48%，比 2014 年下降了 1.33 个百分点。

2015 年，工业增加值降低的企业 105 家，比 2014 年增加了 10 家，占行业统计企业数的 41.34%，比 2014 年提高了 4.94 个百分点。

我国中高压开关行业 2006—2015 年工业增加值与工业总产值的比例变化情况如图 4-4 所示。

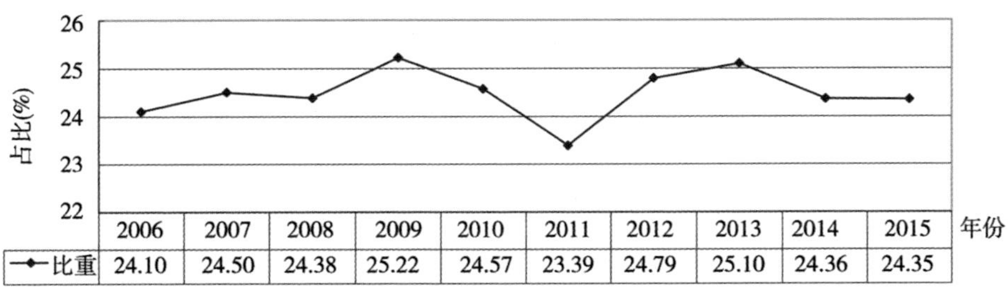

图 4-4 我国中高压开关行业 2006—2015 年工业增加值与工业总产值的比例变化情况

2015 年，工业增加值前 5 位的企业为：大全集团有限公司（50.51 亿元）、河南森源集团有限公司（33.41 亿元）、许继集团有限公司（30.80 亿元）、有能集团有限公司（28.69 亿元）和平高集团有限公司（26.19 亿元）。

6. 主营业务收入

2015 年，中高压开关行业实现主营业务收入 1 839.14 亿元，比 2014 年增加了 41.19 亿元，增长率为 2.29%，比 2014 年下降了 4.75 个百分点。

我国中高压开关行业 2006—2015 年主营业务收入完成情况如图 4-5 所示。

2015 年中高压开关行业中主营业务收入 1 亿元以上的企业有 163 家（其中：华北区 14 家，华东区 92 家，东北区 12 家，中南区 26 家，西南区 8 家，西北区 11 家），占行业统计企业数的 64.17%，比 2014 年下降了 6.33 个百分点。主营收入 10 亿元以上的企业 31 家（其中：华北区 3 家，华东区 19 家，东北区 1

家，中南区 4 家，西北区 3 家，西南区 1 家），与 2014 年持平，占统计企业数的 12.2%，比 2014 年提高了 0.32 个百分点。主营收入 20 亿元以上的企业 17 家（其中：华东区 11 家，中南区 4 家，东北区 1 家、西北区 1 家），比 2014 年增加了 2 家，占统计企业数的 6.69%，比 2014 年提高了 0.94 个百分点，其收入合计为 1 169.53 亿元，占行业总收入的 63.59%，比 2014 年提高了 6.31 个百分点。

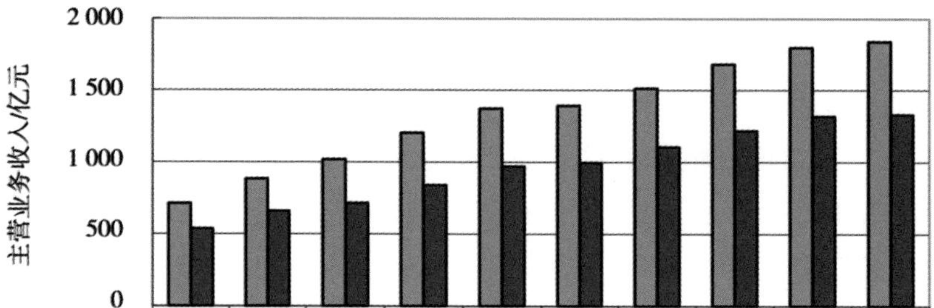

年份	2006	2007	2008	2009	2010	2011	2012	2013	2014	2015
主营业务收入	715	885	1 019	1 204	1 372	1 392	1 513	1 680	1 798	1 839
主营业务成本	536	659	716	840	971	998	1 106	1 218	1 319	1 330

图 4-5　我国中高压开关行业 2006—2015 年主营业务收入完成情况

2015 年，主营业务收入增长率 20% 以上的企业 41 家，比 2014 年减少了 3 家，占行业统计企业数的 16.14%，比 2014 年下降了 0.72 个百分点。主营收入增长率 50% 以上的企业 10 家，比 2014 年增加 1 家，占行业统计企业数的 3.94%，比 2014 年提高了 0.49 个百分点。主营收入增长率 100% 以上的企业 1 家，与 2014 年持平。

2015 年，主营业务收入 1 亿元以上的企业中，增长率 20% 以上的企业 31 家，比 2014 年减少了 4 家；增长率 50% 以上的企业 7 家，比 2014 年增加了 2 家。主营收入 10 亿元以上的企业中，增长率 20% 以上企业 8 家，比 2014 年增加了 1 家。

2015 年，主营业务收入前 5 位的企业为：河南森源集团有限公司（224.88 亿元）、大全集团有限公司（174.36 亿元）、许继集团有限公司（91.61 亿元）、平高集团有限公司（87.24 亿元）和有能集团有限公司（78.22 亿元）。

2015 年，完成其他业务收入 16.33 亿元，比 2015 年减少了 10.5 亿元，增长率为 -39. 12%。

7. 成本与费用

2015 年，发生主营业务成本 1 329.61 亿元，比 2014 年增加了 11.05 亿元；增长率为 0.84%，比 2014 年下降了 7.42 个百分点，低于主营业务收入增长率 1.45

个百分点。发生管理费用和财务费用 134 亿元，比 2014 年增加了 0.94 亿元；增长率为 0.71%，比 2014 年下降了 13.86 个百分点，低于主营业务收入增长率 1.58 个百分点。发生营业费用 91.64 亿元，比 2014 年减少了 6.14 亿元；增长率为 -6.28%，比 2014 年下降了 11.33 个百分点，低于主营业务收入增长率 8.57 个百分点。发生利息支出 24.24 亿元，比 2014 年增加了 4.75 亿元，增长率为 24.35%。

8. 利润

2015 年，实现利润总额为 148.73 亿元，比 2015 年增加了 2.08 亿元；增长率为 1.42%，比 2015 年下降了 14.81 个百分点。

我国中高压开关行业 2006—2015 年利润完成情况如图 4-6 所示。

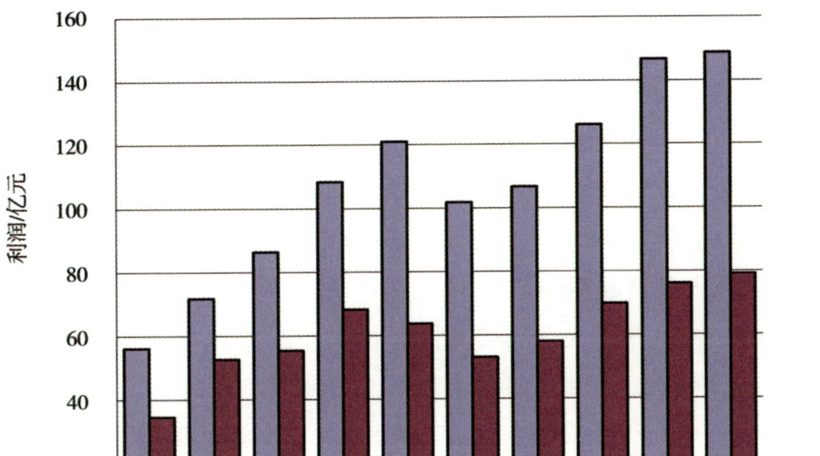

	2006	2007	2008	2009	2010	2011	2012	2013	2014	2015
利润总额	56	72	86	108	121	122	107	126	147	149
中高压开关利润	34	53	55	68	64	53	58	70	76	79

图 4-6 我国中高压开关行业 2006—2015 利润完成情况

2015 年，利润总额 1 000 万元以上的企业 125 家，比 2014 年减少了 10 家，占行业统计企业数的 49.21%，比 2014 年下降了 2.51 个百分点。1 亿元以上的企业 25 家（其中：华东区 19 家，中南区 3 家，东北区、华北和西北区各 1 家），比 2014 年减少了 1 家，占行业统计企业数的 9.84%，比 2014 年下降了 0.12 个百分点，其利润合计为 108.05 亿元，占行业总额的 72.65%，比 2014 年提高了 3.96 个百分点。2 亿元以上的企业 14 家（其中：华东区 10 家，中南区 3 家，西北区 1 家），与 2014 年持平，占行业统计企业数的 5.51%。

2015 年，利润总额增长率 20% 以上的企业 60 家，比 2014 年减少了 15 家，占行业统计企业数的23.62%，比2014年下降了5.12个百分点。增长率为50%以上的企业27家，比2014年减少了10家，占行业统计企业数的10.63%，比2014年下降了3.55个百分点。增长率为100%以上的企业13家，比2014年减少了5家，占统计企业数的5.12%，比2014年下降了1.78个百分点。

2015年，利润总额1 000万元以上的企业中，增长率20%以上的企业34家，比2014年减少了13家；增长率50%以上的企业17家，比2014年减少了3家；增长率100%以上的企业6家，比2014年减少了4家。利润总额1亿元以上的企业中，增长率20%以上的企业8家，比2014年减少了1家；增长率50%以上的企业2家，比2014年减少了3家。

2015年，利润总额比2014年下降的企业117家，比2014年增加了24家，占行业统计企业数的46.06%，比2014年提高了8.13个百分点。亏损企业9家，比2014年增加了2家。

2015年，利润总额前5位的企业是：河南森源集团有限公司（14.32亿元）、许继集团有限公司（10.71亿元）、大全集团有限公司（10.67亿元）、有能集团有限公司（10.10亿元）和平高集团有限公司（8.55亿元）。

9. 中高压开关产品利润

2015年，中高压开关产品实现利润79.07亿元，比2014年增加了1.49亿元，增长率为1.92%，比2014年下降了9.24个百分点。

2015年，中高压开关产品利润1 000万元以上的企业96家，比2014年减少了5家，占行业统计企业数的37.8%，比2014年下降了0.9个百分点。中高压产品利润为1亿元以上的企业18家（其中：华东区12家，中南区3家，华北区、东北区和西北区各1家），比2014年减少了1家，占行业统计企业数的7.0%，比2014年下降了0.18个百分点，中高压产品利润合计49.86亿元，占行业总额的63.06%，比2014年提高了4.72个百分点。

2015年，中高压开关产品利润增长率为20%以上的企业52家，比2014年减少了20家，占行业统计企业数的20.47%，比2014年下降了7.12个百分点。增长率为50%以上的企业23家，比2014年减少了18家，占统计企业数的9.06%，比2014年下降了6.64个百分点。增长率为100%以上的企业12家，比2014年减少了10家，占统计企业数的4.72%，比2014年下降了3.71个百分点。

2015年，中高压开关产品利润下降的企业108家，比2014年增加了30家，占行业统计企业数的42.52%，比2014年提高了12.63个百分点。

2015年，中高压开关产品利润占利润总额的比例为53.16%，比2014年提高了0.26个百分点。

2015年，中高压开关产品利润前5位的企业为：平高集团有限公司（8.55亿元）、山东泰开高压开关有限公司（6.12亿元）、西安西电开关电气有限公司（5.58亿元）、河南森源集团有限公司（4.46亿元）和华仪电器集团（华仪电气）有限公司（3.22亿元）。

10. 赢利能力

2015年，上缴税金总额为86.19亿元，比2014年减少了3.07亿元，增长率为3.44%。上缴税金1亿元以上的企业13家，比2014年减少了2家。

2015年，实现利税总额234.92亿元，比2014年减少了0.99亿元，增长率为-0.42%。利税总额2亿元以上的企业19家（其中：华东区13家，东北区和西北区各1家，中南区4家），比2014年减少了2家。

2015年，新产品开发经费支出为35.29亿元，比2014年减少了2.2亿元，增长率为-5.87%，比2014年下降了18.63个百分点。

2015年，成本费用利润率为9.56%，比2014年提高了0.09个百分点。销售利税率12.77%，比2014年下降了0.35个百分点。

我国中高压开关行业2015年成本、费用和利润完成情况如图4-7所示。

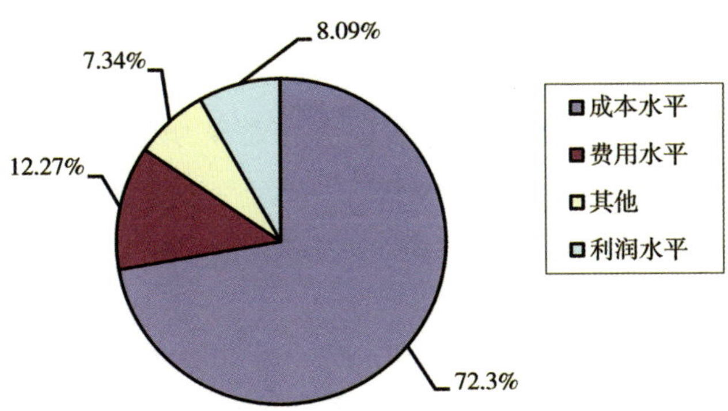

图4-7 我国中高压开关行业2015年成本、费用和利润完成情况

注：成本水平＝主营业务成本／主营业务收入

费用水平＝（营业费用＋管理、财务费用）／主营业务收入

利润水平＝利润总额／主营业务收入

其他包括其他业务收支、主营业务税金及附加等所占比例

2015 年，中高压开关行业成本水平比 2014 年下降了 1.04 个百分点，费用水平比 2014 年下降了 0.57 个百分点，其他业务收支和税金等项目水平提高了 1.68 个百分点，利润水平比 2014 年下降了 0.07 个百分点。

11. 资产指标

（1）资产　2015 年末，中高压开关行业资产总额为 2 232.37 亿元，比 2014 年增加了 231.19 亿元，增长率为 11.55%。固定资产原值为 548.75 亿元，比 2014 年增加了 92.39 亿元，增长率为 20.24%。固定资产净值为 339.58 亿元，比 2014 年增加了 24.71 亿元，增长率为 7.58%。完成基建投资 34.68 亿元，比 2014 年减少了 6.58 亿元，增长率为 -15.940%。完成更新改造措施项目 7.33 亿元，比 2014 年减少了 1.53 亿元，增长率为 -17.29%。流动资产年平均余额为 1 398.38 亿元，比 2014 年增加了 146.27 亿元，增长率为 11.68%。其中，应收账款余额为 624.41 亿元，比 2014 年增加了 123.66 亿元，增长率为 24.69%。应收账款占流动资产的比率为 44.65%，比 2014 年提高了 4.66 个百分点。

2015 年末，资产总额最高的企业为平高集团有限公司，资产总额为 196.09 亿元。

2015 年末，固定资产净值最高的企业为大全集团有限公司，固定资产净值为 65.01 亿元。

2015 年末，流动资产年平均余额最高的企业为许继集团有限公司，流动资产年平均余额为 123.92 亿元。

（2）负债和所有者权益　2015 年末，负债总额为 1 163.85 亿元，比 2014 年增加了 89.06 亿元，增长率为 8.29%。

2015 年末，所有者权益为 989.6 亿元，比 2014 年增加了 85.92 亿元，增长率为 9.51%。

2015 年末，资本保值增值率为 112.48%，比 2014 年提高了 2.25 个百分点。

（3）资产运营　2015 年，资产负债率 52.14%，较 2014 年（为 53.71%）下降了 1.57 个百分点。流动负债率为 83.23%，比 2014 年（为 85.84%）下降了 2.61 个百分点。总资产周转率为 0.82 次，比 2014 年（为 0.9 次）下降了 0.08 次。固定资产周转率为 3.35 次，比 2014 年（为 3.94 次）下降了 0.59 次。流动资产周转率为 1.32 次，比 2014 年（为 1.44 次）下降了 0.12 次。应收账款周转率为 2.95 次，比 2014 年（为 3.59 次）下降了 0.64 次。

12. 人员及构成

2015 年，中高压开关行业从业人数为 16.2 万人，比 2014 年减少了 0.49 万人。其中，科技人员为 4.06 万人，比 2014 年减少了 0.04 万人。科技人员占从业人数的比例为 25.06%，比 2014 年提高了 0.49 个百分点。

2015 年，中高压开关行业全员职工工资总额为 94.02 亿元，比 2014 年增加了 7.17 亿元，增长率为 8.26%。人均创利税 14.5 万元，比 2014 年增加了 0.37 万元，增长率为 2.64%。

2015 年工业全员劳动生产率为 29.25 万元/人，比 2014 年增加了 1.13 万元，增长率为 4.02%。工业全员劳动生产率为 20 万元 / 人以上的企业 104 家，比 2014 年减少了 4 家，占行业统计企业数的 40.94%，比 2014 年下降了 0.44 个百分点。

13. 主要产品产量完成情况

（1）交流金属封闭开关设备

1）40.5 kV 气体绝缘金属封闭开关设备（C-GIS）。2015 年，40.5 kV 气体绝缘金属封闭开关设备（C-GIS）的产量为 2 494 间隔，比 2014 年减少了 169 间隔，增长率为 -6.3 5%。生产企业为 10 家，比 2014 年增加了 1 家。产量最高的企业为沈阳高压成套开关股份有限公司，产量为 832 间隔，占行业生产总量的 33.36%。

2006—2015 年我国 40.5 kV 气体绝缘金属封闭开关设备（C-GIS）产量完成情况如图 4-8 所示。

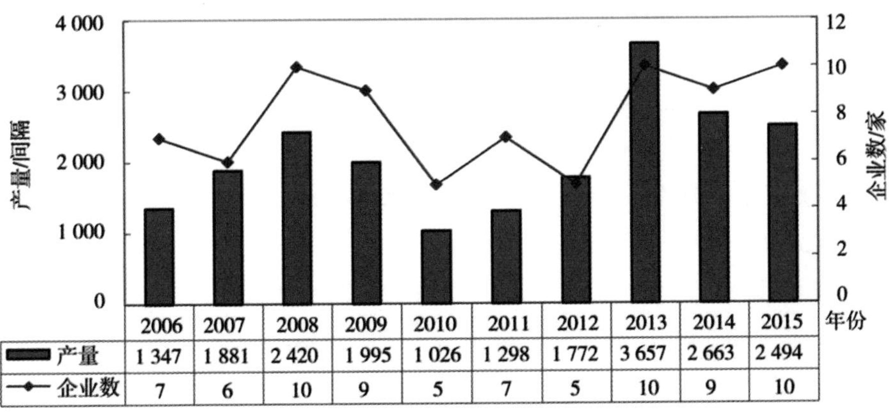

	2006	2007	2008	2009	2010	2011	2012	2013	2014	2015
产量	1 347	1 881	2 420	1 995	1 026	1 298	1 772	3 657	2 663	2 494
企业数	7	6	10	9	5	7	5	10	9	10

图 4-8 2006—2015 年我国 40.5 kV 气体绝缘金属封闭开关设备（C-GIS）产量完成情况

2）12 kV 气体绝缘金属封闭开关设备（C-GIS）。2015 年，12 kV 气体绝缘金属封闭开关设备（C-GIS）的产量为 2 450 间隔，比 2014 年增加了 161 间隔，增长率为 7.03%。生产企业为 6 家，与 2014 年持平。产量最高的企业为上海天灵开关厂有限公司，产量为 999 间隔。

3）40.5 kV 交流金属封闭开关设备。2015 年，40.5 kV 中高压交流金属封闭开关设备的产量为 79 529 面，比 2014 年增加了 9 603 面，增长率为 13.73%。生产企业为 82 家，比 2014 年增加了 2 家。产量为 2 000 面以上的企业 9 家（其中：华东区 8 家，中南区 1 家），比 2014 年增加了 2 家，产量合计为 53 166 面，占行业生产总量的 66.85%，比 2014 年提高了 5.54%。

2006—2015 年我中 40.5 kV 交流金属封闭开关设备产量完成情况如图 4-9 所示。

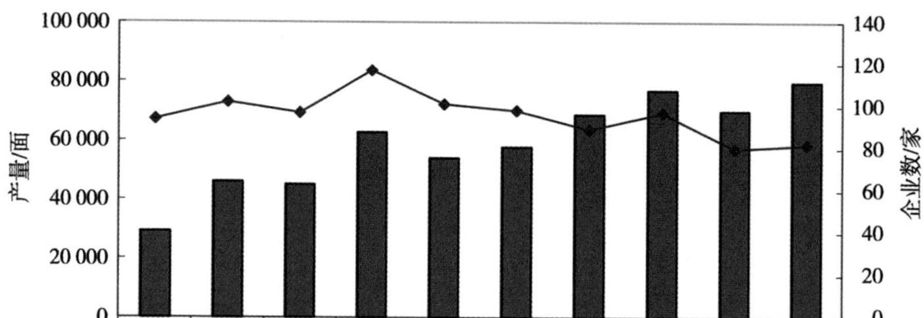

	2006	2007	2008	2009	2010	2011	2012	2013	2014	2015	年份
产量	29 026	45 990	45 011	62 651	53 955	27 657	68 678	76 783	69 926	79 529	
企业数	94	102	97	117	101	98	89	97	80	82	

图 4-9 2006—2015 年我国 40.5 kV 金属封闭开关设备产量完成情况

在 40.5 kV 中高压交流金属封闭开关设备中，KYN 系列产品为 70 923 面，占 89.18%，比 2014 年下降 1.97 个百分点；XGN 系列产品为 6 229 面，占 7.83%，比 2014 年提高了 1.01 个百分点；GBC、JYN、KGN 等系列产品 2 377 面，占 2.99%，比 2014 年提高了 0.96 个百分点。

2015 年我国 40.5 kV 中高压交流金属封闭开关设备的占比情况如图 4-10 所示。

2015 年，40.5 kV 中高压交流金属封闭开关设备产量前 5 位的企业为：山东泰开高压开关有限公司（11 666 面）、安徽中电兴发与鑫龙科技股份有限公司（11 504 面）、河南森源电气股份有限公司（9 028 面）、江苏东源电器集团股份有限公司（6 000 面）和宁波天安（集团）股份有限公司（4 130 面）。

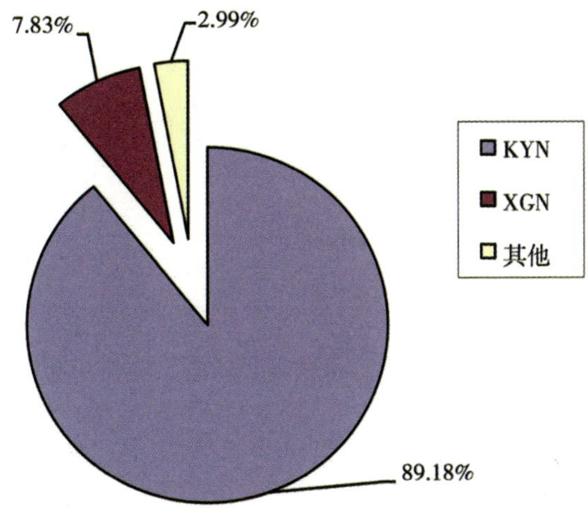

图 4-10　2015 年我国 40.5 kV 中高压交流金属封闭开关设备的占比情况

4）24 kV 交流金属封闭开关设备。2015 年，24 kV 中高压交流金属封闭开关设备产量为 10 156 面，比 2014 年增加了 731 面，增长率为 7.76%。生产企业为 26 家，比 2014 年增加了 2 家。产量为 500 面以上的企业为 5 家，比 2014 年减少了 1 家，产量合计为 6 699 面，占行业生产总量的 65.96%，比 2014 年下降了 6.1 个百分点。产量最高的企业为安徽中电兴发与鑫龙科技股份有限公司，产量为 3 925 面。

5）12 kV 交流金属封闭开关设备。2015 年，12 kV 中高压交流金属封闭开关设备产量为 425 192 面，比 2014 年增加了 23 052 面，增长率为 5.73%。生产企业为 142 家，比 2014 年减少了 6 家。产量为 10 000 面以上的企业有 8 家（其中：华东区 6 家，中南区 2 家），比 2014 年增加了 1 家，产量合计为 163 689 面，占行业生产总量的 38.5%，比 2014 年提高了 3.43 个百分点。

2006—2015 年我国 12 kV 交流金属封闭开关设备产量完成情况如图 4-11 所示。

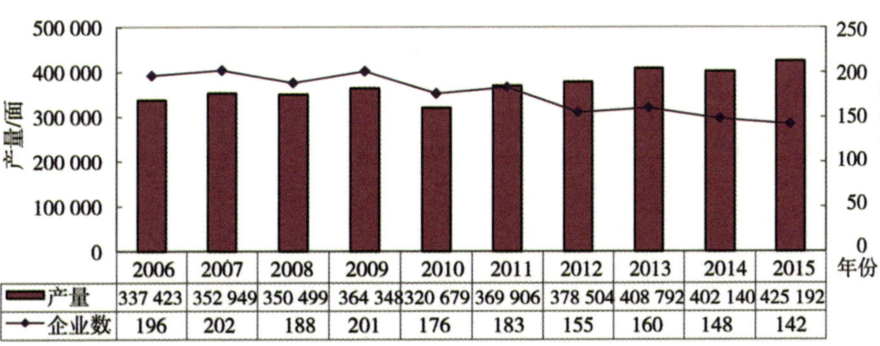

	2006	2007	2008	2009	2010	2011	2012	2013	2014	2015
产量	337 423	352 949	350 499	364 348	320 679	369 906	378 504	408 792	402 140	425 192
企业数	196	202	188	201	176	183	155	160	148	142

图 4-11　2006—2015 年我国 12 kV 交流金属封闭开关设备产量完成情况

在 12 kV 金属封闭开关设备中，KYN 系列产品为 358 396 面，约占 84.29%，比 2014 年下降了 1.31 个百分点；XGN 系列产品为 52 473 面，约占 12.34%，比 2014 年提高了 0.81 个百分点；DFW 系列产品为 5 045 面，约占 1.19%，比 2014 年下降了 0.26 个百分点；其他系列产品 9 278 面，约占 2.18%，比 2014 年提高了 0.76 个百分点。

201 5 年我国 12 kV 中高压交流金属封闭开关设备的占比情况如图 4-12 所示。

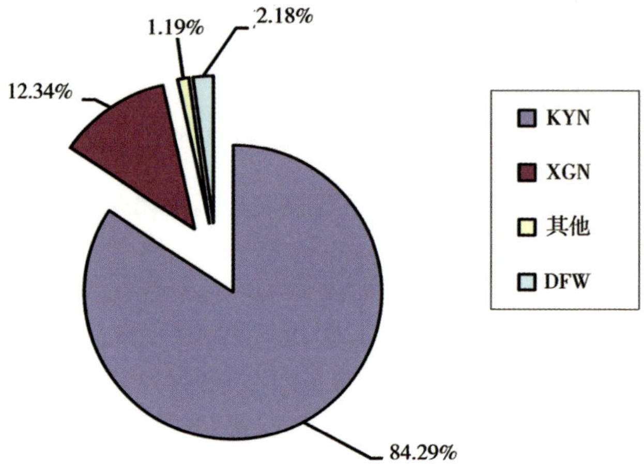

图 4-12　2015 年我国 12 kV 中高压交流金属封闭开关设备的占比情况

2015 年，12 kV 中高压交流金属封闭开关设备产量前 5 位的企业为：安徽中电兴发与鑫龙科技股份有限公司（37 461 面）、山东泰开高压开关有限公司（29 645 面）、河南森源电气股份有限公司（29 481 面）、浙宝电气（杭州）集团有限公司（15 733 面）和厦门 ABB 开关有限公司（14 820 面）。

6）环网柜。2015 年，40.5 kV 环网柜产量为 546 面，生产企业为 3 家，比 2014 年增加了 2 家，产量最高的企业为正泰电气股份有限公司，产量为 325 面。

2015 年，24 kV 环网柜产量为 2 633 面，比 2014 年增加 1 706 面。生产企业为 6 家（其中：华东区 4 家，中南区和西北区各 1 家），比 2014 年增加了 3 家。产量最高的企业为北海银河开关设备有限公司，产量为 1 156 面。

2015 年，12 kV 环网柜产量为 250 148 面，比 2014 年增加了 11 285 面，增长率为 4.72%。生产企业为 100 家，比 2014 年减少了 9 家。产量为 5 000 面以上的企业 18 家（其中：华东区 11 家，中南区 3 家，华北区 3 家，东北区 1 家），比 2014 年增加了 1 家，产量合计为 191 311 面，占行业生产总量的 76.48%，比

2014 年提高了 9.21 个百分点。

2006—2015 年我国 12 kV 环网柜产量完成情况如图 4-13 所示。

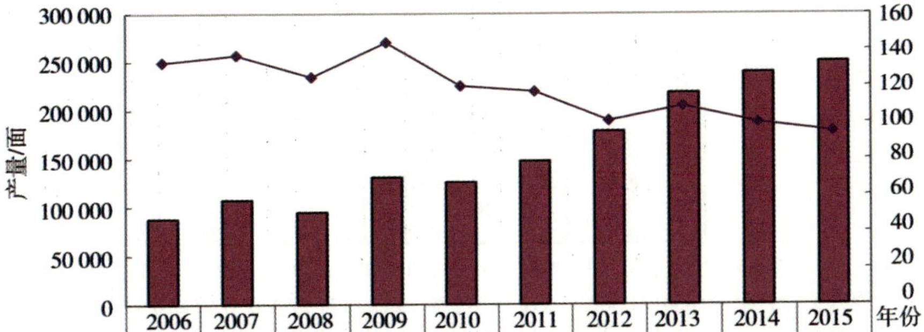

	2006	2007	2008	2009	2010	2011	2012	2013	2014	2015
产量	87 955	106 983	94 762	130 887	125 747	147 524	178 203	217 837	238 863	250 148
企业数	133	137	125	144	120	117	101	109	100	95

图 4-13　2006—2015 年我国 12 kV 环网柜产量完成情况

2015 年，12 kV 环网柜产量前 5 位的企业为：北京双杰电气股份有限公司（19 242 面）、青岛特锐德电气股份有限公司（17 896 面）、北京合纵科技股份有限公司（17 637 面）、北京科锐配电自动化股份有限公司（15 049 面）和大亚电器集团有限公司（14 031 面）。

（2）中高压交流隔离开关与接地开关

1）40.5 kV 中高压交流隔离开关和接地开关。2015 年，40.5 kV 中高压交流隔离开关产量为 20 935 组，比 2014 年减少了 11 019 组，增长率为 -34.48%。生产企业为 18 家，比 2014 年增加了 1 家。产量为 1 000 组以上的企业 4 家（其中：华东区 2 家，中南区 2 家），比 2014 年减少了 3 家．产量合计为 17 739 组，占行业生产总量的 84.73%，比 2014 年下降了 5.21 个百分点。产量最高的企业为山东泰开高压开关有限公司，产量为 7 076 组。

2015 年，40.5 kV 中高压交流接地开关产量为 27 211 组，比 2014 年减少了 2 786 组，增长率为 -9.29%。生产企业为 11 家，比 2014 年减少了 2 家。产量为 2 000 组以上的企业 4 家，与 2014 年持平，产量合计为 23 679 组，占行业生产总量的 87.02%，比 2014 年提高了 13.59 个百分点。产量最高的企业为河南森源集团有限公司，产量为 10 743 组。

2006—2015 年我国 40.5 kV 中高压交流隔离开关与接地开关产量完成情况如图 4-14 所示。

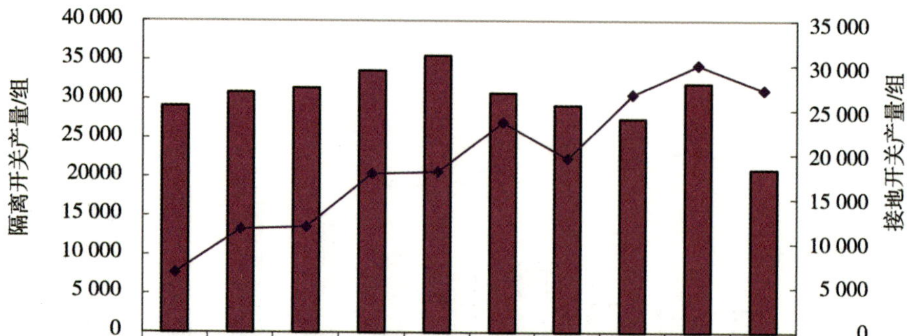

	2006	2007	2008	2009	2010	2011	2012	2013	2014	2015
隔离开关	29 065	30 834	31 382	33 591	35 511	30 732	29 171	27 430	31 954	20 935
接地开关	6 684	11 557	11 809	17 782	17 992	23 572	19 517	26 694	29 997	27 211

图 4-14　2006—2015 年我国 40.5 kV 中高压交流隔离开关与接地开关产量完成情况

2）24 kV 中高压交流隔离开关和接地开关。2015 年，24 kV 中高压交流隔离开关产量为 111 组，生产企业为 2 家。2015 年，24 kV 中高压交流接地开关产量为 243 组，生产企业为 1 家。

3）12 kV 中高压交流隔离开关和接地开关。2015 年，12 kV 中高压交流隔离开关产量为 243 922 组，比 2014 年减少了 32 236 组，增长率为 -11.67%。生产企业为 23 家，比 2014 年减少了 4 家。产量为 10 000 组以上的企业 8 家（其中：华东区 5 家，中南区 3 家），比 2014 年减少了 1 家，产量合计为 222 620 组，占行业生产总量的 91.27%，比 2014 年提高了 2.22 个百分点。产量最高的企业是华仪电器集团（华仪电气）有限公司，产量为 82 758 组。

2015 年，12 kV 中高压交流接地开关产量为 254 467 组，比 2014 年增加了 26 626 组，增长率为 11.69%。生产企业为 19 家，比 2014 年减少了 1 家。产量为 10 000 组以上的企业 7 家，（其中：华东区 6 家，中南区 1 家），比 2014 年减少了 1 家，产量合计为 223 566 组，占行业生产总量的 87.86%，比 2014 年提高了 0.49 个百分点。产量最高的企业为浙江恒博电气制造有限公司，产量为 57 100 组。

2006—2015 年我国 12 kV 中高压交流隔离开关与接地开关年产量完成情况如图 4-15 所示。

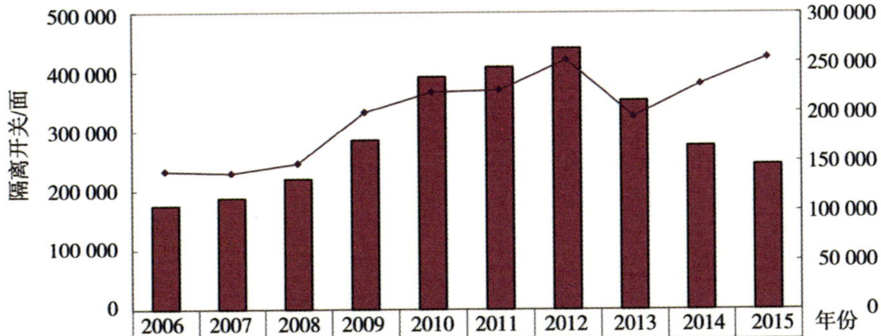

	2006	2007	2008	2009	2010	2011	2012	2013	2014	2015
隔离开关	174 988	187 622	219 659	285 169	392 039	407 925	439 731	352 247	276 158	243 922
接地开关	139 823	137 841	147 524	199 423	219 688	221 607	252 010	195 002	227 841	254 467

图 4-15 2006—2015 年我国 12 kV 高压交流隔离开关与接地开关年产量完成情况

（3）中高压交流负荷开关和熔断器

1）40.5 kV 中高压交流负荷开关。2015 年，40.5 kV 中高压交流负荷开关产量为 9 314 台，比 2014 年增加了 3 250 台，增长率为 53.59%。生产企业为 7 家，比 2014 年增加了 1 家。产量最高的企业为华仪电器集团（华仪电气）有限公司，产量为 3 177 台。

2）12 kV 中高压交流负荷开关。2015 年，12 kV 中高压交流负荷开关产量为 122 606 台，比 2014 年减少了 45 245 台，增长率为 -26.96%。生产企业为 33 家，比 2014 年减少了 6 家。产量最高的企业为温州新机电器有限公司，产量为 18 041 台。

2006—2015 年我国 12 kV 中高压交流负荷开关产量完成情况如图 4-16 所示。

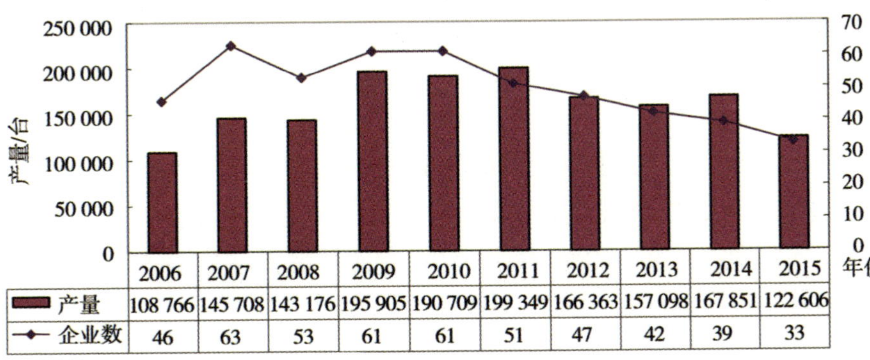

	2006	2007	2008	2009	2010	2011	2012	2013	2014	2015
产量	108 766	145 708	143 176	195 905	190 709	199 349	166 363	157 098	167 851	122 606
企业数	46	63	53	61	61	51	47	42	39	33

图 4-16 2006—2015 年我国 12 kV 中高压交流负荷开关产量完成情况

3）12 kV 中高压交流熔断器。2015 年，12 kV 中高压交流熔断器产量为 250 656 只，比 2014 年减少了 168 199 只，增长率为 -40. 16%。生产企业为 6 家，比 2014 年减少了 2 家。产量为 50 000 只以上的企业 3 家，与 2014 年持平，其产量合计为 227 375 只，占行业生产总量的 90.71%，比 2014 年提高了 1.02 个百分点。产量最高的企业为慈溪市台联电器成套厂，产量为 98 550 只。

（4）预装式变电站

1）40.5 kV 预装式变电站。2015 年，40.5 kV 预装式变电站产量为 15 918 台，比 2014 年增加了 5 286 台，增长率为 49.72%。生产企业为 16 家，比 2014 年减少了 2 家。产量最高的企业为河南森源集团有限公司，产量为 5 277 台。

2）12 kV 预装式变电站。2015 年，12 kV 预装式变电站产量为 38 716 台，比 2014 年增加了 1 822 台，增长率为 4.94%，生产企业为 73 家，比 2014 年减少了 5 家。产量为 1 000 台以上的企业 9 家（其中：华东区 6 家，东北区、华北区和中南区各 1 家），比 2014 年减少了 1 家，产量合计为 23 742 台，占行业生产总量的 64.35%，比 2014 年下降了 1.09 个百分点。

2006—2015 年我国 12 kV 预装式变电站产量完成情况如图 4-17 所示。

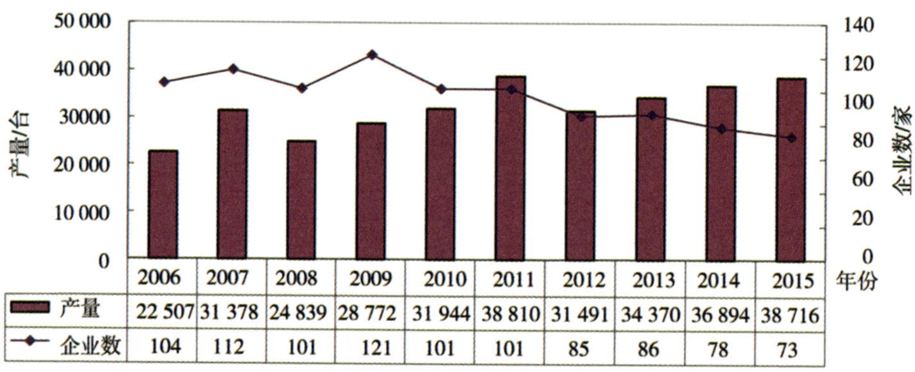

	2006	2007	2008	2009	2010	2011	2012	2013	2014	2015	年份
产量	22 507	31 378	24 839	28 772	31 944	38 810	31 491	34 370	36 894	38 716	
企业数	104	112	101	121	101	101	85	86	78	73	

图 4-17 2006—2015 年我国 12 kV 预装式变电站产量完成情况

2015 年，12 kV 预装式变电站产量前 5 位的企业为：青岛特锐德电气股份有限公司（6 293 台）、河南森源集团有限公司（3 680 台）、宁波天安（集团）股份有限公司（3 175 台）、浙宝电气（杭州）集团有限公司（2 908 台）和天津市三源电力设备制造有限公司（2 762 台）。

（5）中高压接触器

2015 年，40.5 kV 中高压接触器产量为 656 台，比 2014 年增加了 350 台，增长率为 114.3 8%。生产企业为 3 家，比 2014 年增加了 1 家。产量最高的企业为无锡市蓝虹电子有限公司，产量为 322 台。

2015 年，12 kV 中高压接触器产量为 36 210 台，比 2014 年增加了 1 522 台，增长率为 4.39%。生产企业为 10 家，比 2014 年增加了 2 家。产量最高的企业为无锡市蓝虹电子有限公司，产量为 27 793 台，占行业生产总量的 76.76%，比 2014 年下降了 2.86 个百分点。

（6）中高压交流真空灭弧室

1）40.5 kV 中高压交流真空灭弧室。2015 年，40.5 kV 中高压交流真空灭弧室产量为 142 392 只，比 2014 年增加了 9 628 只，增长率为 7.25%。生产企业为 9 家，比 2014 年减少了 2 家，产量最高的企业为成都旭光电子股份有限公司，产量为 39 972 只。

2）24 kV 中高压交流真空灭弧室。2015 年，24 kV 中高压交流真空灭弧室产量为 74 698 只，比 2014 年增加了 4 052 只，增长率为 5.74%。生产企业为 7 家，比 2014 年减少了 3 家，产量最高的企业为湖北汉光科技股份有限公司，产量为 21 300 只。

3）12 kV 中高压交流真空灭弧室。2015 年，12 kV 中高压交流真空灭弧室产量为 2 082 179 只，比 2014 年增加了 261 001 只，增长率为 14.33%。生产企业为 10 家，比 2014 年减少了 2 家，产量最高的企业为陕西宝光集团（股份）有限公司，产量为 369 262 只。

2006—2015 年我国 12 kV 真空灭弧室产量完成情况如图 4-18 所示。

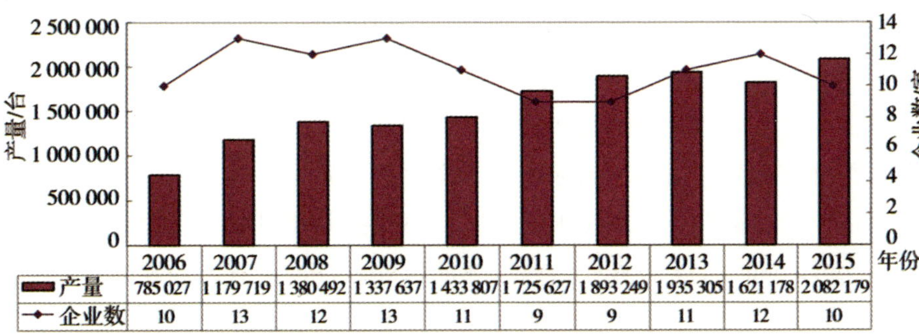

年份	2006	2007	2008	2009	2010	2011	2012	2013	2014	2015
产量	785 027	1 179 719	1 380 492	1 337 637	1 433 807	1 725 627	1 893 249	1 935 305	1 621 178	2 082 179
企业数	10	13	12	13	11	9	9	11	12	10

图 4-18 2006—2015 年我国 12 kV 真空灭弧室产量完成情况

4.4 我国中压开关设备产业发展过程中存在的主要问题

我国电力行业的基础薄弱，在中压成套电力设备的技术研发上一直处于比较落后的状态，绝大部分产品从国外引进，电力制造业在核心技术的研发上缺乏自主性，研发人员的能力有限，这就导致所生产的产品在技术参数上和性能上和国外的产品相比较出现了基本相同或者是相近的情况。虽然我国生产的产品和国外有着很大的相似性，但是在质量和可靠性上却有着一定的差距。主要体现一下几个方面：

1）在现阶段，我国社会上还没有形成各专业最强的力量进行集中研发的机制，各自为战。设计的产品远远不具备替代现有产品的条件。

2）急功近利的思想严重，往往以某个招标工程为出发点进行产品试制。因此，考虑问题有可能不全面。

3）没有深刻认识到固定开关设备进入市场的最有利切入点——大电流开关设备。实现大电流开关设备的小型化才是真正意义上的小型化。从最大电流覆盖到最小电流，用系列化来满足使用者最迫切的要求，只有这样才能迅速扩大市场份额，最终变成主导产品。

4）设计理念仍停留在 GG1A 的年代，把现成的元件拼凑在一起，设计个外壳即作为一个新产品，从根本上讲没有新意，不能给使用者带来耳目一新的感觉。

5）崇洋的思想在一部分人的心中还很重，没有用发展的眼光看待我们今天的社会。有此思想的人不论在开关设备的制造领域还是在使用领域都大有人在，这也是制约该领域发展的原因之一。好在我国政府已经认识到这个问题，提倡“自主创新”的精神，限制盲目进口。

6）中置开关设备大范围使用不过七八年的时间，复合绝缘的老化也刚刚开始。

国外发达国家电气设备制造业起步早，积累的经验丰富并且做工精细，同时注重产品质量及工艺，因此在国际市场上竞争优势明显，产品有较高的市场占有率。国外企业注重新产品、新技术的研发，每年投入在研发方面的经费在预算中占有很大比例，同时注重对专业技术人才的培养，打造出技术过硬的专业团队来对产品进行研发、测试。对于售后服务做得也非常到位，经常对客户进行回访以了解设备的运行状况，并做到及时处理设备出现的问题。这都是我国企业需要学习的地方。

因此，相关技术的开发和产业的升级是目前我国中压成套开关行业迫切需要解决的问题，只有这样才能在技术上和国外的先进企业逐渐缩小差距，在现阶段，我国电力设备生产厂家也在努力改进生产工艺和技术，以提高产品质量来满足用户的需求，培养专业人才，生产出运行可靠、性能优良的产品。

4.5 我国中压开关设备技术发展趋势分析

1. 概述

中压开关设备在电力系统输配电领域是一种涉及面广泛的基础电力设备，它作为电网系统中重要的组成部分，承担着电网向用户进行输配电的任务。随着近几年我国电力机组装机容量的递增，尤其是风光等新能源行业的快速发展，与之配套的配电设施的建设也正在逐步跟进。所以从2009年开始，国家电网公司就开始了“智能电网”计划的实施，再加上智能电网的建设发展迅猛，电力设备的智能化也就理所当然地成为电力行业发展的重要影响因素，在电力系统中比较重要的组成部分——中压成套开关设备也必须沿着智能化、模块化和集成一体化的方向发展。中压开关设备经过多年的发展已经取得了长足的进步，为送配电系统的安全可靠运行提供了装备保证。

但是随着国民经济的快速发展，电力发展尤其是电网建设仍然在相当时期内滞后于电力需求，而且电网结构将越来越复杂，系统负荷也将越来越大，那么，电力用户的需求也会产生一定的变化，主要体现在：

（1）用户会从对设备一次性投资的成本的关注，逐渐在向对设备整个寿命周期内的运行成本的关注方面转变。

（2）对可靠性的要求方面，不仅要求降低故障率，提高设备的平均无故障时间、减少维修量、增加系统稳定性，更会要求提前预知故障的发生，预防事故的发生。

（3）对于小型化的要求是在保证可靠性的前提下提出来的。

（4）对环保问题更加关注。另一方面，对于设备制造商来说，在日益激烈的市场竞争中如何在技术进步方面取得突破，寻求高附加值的增长方式，也是必然选择。从需求和技术现状两方面来看，中压开关设备的技术发展在以下几个方向值得关注：

1）由于断路器可靠性大大提高，为简化开关设备结构，方便用户使用，新一轮的固定式开关设备的应用值得期待，而且，传统上认为手车式开关设备是高端产品，固定开关设备是低端产品的观念将会被打破。

2）采用固体绝缘的开关设备会有较快的发展和市场前景。此类开关设备已有较成熟的技术和一定的运行经验，关键是如何将现有技术按照新的需求进行有效的整合。唯一的难点是在大容量的开关设备上取得突破还需要开展许多技术工作。

3）开关设备的模块化、标准化对制造商实现规模化生产，降低成本和用户降低运行成本都有现实意义。

4）功能复合化的开关元件会有较快的发展。一方面是智能化技术与开关设备的有机融合，另一方面是各种开关元件功能的集成化和一体化。

5）真空技术在隔离开关上的应用有可能为中压开关设备带来革命性的变革，目前国外一些公司已经开展了大量的研究工作，并已经有商品化的产品在试运行，这个技术动向值得关注和跟踪。

2．中高压开关设备一二次融合关键技术研究

中高压开关设备一二次融合的关键技术包括：中高压开关一二次融合系统建模技术，中高压开关多参量综合评估和诊断技术，一二次融合设备的电磁兼容可靠性技术，专用二次设备与一次设备集成技术，一二次融合中高压开关设备系统检测调试技术，基于一二次融合技术的智能高压开关设备工程应用技术。

主要创新点：

1）建立了一二次融合系统结构模型，实现了智能开关由分专业设计向整体集成设计的转变，解决了由于专业壁垒无法有效开展一二次融合设计的问题。

2）提出了开关设备多参量综合评估与诊断方法，解决了数据来源单一、缺乏有效融合、利用率低及难以支撑状态监测系统高级应用等问题，为开关设备状态检修提供了有力的技术支撑。

3）在国际上率先建立了智能高压开关设备调试平台。解决了智能中高压开关设备调试可操作性差、缺乏统一检测调试设备、调试效率低等问题，实现了调试可视化、标准化。大大提高了生产制造效率和设备调试智能化水平。

4）基于“一体化设计、一体化制造、一体化试验”原则，实现了一二次融合技术在智能中高压开关设备上的应用，填补了国内外空白，有力地支持了智能电网建设。带动了行业技术进步，降低了电网运维成本和提高了电网运行的安全可靠性。带动了下游产业的技术进步，经济、社会效益显著。

2015年，中压开关设备制造企业通过自主创新，开发出自有核心技术；通过完善产品结构、提高可靠性，缩小了与世界领先水平的差距；通过建设自主品牌，提升企业竞争力。在产品智能化、小型化、集成化、高可靠、少（免）维护、环境友好和精品化等方面均取得了一定成果，更好地满足了电力工业的发展需要。

3. 智能开关设备的应用技术开发

智能化变电站依然处于发展阶段，在建设实践中需要先进可靠的智能开关设备做支撑。对于智能开关设备的应用技术开发可归纳为三个层次。

第一层是依据开关设备监测需求将不同物理量转换成数据信息并传输的传感技术及信息传输技术。

第二层是对各种智能装置的技术进行开发或者集成的智能装置技术，并且与开关设备进行融合。

第三层是以开关设备智能控制和状态评估为基础的智能应用技术，提升开关设备技术性能和经济寿命，并能够在一定区域内协同工作，拓展智能开关设备应用。

近年来，对于智能开关设备硬件、软件和应用技术进行了进一步的开发以及综合应用开发。经过发展，开关设备中手车、接地开关、隔离开关的电动操作已成为某些智能化开关设备的基本选项；开关设备微型计算机综合保护装置、各类传感器在开关设备中的应用，现已十分普遍。

随着开关设备电动执行元件的较快发展，具有自动化、智能化功能的断路器、接地开关和隔离开关已应用于开关设备中，通过与微电子技术、计算机技术和信息传输技术相结合，使得开关设备成为智能化配电装置。

智能开关设备专用传感器的开发，将开关设备的运行状态信息，包括绝缘状态、通流状态、操作动作状态、核心元件（如灭弧室）状态等电量信息和非电量信息转化为数据信息，形成设备控制、管理的基础信息；并将多种信息传输方式包括总线方式、通信协议方式、传输介质和信息接口方式等形成统一的、相应时间满足需求的标准，形成规范通用的应用基础平台。

智能开关设备的集成应用需基于智能化变电站的发展与建设。根据智能开关设备的内涵和主要技术特征，开展智能开关设备关键技术的集成应用研究，使得智能开关设备得到进一步的应用与发展。

智能化开关设备需要依托数字采集和网络传输技术，通过标准规约实现信息共享，从而满足智能变电站、智能配电网的运行要求。

智能开关设备的集成应用开发——智能开关设备的站控层应用。通过构建通用技术平台，形成智能开关设备、智能断路器、智能柱上开关和智能环网柜等的共性通用技术的软件和硬件平台，并形成系列化和标准化，使得智能开关设备在更高层次上实现数字采集、网络传输和信息共享，为集成应用创造平台。在智能变电站的应用中可提供全景数据，实现智能运动、一体化测控、移动巡检等。

智能开关设备的智能高级应用开发 —— 智能开关设备的系统层应用。通过对多种基础信息进行综合管理和判断，形成开关设备的智能控制和综合评价，进而支撑开关设备的运行管理；并基于多台智能开关设备的协同运行，形成区域性智能设备应用，实现开关设备对电网的优化支撑。

4. 干燥空气（或 N_2）绝缘的金属封闭开关设备的开发

为了防止地球大气变暖，降低环境负荷、节能减排，削减 SF_6 气体使用量的呼声日益高涨。呼吁在中压开关设备上首先实现绿色环保，不少企业在设计、制造、运行、维护和回收等各个环节都采取了一些措施。在设计上以干燥空气（或 N_2）作主绝缘介质，同时也采用了绝缘方式的复合化措施。在制造、运行的环节中通过采取不使用或减少使用有害物质的措施，实现开关设备的无污染、少污染，通过低损耗设计实现运行中节能减排。在产品寿命终结时，通过采取提高回收率措施使报废回收时不同种类的材料好剥离、好分类、好回收。

为了减少 SF_6 气体在中压开关设备中的使用量，一些企业积极进行主绝缘介质为干燥空气或 N_2 的替代技术或替代结构的开发，积极研究空气、混合气体、固体和真空等多种绝缘结构及其复合绝缘结构的应用，同时也进行了新的绝缘气体的研究。针对替代 SF_6 气体绝缘的开关设备进行了开发，将主绝缘介质由 SF_6 气体改为干燥空气或 N_2。

许多企业开发了 12 kV 干燥空气的气体绝缘环网柜，以干燥压缩空气或 N_2 作绝缘介质；大多以真空灭弧室作开断单元，用于断路器或负荷开关中；也有企业尝试以干燥压缩空气作灭弧介质的直动压气式灭弧室作开断元件，用于负荷开关中。产品的主要技术参数：额定电流 630 A；额定短时耐受电流 20 kA；额定短路开断电流 20 kA；柜宽尺寸 400 ～ 550 mm。不少产品有多种柜型，如断路器柜、负荷开关柜、母联柜和计量柜等，已有数种类型产品进入市场。

5. 空气绝缘开关设备耐受内部电弧故障的实际能力得以提高

为保证安全性，许多企业做了大量的工作，使得空气绝缘开关设备耐受内部电弧故障的实际能力得以提高。一些用户在企业的生产现场或者用户的安装现场直接从交货的产品中随机抽查，对被抽查的产品进行有关项目的抽检试验，其中的抽检项目就有耐受内部电弧故障。如果抽检试验不合格，则视为同批次供货产品不合格。这种措施促使企业实际生产的产品与进行内部电弧故障试验的产品完全一致。

起初，一些企业进行内部燃弧试验时遇到很多问题，也经历过多次失败。一些企业对内部电弧故障试验引用了一些仿真软件进行仿真分析，在此基础上还进行了摸底试验。通过在解决问题和失败中不断总结与分析，对各部位、各环节的认知程度明显提高，反复试验、反复修改后，逐渐提高了内部燃弧试验的通过率。内部燃弧试验是在极短的时间内，在一定的容积内完成。由于电弧瞬间产生极高的温度，使得容积内的空气迅速膨胀，产生极高的气压；同时电弧燃烧，释放出大量热能；理论计算的复杂程度高。一些企业的研发人员为了摸清燃弧试验情况，引进了相关仿真软件，分析内部燃弧时电弧产生的能量和燃弧过程中开关设备的内部压力，试验前对开关设备燃弧试验的能量和开关设备内部的压力进行分析。

通过仿真对内部燃弧故障试验的认知程度得到提高。认识到内部燃弧试验的电弧能量与短路电流值、引弧点长度和位置有关；燃弧过程的最大压力与电弧能量、开关柜的容积、泄压通道的大小和泄压板的重量有关。开关柜内部电弧故障时产生的最大压力在0.1 s以内，所以燃弧时间的长短是对开关柜结构强度的考核，而长的燃弧试验持续时间是对开关柜抗电弧烧蚀能力的考验。理论上泄压通道的截面积越大和泄压板的质量越轻，内部故障瞬间产生的压力就相对越小。但泄压通道大，开关柜的尺寸就要加大；开关柜的顶部有时有人会在上面维护、维修，如果泄压板质量太轻，强度、刚度就会减弱，万一有人或东西压碰到泄压板会使其凹陷变形，所以设计开关柜的燃弧通道的大小要合适，泄压板的强度和质量也要合理，有一些厂家将泄压板设计成纹状带孔的结构，即保证了泄压板的强度，也保证在IP4X防护等级下开关柜的散热功能。

通过仿真内部电弧故障时，柜内高温气体的压力、温度分布，分析开关柜柜体变形的原因，以及柜体变形后泄漏高温、高压气体缝隙的原因，提出改进措施。

通过试验，对一些问题的认知程度进一步提高。有些人时常会误认为：板越厚，开关柜的强度越好，电弧越不容易将柜壳烧穿。通过试验证明：2 mm的面板、1 mm厚的板与中间隔一定空气间隙的组合会比1张3 mm的面板更耐电弧烧穿，如电缆室门板由两层板组成，试验证明电弧先烧穿1 mm的板后，中间隔着一层空气层，再烧穿2 mm厚的板的时间会比电弧直接烧穿一张3 mm厚的板要花更长的时间。

经过仿真和摸底试验，防止在内部电弧故障时高温气体、飞溅物从泄压口以外的地方泄漏或喷出，防止柜体烧穿，提高耐受高压力气体冲击的能力，积累了许多宝贵经验，提出了一系列改进措施：空气绝缘开关设备通过柜门结构的改善与加强，观察窗使用材料的提高与结构的改善，柜体侧面板连接结构的改变，柜体正面、侧面、后面面板上螺栓孔的加强和加密，连接螺钉、螺母的加强、加密与调整等。

通过实施一系列的改进措施，耐受内部电弧故障的能力切实得到提高。

6. 空气绝缘固定开关设备的研发受到关注

多年来，铠装型移开式开关设备市场占有率一直很高。由于市场竞争激烈，不少企业对市场分布、技术参数和用户类型等进行了分类分析。认识到在使用铠装型移开式开关设备的用户中，额定电流为 630 ～ 2 000 A，额定短时耐受电流为 25 ～ 31.5 kA、额定短路开断电流为 25 ～ 31.5 kA 的产品占了大多数，约为 70%。

产品的竞争除了技术参数、质量的竞争外，价格的竞争也非常关键。如何使产品的成本降低，各厂都非常重视。因额定电流为 630 ～ 2 000 A 的产品覆盖面广，市场潜在的用量也大，用户的要求差异性较大，适合开发一款经济型开关设备，开辟一个新的固定式开关设备的市场。

基于真空断路器的开关设备的可靠性目前已经有较大提高，一些企业再次关注空气绝缘固定式开关设备的开发，一方面为用户提供了性价比更优的产品，另一方面也提高了企业的竞争力。

首先关注 12 kV、额定电流为 630 ～ 2 000 A 的空气绝缘铠装固定式开关设备的开发。可以将用户简单地分成必须使用、不必要使用手车式开关设备两类。对于不必要使用手车式开关设备的用户，将其对开关设备的基本功能、附加功能和特殊功能等需求进行分类，分别对待。从产品零部件的标准化、生产的规模化等方面考虑并实现产品加工的社会分工，充分整合、利用社会资源，发挥社会分工的优势，在保证质量的前提下利用规模效应降低成本，缩短供货周期。以新的固定式开关设备来实现与满足这类用户的需求。

开发的中等参数的固定式开关设备有正装、侧装两大类。柜宽尺寸为 400 ～ 500 mm，相比于使用手车式开关设备，占地面积大幅减小，对一些用户具有很大的吸引力。在这个类别上规模化生产，使得产品性能与质量稳定可靠，性价比高。

7. 切合电容组专用真空断路器的进一步开发

无功功率补偿装置在供电系统中所承担的作用是提高电网的功率因数，降低供电变压器及输送线路的损耗，提高供电效率，改善供电环境，是不可缺少的重要装置。在 12 ～ 40.5 kV 系统中，实用、经济地进行无功功率补偿的方法就是安装并联电容器组。尽管 12 kV 切合电容组专用真空断路器经过几年的发展有了较大进步，但是 40.5 kV 真空断路器在投切电容器组方面的进展仍不尽人意。

针对 12 kV 尤其是 40.5 kV 真空断路器在投切电容器组时产生的重燃现象，切合电容器组专用的真空断路器得到进一步的研究与开发。

首先，从真空灭弧室内部结构和开断过程进行分析，从触头材料、触头的分离速度的选择等方面采取措施。

其次，为了减少真空断路器的重燃几率，在 40.5 kV 电压等级真空断路器的布置上采用了串联双断口。从多年实践经验中可知，当真空灭弧室触头开距较小时，具有良好的绝缘恢复特性；当间隙增至 10 ～ 15 mm 时，真空中的绝缘强度上升呈非线性，上升缓慢，增加的不多。采用双断口布置，将两个灭弧室串联起来，两个灭弧室中的每一个都具有单独的重击穿概率，当第一个间隙发生击穿的情况下，另一个间隙经常可耐受一定的 TRV 而没有使两个间隙发生最终击穿。经过研究、开发，一些试验数据表明，采用串联双断口进行电容器组切合是可行的；双断口真空断路器无论从绝缘水平，开断能力，还是从重击穿概率低等方面都优于单断口。

8. 中低压直流断路器开发已拉开序幕

轨道交通、船舰、交直流混联（如光伏并网）配网、直流输电及柔性直流输电等多个领域涉及了多个电压等级的直流开断技术。

其中柔性直流输电具有输送距离远、线路损耗小、输电方式灵活及可隔离交流故障等优点，可以广泛应用于可再生能源并网、分布式发电并网、孤岛供电和大型城市电网供电等领域。

在城市轨道交通方面，由于其建设投资呈上升趋势，对中低压直流断路器的需求增加。

一些大的开关设备制造公司，从开关设备的角度出发，积极探索研究基于人工过零的高压直流开断技术，基于机械开关与电力电子器件结合的混合式高压直流开断技术。有些公司针对某个特定使用场合，开展了中、低压直流断路器产品的开发。

伴随着用户不同需求的变化，中压开关设备的技术发展也会不断达到新的高度。

4.6 我国中压开关设备战略性新兴产业技术发展特点

1. 概述

中压开关设备在电力系统输配电领域是一种涉及面广泛的基础电力设备，它作为电网系统中重要的组成部分，承担着电网向用户进行输配电的任务。

首先，土地是人类赖以生存和发展的物质基础，是社会生产的劳动资料，是农业生产的基本生产资料，是一切生产和存在的源泉。国民经济各行业的发展都离不开土地。社会生产力的发展，不但不会降低土地问题的重要性，相反，土地已成为影响人类可持续发展的世界性重大问题。我国人口众多，但适于农耕的土地数量有限，土地资源供求矛盾尖锐，人均耕地面积不断下降，人均耕地不足世界人均耕地的40%，有 600 多个县低于联合国粮农组织人均耕地 0.05 公顷的警界线。为降低电力设备建筑用地，缓解用地的矛盾，小型化技术成为中压开关设备战略性新兴产业的发展重点之一。

其次，目前在电网运行中，中压开关设备使用范围最广，但是随着电网结构的日渐复杂化，致使电力系统承担的负荷越来越复杂，这些因素促使人们更加重视电网运行过程中的安全可靠性问题。 中压开关设备在配电系统中起着不可忽视的作用，其设备的安全可靠运行与配电系统的安全有着必然联系，如一旦发生设备损毁现象，配电系统则会出现相应的故障， 进而引发供电区域的大面积停电事故的发生，不仅影响了人们的正常生活，还会为电力企业带来不小的经济损失。高可靠性技术是中压开关设备战略性新兴产业的发展方向之一。

另外，我国电力工业“十三五”发展的基本原则是：统筹兼顾，协调发展；清洁低碳，绿色发展；优化布局，安全发展；智能高效，创新发展；深化改革，开放发展；保障民生，共享发展。因此，环保技术、智能化技术是中压开关设备战略性新兴产业技术发展的关键。

近年来，中压开关行业致力于中压开关设备的小型化、高可靠性、环保性、智能化等战略性新兴产业技术的研究开发和产业化应用，并取得了一定的成果和效益。

2. 小型化技术

从整体上讲 ，开关设备在朝着小型化、智能化、少维护、高可靠性和应用专业化的方向发展。小型化真空灭弧室技术、气体和复合绝缘技术，做得愈来愈精致的电器元件，现代化的工艺水平，这些技术、元件和工艺的应用使得以前大体积、大重量的中高压开关设备变成了小体积、轻重量的中高压开关设备。随着我国科学技术的不断进步，电子测量控制设备的迅速发展，电子式互感器、电容式分压器等技术的应用，有效地实现了中高压开关设备的小型化。

中压开关设备按绝缘方式分为空气绝缘（AIS）、气体绝缘（GIS）和固体绝缘开关设备。

空气绝缘开关设备一般也称通用型金属封闭式开关设备，柜体设计灵活、组合方案多，操作维护简单，性价比高，它仍然是 6 ～ 40.5 kV 领域的主流产品。其外绝缘采用以空气和固体绝缘材料共同组成的复合绝缘。由于受空气绝缘距离的限制，其小型化比较困难，主要是通过柜内元件的小型化、组合化来实现。如采用液态环氧树脂自动压力凝胶（APG）工艺的小型化真空断路器、负荷开关－熔断器组合电器、高压接触器－熔断器组合电器以及真空断路器－隔离开关等各种组合。随着断路器、隔离开关等一系列元件的发展， 新绝缘材料的应用 ，新加工工艺和装配工艺的采用，给开关设备的设计带来了变革。

产品的技术进步主要表现为：

1）组装式结构取代焊接式结构， 产品精度高，外形美观，可缩短生产周期。

2）三工位隔离开关的采用，不仅安全可靠，还使固定式开关设备实现了小型化。

3）采用小型化断路器或多功能断路器使开关设备外形更小。

相较于空气绝缘，气体绝缘和固体绝缘方式更容易实现开关设备的小型化。近十几年来，气体绝缘金属封闭式开关设备（C-GIS）在国际上发展很快。该设备是以绝缘气体作为绝缘介质，不仅使开关设备小型化（体积不到同规格 AIS 的一半），而且密闭的高压室使高压电器元件运行在工作环境相对稳定的气体中，不受外部环境及其变化影响，可靠性高，维护工作量小。由于激光切割、焊接和插接式技术的应用，气体绝缘开关设备在气室的结构形式上，已实现从单相筒式向三相共箱式演化，在充气方式上，气室的充气操作已不须在工作现场进行。随着生产制造技术的不断完善、制造成本的降低 ，将有越来越多的客户采用气体绝缘开关设备。

固体绝缘开关设备是在气体绝缘开关设备基础上发展起来的，它本身是一个全绝缘、全密闭，不怕任何环境干扰的一个设备。固体绝缘开关设备的主开关中的真空灭弧室、母线等带电部件整体采用环氧树脂进行浇注或真空硅橡胶浇注，使得开关设备内部相间及对地的安全绝缘距离从空气绝缘的水平缩短到环氧体内绝缘的水平，大大减小了开关设备的体积（与 C-GIS 体积相当）。固体绝缘开关设备没有压力气箱，避免了气箱漏气的麻烦，同时保持了全密闭的特点。在安全性、灵活性、智能化及环境适应性方面有大的提升。特别适合在高原、高寒和高湿等特殊环境中使用。固体绝缘开关设备技术优势明显，是中压开关设备的发展方向。

3. 高可靠性技术

开关设备是电力系统中影响电网运行安全的重要设备，我国自主研制的电力行业的设备，尤其是中压领域的开关设备，技术水平有的已达到国际先进甚至国际领先的水平。但有的产品在可靠性水平和安全服役能力上，与国外企业生产的产品相比仍有相当大的差距。在使用环节，有的产品由于产品的一致性不够，造成了巨大的浪费，给电网的安全运行带来了诸多隐患。中压开关设备和控制设备运行的可靠性与自身的设计、制造加工与装配以及原材料的质量有着密切的联系。降低上述潜在隐患，对降低电能输送成本、减少运行事故等具有一定的现实意义。

中压开关设备高可靠性的要求主要体现在以下几个方面：

（1）绝缘性能的可靠性 绝缘性能是开关设备的基本要求。正常运行时，电气设备的绝缘长期处于工作电压下。而开关设备在运行当中除了要承受正常的工频电压外，还要承受各种过电压。根据 GB/T11022—2011 的要求，12 kV 等级的中压开关设备工频耐受电压为 42 kV/1 min、雷电冲击耐受电压为 75 kV，而国家电网招标技术规范中将 12 kV 电压等级的开关设备断路器断口耐压水平由 42 kV/1 min 提升到了 48 kV/1 min、40.5 kV 电压等级由 95 kV/1 min 提高到了 118 kV/1 min，这也是提高产品绝缘可靠性的一种简单有效的做法。

开关设备的绝缘性能、可靠性和产品的小型化是一对天生的矛盾。中压开关设备通常设计为箱型结构，这决定了其中的高压带电体与接地外壳均为极不规则的形状。因此在开关设备中的电场分布为极不均匀电场状态。根据长期的实践及理论计算都反映出带电导体之间的绝缘水平与空气间隙有着很大的关系。电力部门标准 DL/T593《高压开关设备的共用订货技术导则》中对空气绝缘结构高压开关设备的各相导体间与对地空气净距进行了规定。比如 12 kV 带电体距离为 125 mm，40.5 kV 带电体距离为 300 mm。但是随着中压开关设备小型化的发展，开关设备外形越做越小，保证上述安全距离就变得越来越困难。如 40.5 kV 开关设备当柜宽为 1.4 m 时，高压导体相间距设计为 325 mm，其相间空气距离已达不到 300 mm 的要求，必须增加绝缘隔板来提高设备绝缘性能。

中压开关设备产生绝缘事故的原因主要有以下几个方面：

1）绝缘件表面爬电比距或高压导体对地或相间空气间隙不够，这是导致开关设备发生绝缘事故的根本原因。尤其是当开关设备断路器采用手车式结构时，为了缩小柜体尺寸，有时候会将柜内断路器的隔离插头对地距离大幅减小，却又未采取有效的绝缘强度保护措施，当系统电压出现过电压时发生绝缘击穿的现象。

2）绝缘件的材质选取不当。绝缘材料必须具备抗老化性强、耐污秽性好和憎水性强等性能，有的开关设备选用易吸潮的酚醛树脂作为绝缘材料，其绝缘强度在长期运行后会逐渐降低，容易引发事故。

3）整体的制造工艺较差。开关设备的制造、装配质量对其整体耐压水平有很大影响。如钢板的加工断面和一些刻口的布置可能引起局部电场劣化以及支撑绝缘子等绝缘件的表面粗糙、裂纹等，都可能是开关设备内部引弧的原因。

4)环境条件的影响。运行环境条件不好是导致开关设备发生闪络的重要原因，随着大气污染的加剧，潮湿和污秽长期作用于绝缘件的表面时，电力设备的绝缘子、母线及套管就会逐渐被污染。电晕和局部放电会逐渐从局部向整体扩展，最终造成贯穿性放电。

对于以上引起绝缘事故的原因，可以采用以下措施可提高中压开关设备的绝缘水平。

1）开关设备的设计应严格执行耐受电压、最小空气绝缘距离和爬电比距三个方面的相关标准。选择开关设备的绝缘结构时应了解设备的整体布局及工作条件，全面分析电、磁、机械及热等方面的要求。

2）选择绝缘材料时，应考虑材料的加工工艺和设备，改进制造质量和工艺，在空间体积不增大的情况下，尽可能设计制造较大的爬电比距绝缘件。

3）开关设备内的一次导体采用具有绝缘作用的热缩管进行包覆，可以提高运行水平。这样做既可以对带电裸露导体造成的人身伤亡进行有效阻止，也能够避免导电铜排或铝排受到盐雾污染及有害气体的腐蚀。

4）结合元件复合化设计及元件集中化装配，设计相应绝缘方案。

5）确定各部分绝缘的电场分布和所承受的电压，优化开关设备一次导体的结构，提高制作工艺，减少形成尖端放电空间结构的可能性，降低开关设备导体周围的电场强度，使电场中的电介质受到的极化程度减弱，并均匀分布，从而提高开关设备的绝缘能力。比如一次母线的倒圆角处理，各联接螺栓与柜壳的位置关系的设计等。

6）做好维护监控管理工作，严格执行安装技术规范，防患于未然。

随着技术的发展，近年来许多新型材料和新的制造工艺手段运用到了开关设备行业。比如近几年流行的固体绝缘技术、采用充 SF_6 气体或混合气体的充气开关设备等，在有限的空间内满足了绝缘性能的要求，但是可靠性也随之下降。因为固体绝缘为不可恢复绝缘介质，随着运行时间的增加，固体绝缘材料容易发生老化或形变而使绝缘结构的关键部位发生变化。这些变化有可能引起绝缘性能的下降而发生击穿事故。一旦固体绝缘发生击穿即不可自行恢复，将引起一系列绝缘事故。而在 SF_6 气体中虽然减小了绝缘距离，但是对电场分布的要求变得非常高，这也大大增加了设计难度和制造难度。

（2）载流性能的可靠性　一次导电回路过热主要存在于导体接触部位，因此导体接触不良是引起高压开关设备和控制设备温升异常的主要原因。接触面积及接触压力的不足，大气中的沙尘、水泥粉末、雨雪、潮气和污秽（煤烟、盐碱空气和酸雨等）的侵袭，致使接触表面积灰、积垢和锈蚀；氧化和腐蚀性气体的化学腐蚀以及开关设备本身的电化腐蚀使接触表面生成化合物薄膜，这些都会导致接触表面电阻增大、温升过高。装配不当造成导电回路过热，移开式开关设备一次隔离手车的动、静触头插入深度不够，接触压力不足，就容易导致触头发热、烧熔和拉弧现象。但部分生产厂家在产品出厂时并没有测量触头插入深度和接触压力的程序，在产品图样、检验文件中不标注插入深度。另外在电力系统中，一些关键的高压开关设备连接回路主要都是铜导体，但由于价格等因素，有的冶铜企业提供的 T2 铜排和制品纯度较差，电导率不合格，由于劣质铜排从外观看通常不易辨别，一般制造厂缺少专门测量电导率的仪器验收这一关键性能。这种铜材制成的母线或触头因自身电阻大无法承受额定的载流量，设备投运后极易造成温升超标甚至引发严重的事故。

（3）断路器操作及使用可靠性　近年来，在真空灭弧室的开断能力、可靠性不断提高和结构小型化基础上，借鉴、吸收国外真空断路器的优点，使得国内中压真空断路器的技术获得了广泛发展。在操动机构、主回路结构、绝缘支持结构和整机基础形式等方面，也产生了诸多流派和丰富多彩的各种方案。诸如早期的 ZN12、ZN13 和 ZN28 到后来的 ZN63、ZN65、VB2、VB5 和 VEP 等。总体来说，在操动机构方面，经历了整体式独立机构安装在断路器本体上（几乎没有定位措施），到零部件在断路器框架上分散布置、功能部件单元化分布的发展过程。这个过程的主旨是减少机构零部件、提高其可靠性、提高机构的定位精度、增强机构与主回路配合的有机性。而在主回路和绝缘支持结构方面，也由空气绝缘到复合绝缘，再到现在流行的固体绝缘。

断路器的可靠性评价可从两个方面来进行，一为断路器机械特性及电气性能。包括机构、主传动、载流能力、绝缘性能及开断性能的可靠性；二为机构的操作可靠性和操作寿命。

真空断路器主要使用电磁机构和弹簧机构进行操动。电磁操动机构优点很多，但其最致命的缺点就是需要大功率直流电源，这就限制了其在真空断路器中的发展。而弹簧操动机构在较小直流电源下即可操作，但其机械结构复杂，包含的零部件较多，故障发生频繁。

永磁机构克服了以上两种操动机构的缺点，越来越成为真空断路器的理想操动机构。但永磁操动机构在使用过程中也有其可靠性问题。目前永磁机构普遍使用的是钕铁硼稀土永磁材料，而这种材料在高温、反向磁场或受到强烈机械冲击等异常条件下会产生退磁现象。而且永磁体在使用过程中，随着时间的推移其磁性能本身也会有一定的减弱。然而上述退磁问题在理论上存在，但在实际工作中是不存在的。因为试验证明钕铁硼材料只有在以上异常情况下，其磁通才会显著减小，而永磁机构的工作环境中不存在这些异常情况。

分析双稳态永磁机构的磁路可以发现，合分闸时的电磁场均与永磁体产生的磁场方向相同，即使是单稳态永磁机构，由于使用弹簧辅助分闸，需要的电磁场较小，不足以使永磁体退磁。另外，实践证明钕铁硼永磁体能够承受断路器工作过程中的振动。根据永磁体制造厂家提供的数据表明，在使用期限内永磁体的退磁不会大，因此设计时留有一定裕量，永磁体的自然裂化问题不会影响永磁机构的操作。

目前，中压真空断路器主流操作机构依然为弹簧操作机构，在弹簧机构的可靠性方面，近年来行业内众多厂商也进行了大量的研究工作。弹簧操动机构的可靠性的高低直接影响了断路器整机的可靠性水平。而操动机构的高可靠性要求使得其零部件设计的重点不再是功能的实现这一目的。而是怎样使结构紧凑、协调，零部件数量少，简单可靠，零部件设计合理，体积小，功能、单元整齐集中，安装调试、维修方便。

提高弹簧操作机构断路器的可靠性可以从以下几个方面入手：

1）机械主传动设计的合理性，包括机械效率的提升、合闸保持位置及动作过程各连杆的受力状态。

2）合、分闸功与灭弧室、触头弹簧能量的匹配性。合闸功设计裕度过小，断路器在出厂试验的连续动作中可能并没有问题，但是在现场放置一段时间或现场环境较差时，极容易出现合闸不到位的现象；而合闸功太大，断路器所承受的冲击力变大，合闸弹跳等机械参数也不容易保证。

3）机构操作的动作可靠性。机构在设计时应在保证刚度、强度的情况下尽量使零部件减少，零部件的减少意味着出现故障的点也会相应减少。应尽量减少机构的可调环节，可调环节的设置与装配调试的人员素质的高低有很大关系。另外，应对机构关键零部件的表面质量和强度做出合理的设计。

4）分闸缓冲的可靠性。断路器在分闸终了位置时剩余的动能一般由缓冲器来进行吸收。一个缓冲器设计的好坏，直接影响了断路器的分闸性能，它对断路器的分闸速度，分闸反弹都有着决定性作用。

（4）联锁可靠性　在运行现场，由于开关设备的机械连锁设置不当或部件强度不足而无法制止误操作，则会引发重大事故。常见的例子有检修后的断路器忘记分闸，在可移开式开关设备内推进手车到工作位置的过程中，如果处于合闸状态的接地开关转轴相接的连锁片很薄弱，挡不住推进中的断路器手车，这时将出现强烈的内部燃弧。对于那些允许高压室在开启状态时驱动断路器手车的开关设备，这一故障还会造成严重的人身伤害。因此，应改进连锁部件使其坚实可靠，在通常操作力下不变形；设置高压室门与手车推进机构的连锁，这也是确保设备安全和人身安全的一项措施。

4. 智能化技术

（1）智能化变电站及其结构模式　智能变电站采用了先进、可靠、集成、低碳和环保的智能设备，以全站信息数字化、通信平台网络化和信息共享标准化为基本要求，自动完成信息采集、测量、控制、保护、计量和监测等基本功能，并可根据需要支持电网实时自动控制、智能调节、在线分析决策和协同互动等高级功能。智能变电站的技术是不断完善进步的，就目前而言智能化变电站是由电子式互感器、智能化开关等智能化一次设备、网络化二次设备分层构建，建立在IEC 61850通信规范基础上，能够实现变电站内智能电气设备间信息共享和互操作的现代化变电站。

标准的智能化变电站系统采用“三层两网”的结构模式。“三层”分别是指站控层、过程层和间隔层。其中，过程层设备包括变压器、断路器、隔离开关和电流／电压互感器等一次设备及其所属的智能组件以及独立的智能电子装置，处于智能变电站最底层，通过一次设备与二次设备的结合，主要完成运行设备的状态监测，操作控制命令的执行和实时运行电气量的采集功能，实现基本状态量和模拟量的数字化输入 / 输出。“两网”分别是过程层网络和站控层网络，其中过程层网络由 GOOSE 网和 SV 网组成。目前，在一些智能化二次设备相关规范中，不推荐在 10 kV 系统中使用 SV 网。

（2）智能化变电站与开关设备智能化　相比较传统变电站，智能化变电站具有明显的优越性。

1）一键式顺序控制操作，将常规需要约 1 h 的倒闸操作降低到 2 ～ 3 min 完成，大大提高了操作效率；同时降低了运维人员操作工作量和日常操作错误率。并能够在远方实现顺序控制，再附加设备可视化、智能告警等高级功能后，支撑变电站无人值班模式的运行。

2）变电站状态监测系统，对主变压器、断路器和避雷器等主要设备的状态监测数据和图像视频进行统一的后台分析，为实现状态检修奠定了技术基础。并支持对电网单一故障、多重故障的推理分析，支撑主站对电网事故紧急处理及事故恢复；支持对站内一、二次设备的异常告警及闭锁故障的推理分析，支撑主站对设备的故障处理及检修。

3）配置智能辅助控制系统，通过统一的通信规约集成应用图像监视、安全警戒、火灾报警、消防、给排水和采暖通风等辅助生产系统，实现了功能联动；整合各系统资源，提高自动化水平，建立了全站一体化信息平台，将站内主要数据上传集控站，满足了该站无人值班的要求，提高了变电站自动化水平和变电站紧急应急处理能力。

变电站智能化技术的应用，提高了变电站运维效率，降低了操作运维人员的工作强度；有利于缺陷管理，保证了设备的安全稳定运行；提高了变电站自动化水平，有利于设备管理的开展。处于智能化变电站过程层的开关设备的智能化就成了变电站智能化最基本的需求之一，并依赖于二次智能系统与智能化开关设备的高度融合来实现。

（3）智能化中压开关设备相关技术标准　随着我国智能变电站及智能电网建设的推进，智能开关设备得到了广泛的应用和快速的发展。随着电子技术的快速发展，电子设备及其技术在智能开关设备上大量使用，来完成控制和监测功能，使得传统开关设备的概念、试验方法、接口界定和功能等发生了变化。为了保证智能开关设备的可靠性和安全性，建立适用于开关设备智能化的标准体系，显得尤为重要。2007年由中国电器工业协会提出，全国高压开关设备标准技术委员会（SAC/TC 65）组织国内知名的一次开关设备生产企业和二次控制设备企业，专门成立了标准专业工作小组，开始着手在IEC相关标准基础上，针对我国开关设备智能化技术情况进行标准的编制。主要有以下开拓性的标准：

1）GB/T 28810—2012《高压开关设备和控制设备—电子及其相关技术在开关设备和控制设备的辅助设备中的应用》。GB/T 28810—2012标准将电子技术的引用对传统开关设备带来的重大变化，以新的概念的方式提出，对智能开关设备进行了定义，指出智能开关设备是具有较高性能的开关设备和控制设备，配装有电子设备、变送器和执行器，不仅具有开关设备的基本功能，还具有附加功能，尤其在监测和诊断方面。该标准引入理想开关设备的概念，对开关设备和控制设备的功能结构模型和系统结构的发展进行了突破传统意义上的定义。着重对智能开关设备相关的接口技术和连接进行描述和规范，并对变送器、控制和监测等先进技术进行功能定义，要求这些先进技术可以使开关设备的用户，最大限度地获得由电子设备带来的利益，并明确一次厂商和二次厂商之间的责任划分。

2）GB/T 28811—2012《高压开关设备和控制设备—基于IEC61850的数字接口》。该标准规定了高压开关设备和控制设备，以及他们构成的成套设备和与变电站其他部分进行数字通信的专用设备及对它们的实验要求。按照IEC61850标准逻辑节点的形式，规定了高压变电站过程层开关设备的逻辑节点和附加功能的数据，并对逻辑节点进行了定义。对抽象通信服务接口（ACSI）及其模型、服务的一致性进行了申明。并对开关设备控制器和通信装置的典型布置，系统拓扑结构，传输系统的额定参数要求，型式试验项目及要求、方法等进行了定义。

3）NB/T 42044—2014《3.6～40.5 kV智能交流金属封闭开关设备和控制设备》。该标准根据国家建设坚强智能电网的战略目标和智能高压开关设备建设的要求，参照现行国家标准、行业标准和IEC标准，并结合3.6～40.5 kV交流金属封闭开关设备和控制设备技术发展的现状，由天水长城开关厂有限公司、西安高压电器研究院有限责任公司主要负责起草制定了该标准。该标准给出了3.6～40.5 kV智能交流金属封闭开关设备和控制设备的技术原则，对智能交流金属封闭开关设备和控制设备提出了基本技术要求和试验要求。为中压智能开关设备的技术发展、智能化变电站技术解决方案的制定和实施起到指导性作用。

4）Q/GDW 383—2009《国家电网智能化开关柜技术导则》。该导则从技术原则、体系构架、设备功能、系统功能要求、辅助设施功能要求、变电站设计、调试验收、运行维护和监测评估等多方面对智能化变电站的系统构成、一次设备功能和控制系统等进行了约定和规范。将智能化变电站系统的高级功能定义为：设备状态可视化，智能告警及分析决策，故障信息综合分析对策，支撑经济运行与优化控制，站域控制，与外部系统交互信息。

（4）中压开关设备智能化代表性解决方案

国内代表性解决方案。随着国内智能化变电站项目建设的推进，加速了长城电工天水长城开关厂有限公司、常州森龙电力科技有限公司和中国西电集团等一大批企业，开展一次开关设备和二次技术融合的技术攻关，形成了一些具有自主知识产权的技术，推出了多种应对市场的中压开关设备智能化系统解决方案，实现了对开关设备的状态监测、智能告警和故障诊断，断路器机械特性监测、断路器电气寿命监测和开关设备一次元件电动操作控制，绝缘监测、开关设备关键部位及过程的可视化监测和管理、专家诊断系统等功能，并形成了一大批企业开发符合 IEC61850 通信规约的智能检测装置和变电站控制系统，来满足智能电变电站的需要并提供可行的解决方案。在中压开关设备智能化技术解决方案的技术攻关过程中，在绝缘监测、灭弧室真空度监测和电子式电流 / 电压互感器等几方面，也有一定的成果。统筹考虑成本及技术成熟度、可靠性等方面的因素，智能化中压开关设备在主回路测温、开关元件电动控制、断路器机械特性监测及分合闸回路电流监测等几方面应用比较成熟。长城电工天水长城开关厂有限公司在电动接地开关关合试验、断路器开断对通信装置工作的影响试验等方面成功进行了专题实验验证，验证了开关柜主要元件的电动操作控制方案和强弱电隔离技术方案的可行性。

智能化开关设备成熟应用的主要功能的解决方案：

1）测温系统。无线测温系统包括测温传感器、测温处理电路以及智能型测温装置。一般进行断路器触臂、母线和电缆等的温度监测。

断路器触臂温度监测采用温度传感器及其测温电路 + 悬浮 CT 取电 +2.4 Gbit/s 无线数据发送的方案，解决了高低压安全隔离、传统电池供电时间有限的缺陷及数据无线传输的问题，断路器温度监测单元完成将断路器触臂温度数据通过无线数据传输发送给智能型无线测温装置的功能。

主回路测温采用非接触式红外测温方案，利用所有温度高于绝对零度的物体都会辐射红外能量，且能量与物体温度成正比的工作原理进行测温，由光电探测器、红外对焦探头和数据处理等构成。通过红外对焦探头确定所测量目标的位置，测量目标发出的红外非接触式光电探测器的能量辐射在光电探测器上转换为电信号，该信号经处理电路，按仪器内的算法转变为目标测量温度值，并通过RS485通信接口将温度数据传输至智能型无线测温装置。智能型无线测温装置主要负责参数设置、温度数据显示和对上位机的通信传输。该方案采用高精度非接触式光电探测器，确保了高低压的可靠隔离。主回路测温方案也可采用荧光光纤测温原理，将光纤浇注在触头盒内，采用分段光纤作为介质的方案，可避免光纤外置带来的光纤损坏和对绝缘的影响，避免信号传输受到大电流强磁场的干扰。通过在电缆附件内安装测温附件，测量电缆一次回路连接点温度或电缆本身温度，来预测电缆连接头或电缆本身的故障趋势，及时提供电缆故障部位和检修指导。

2）开关设备电动控制系统。开关设备电动控制系统全面推进了智能化变电站顺序控制技术的实现和无人值班要求的实施。开关设备电动控制系统包含了电动底盘车、接地开关操作机构和开关设备电动控制装置。电动底盘车、接地开关操作机构采用齿轮或链条机械传动和离合器，可实现手动和电动切换模式下的手车移动和接地开关合分。该系统可获取手车和接地开关的状态信息，支持就地和远方控制手车和接地开关的操作，具备完善的电气和机械闭锁和过载保护功能。可实现对手车和接地开关操作过程的实时视频监视，视频可远方传输。

3）断路器机械特性监测、合闸、分闸线圈和储能电动机电流监测。通过监测位移传感器、力传感器和霍尔元件的数据，检测断路器的机械参数，显示断路器合分闸后的特性曲线和线圈电流曲线、储能电动机的电流波形，并将其进行保存。通过这些曲线，计算断路器分合闸时间、速度、开距、超程和通气性参数，可判断断路器合分闸机构、线圈以及储能电动机是否存在异常，根据状态做出决策，为检修和维护提供指导意见。

4）电气寿命监测。利用多功能测量芯片，准确有效地测量出断路器开断A、B、C三相的电流，逐次累加，及时了解断路器运行的安全、可靠状况，并预警。

2）国外代表性解决方案。在开关设备智能化解决方案上，国外ABB公司和施耐德电气一直引领着技术发展方向。ABB公司最先推出了中压开关设备智能化解决方案，完成了开关柜状态监测和断路器手车的电动控制等功能。随后又将eVD4—12智能化断路器投放市场。该断路器集成了以下装置或元件：①保护测控装置集成。②电子式电流或组合式电流/电压互感器集成在断路器触臂上。③电动操作驱动电动机。④位置传感器，用于变电站保护、控制、测量和监视，并能够以符合IEC61850标准、支持面向对象的变电站事件（GOOSE）通信，支持智能设备互操作，可通过网络交换机直接与变电站控制系统通信。该断路器代表了中压智能化开关设备的一种理想技术解决方案，即保护、控制、测量、闭锁和监视数据采用统一输出，避免了大量数据流经统一规范协议转换和传输物理接口。施耐德电气，以全感知开关设备、远程预警系统、变电站一键式顺序控制系统和数字化移动运维系统等为用户提供了一种系统性的智能化解决方案，将开关站故障排查时间缩短了 80%，提高了供电可靠性，让电网更有保障。

（5）目前国内中压开关设备智能化解决方案存在的问题　在开关设备断路器手车和接地开关电动控制方面，采用的电动机电流分断定值堵转保护方案存在着一定缺陷，在安装调试阶段，出现机构异常时难以完美地进行堵转保护，不能满足柔性控制需要。因此，电动执行单元的技术方案仍需优化，以进一步提高其可靠性和互换性。

为了灵活适应用户的功能需求，智能化开关设备各监测 IED 易形成积木式集成结构，造成监视系统接口数据的综合诊断不易统一。目前，开关设备智能控制装置大多与微型计算机保护装置分离配置，在过程层、间隔层装置的布置上缺乏标准化，离标准中规定的理想系统构成仍有距离。这就给变电站运维和诊断带来不便。

开关设备智能控制装置在具有微型计算机五防系统的变电站应用时，在控制输出和控制信息反馈方面容易造成矛盾，需要相关单位进行技术改造。长城电工天水长城开关厂有限公司在这个问题上已经提供了可行的技术方案。

目前，由于国内各企业商业竞争加剧，市场需求不系统等原因，在开关设备智能化技术发展方面，一二次深度融合的技术方案推行艰难，造成智能化变电站开关设备的监测数据存在信息孤岛、数据质量不高等问题，诊断平台难以成熟搭建，使得运维人员或决策人员分析诊断十分困难。在这个方面，大数据、互联网、物联网和信息技术的发展，带来了技术创新的机遇。在汉诺威工业博览会上，施耐德电气转型为由软件驱动的能效管理与自动化企业的亮相，GE 公司的转型等都在说明大数据、互联网、物联网和信息技术的发展将在智能开关设备的智能监视和智能高效诊断方面大有作为。

5．环保型开关设备技术

（1）背景　目前，中压开关设备主要有两大种，一种是传统的空气绝缘 AIS 开关设备，主要在 40.5 kV 及以下中压系统中使用；另一种就是 SF_6 气体绝缘的金属封闭开关设备，是由高压系统中的 GIS 逐步演变到中压系统中来的，即中压

C-GIS 开关设备。

传统的 AIS 开关设备，无温室气体排放，成本低，但体积大、占地面积大，且易受周围环境的影响，为非免维护型产品。中压 C-GIS 开关设备，使用高绝缘性能的 SF_6 气体，体积小，节约占地面积，环境适应性强，可靠性高，基本属于免维护产品，但是其温室气体的排放对环境有危害，并且在设备的运行中需要对 SF_6 气体进行泄漏检测与防护。

近年来，世界范围工业迅猛发展，地球环境问题越来越严重，臭氧层空洞和地球温室效应最突出，其中一个是引起地球温度升高的非常严重问题。SF_6 虽然对臭氧层并无害处，但现在却被认为是一种产生温室效应的气体。温室气体效应的原理是由于 CO_2、甲烷（CH_4）、氮氧化物、氟利昂及 SF_6 等气体表现出很强的红外线吸收特性，以致从地球表面反射出的红外辐射被封闭在大气层中，于是地球的散热减少，引起对流层温度升高。SF_6 作为一种温室效应气体表现出不利的特征是，它对红外辐射的吸收能力高于任何其他气体：SF_6 在长达 3 200 年内，具有高达 23 900 的地球温暖系数（Global Warming Potential，简称 GWP），而 CO_2 的 GWP 只有 1[1]。

为了保护地球环境，以联合国为中心发布了许多宣言、条约和议定书，特别是 1997 年中国加入了《联合国气候变化框架公约》，并在第 3 次缔约国大会上通过了《京都议定书》。SF_6 被列为六种具有温室效应的气体之一。其中 CO_2 的影响最大，占 60% 以上，SF_6 为 0.1%，其影响目前虽小，但潜在的危害性很大。而且，目前排放到大气中的 SF_6 气体正以 8.7% 的年速率在增长。全球生产的 SF_6 约 50% 用于电力行业，这其中的 80% 用于开关设备中。我国电力开关行业每年使用的 SF_6 气体超过了 10 000 t。为此，国家发展和改革委员会为保证实现 2020 年单位国内生产总值 CO_2 排放比 2005 年下降 40% ～ 45% 的目标，于 2013 年 11 月编制了《中国电网企业温室气体排放核算方法与报告指南》，各电力公司需要加强对 CO_2 及 SF_6 的排放控制 [2]。

随着全球环境的日趋恶化，人们环保意识日益增强，人们对中压开关设备的发展提出了新的要求，即要求绿色环保，并且将此主题思想贯穿于开关设备的研发、生产制造、运行维护和回收利用等全寿命周期内的每个节点上。

因此，当前开关设备的发展趋势即为：小型化，高可靠，免维护，绿色环保，智能化。

（2）环保型开关设备技术原理及其发展动向 中压 SF_6 气体绝缘 C-GIS 产品是对传统空气绝缘 AIS 开关设备的一次技术性能的升级，使得产品具备真正意义的小型化，并且随着 C-GIS 制造技术、真空开断技术以及配套元器件技术的日趋成熟，使得免维护成为可能。

目前，在国际国内市场上中压 SF_6 气体绝缘 C-GIS 产品比较多，而且技术相当成熟。用于一次配电系统的产品，一般采用真空灭弧，SF_6 气体绝缘；用于二次配电系统的产品，绝大多数采用原理简单的 SF_6 气体绝缘并灭弧的三工位负荷开关作为主开关。

在具有小型化，免维护，智能化基础上开发绿色环保产品，本身就是一件不易之事。需要多方面技术的鼎力支持。

技术的发展是循序渐进的，在现有技术基础上，实现中压开关设备绿色环保的可行途径目前主要有两种：一种是采用全固体绝缘技术，即固体绝缘 SIS 开关设备；另一种是无 / 少 SF_6 的环保气体绝缘开关设备（环保型 C-GIS）。

其实也有在空气绝缘开关设备基础上通过复合绝缘和元件布置、结构优化而实现的小型化 AIS 开关设备，如 KGN8 系列产品，但其受环境影响大，而且小型化有限，尤其是 40.5 kV 等级的产品。因此小型化 AIS 产品由于技术自身的先天不足，近年来基本停滞研发生产。

下面主要从 SIS 开关设备和环保型 C-GIS 开关设备的定义、技术发展等方面进行阐述。

1）固体绝缘 SIS 开关设备

a. 固体绝缘 SIS 开关设备的定义。固体绝缘开关设备（SIS）是用固体绝缘材料将一次回路全部贯通包覆起来的一种中压开关设备，并且采用绝缘优化技术，通过将高的电场强度转移到固体绝缘材料的内部，让高绝缘性能固体材料承担更高的电位，降低空气中的场强，最终实现开关设备小型化；通过密封技术增强设备的环境适应性，降低运行成本，实现免维护；通过固体绝缘件的屏蔽技术提高其可靠性，是开关领域一个重大的创新。由于环氧树脂的材料和制品工艺的技术进步，以及真空开关的普及，为固体绝缘开关设备的发展奠定了技术基础。

b. 关键技术

（a）高性能绝缘材料的研究与开发。采用固体绝缘材料包封或固封工艺，将主导电回路和绝缘支撑形成一个有机整体，是固体绝缘开关设备的最大特点。固体绝缘兼具了导电、散热、绝缘、支撑和连接等多项功能，它的结构和性能决定了产品运行的安全性、可靠性，以及制造、维护成本。

为保证运行的可靠性，防止因与瓷、铜等被包覆体的线形膨胀系数不同引起的间隙和裂纹，提高材料的拉伸强度、弯曲强度、绝缘性和耐电痕性，开发了高性能的环氧树脂材料和高效的制品工艺。新材料是双酚系环氧树脂，填充球状硅石粉和橡胶粒子，与传统材料相比、性能明显提高，且是绿色产品，制造时不污染环境，停用品可回收，可循环利用。因此，绝缘材料的基础研究显得尤其重要。

东芝在开发固体绝缘开关设备之前，花费了几年的时间，首先进行了各种基础技术的开发。其开发的高性能环氧树脂能直接用来固封真空开关管，有利于热传导，而国内产品要借助硅橡胶来缓冲。

环氧树脂是一种绝缘遭到损害后不可恢复的有机介质。由于环氧树脂在材料、性能、参数和运行环境等方面的多样性，国际上也无法对如热应力、机械应力、局部放电和寿命周期等相关特性进行规定，所以在环氧树脂材料的选择上要结合应用经验，认真研究，综合评估，谨慎选择。

（b）绝缘件的优化设计。绝缘件的优化设计主要是绝缘件的结构和电压耐受性能两方面的不断优化设计。绝缘件的结构除了能够满足功能、检测和安装等需要，还要造型美观，材料消耗少，无残余应力，有利于工艺制造。由于其模具成本相当高，为降低风险，最好通过 CAE 分析工具对其结构和绝缘性能不断地进行模拟分析和优化改进，并经综合评估后进行样品投试。

（c）屏蔽层的设计和局部放电的控制。由于包裹高压导体的固体绝缘件表面会出现悬浮电压，如果电压比较高，与壳体或者固体绝缘件之间的小气隙容易发生放电，加之绝缘件表面受污秽影响，久而久之容易对绝缘件产生不可恢复的伤害，进一步可能发生相间、相对地的短路故障。因此，对固体绝缘件进行金属接地屏蔽层的设计可以实现：将相间短路故障转化为相对地的故障，减少电弧能量，降低故障风险；提高绝缘的环境适应性，不用对绝缘件表面进行清扫，实现了免维护。固体绝缘件通过接地屏蔽层的设计实现开关设备主绝缘是真正意义上的固体绝缘。

日本东芝、日立和韩国的一些公司最初研制的产品，以及现在西安森源的 GSS3 型和施耐德的 Premset 型等产品，其绝缘模块外表面都有接地的金属或半导体电屏蔽层。

局部放电是指在足够强的电场作用下，绝缘介质在局部范围内发生的放电现象。这种放电仅以造成导体间的绝缘局部短接（路桥）而不形成导电通道为限。

像慢慢撕纸一样，长期的局部放电会使绝缘介质的绝缘强度缓慢下降直至丧失。而强烈的局部放电会使绝缘强度急剧下降，破坏绝缘。

. 局部放电测量的目的是检测在材料和制造上的缺陷。因为在测量结果和产品预期寿命之间不可能建立某种对应关系，所以企图规定局部放电量的可接受限值是很难的，国家标准 GB 3906—2006 规定，对于用于 12 kV 不接地系统中装配完整的开关设备，局部放电量的可接受限值是 100 pC（1.1 Ur 下）；而在国网公司相关技术规范中，整个设备的可接受限值是 20 pC（1.2 Ur 下）。显然，国网公司的规定是很苛刻的，设定如此高的门槛是为了防止粗制滥造。

（d）隔离开关的设计。断路器和负荷开关保护的是设备安全，而隔离开关保护的是人身安全。尽管隔离开关的工作原理及结构很简单，但对电力系统的建立和运行影响很大。所以，对隔离开关在性能和可靠性上的要求，显然要比对断路器和负荷开关更为严格。

a）隔离开关的功能。隔离开关的主要功能是在分闸后建立起可靠的隔离断口，将需要检修的主开关与带电线路和电源隔开，以保证检修人员的安全。隔离开关的基本属性是：一种机械开关设备；触头间有符合规定的绝缘强度；一侧端子到另一侧的任一端子间不会有危险的泄漏电流；有明显断开标识（断口可见，指示清晰可靠）。

b）隔离开关的结构。目前固体绝缘开关设备隔离开关主要有空气断口和真空断口两种形式。有的固体绝缘环网柜的隔离开关是空气断口。这里讲“空气断口”而不是“空气绝缘”，是因为它在固体绝缘环网柜中的特殊性。它的断口间的绝缘介质是空气的，但动、静触头之间的绝缘介质是固体的，绝缘材料内部和沿面上可能有微小的泄漏电流，这是“假断口”。避免“假断口”的方法是在动、静触头间设置接地电极，但由于在结构、空间和成本等方面的限制，往往实现不了。

真空灭弧室的体积小，寿命长，工艺稳定，性能可靠，在中压开关领域已得到广泛应用。为扩展其优良的性能和质量，国外近几年研发的固体绝缘开关设备都采用真空隔离开关和真空接地开关。

我国三大真空开关管生产厂，分别与固体绝缘环网柜研发厂家联合研制出了不同结构形式的真空开关管，有一管三功能（开断、隔离和接地）的、有一管两室（开断室、隔离／接地室）的，有三工位（闭合、隔离和接地）的。通常认为将三工位真空隔离／接地开关（TPS）与真空灭弧室串联使用，其经济性和可靠性是较佳的。

由于管理和工艺、材料诸方面的差距，国产真空开关管的漏气率比国外产品高。同时，国内真空隔离开关的运行经验的确太少了。目前，我国电力系统用户尚不能完全接受真空隔离开关。

（e）主回路的散热优化。目前国内外固体绝缘开关设备主要集中在 1 250 A 及以下，尤其 630 A 居多，对于大电流 1 250 A 以上至 3 150 A 比较少见，而且开发难度也大，这是由于柜体体积小，在大电流时导体截面积增大，固体绝缘件相应增大的缘故。因此，在大电流情况下，固体绝缘件的表面的设计尤为重要，除了考虑电场、强度等因素外，应尽可能地增加表面积，设计独特的风道，以达到优化散热的目标，必要时采用强迫风冷的方式。目前，大电流固体绝缘开关设备是更具有挑战和现实意义的难题。

c. 发展动态

固体绝缘开关设备是无 SF_6 气体的开关设备，近些年来固体绝缘开关设备已成为国内外中压开关领域的研发热点，尤其是固体绝缘环网柜。

日本东芝公司在 1999 年研发出了高性能环氧树脂材料和浇注技术后，2002 年开发出 24 kV 固体绝缘开关设备，之后，又进行了系列化开发，现在又向 72 kV 及 84 kV 高电压等级发展。

荷兰霍力克现在已被伊顿收购。在欧洲，霍力克起步较早，其产品的设计理念和技术都比较先进，同时也倡导环保理念，生产过程中都没有危害环境的产物。霍力克的固体绝缘环网柜最先进入我国。

我国起步较晚但发展较快，尤其在小型化的二次配电设备环网柜中发展最快，具有代表性的厂家有北京双杰、沈阳昊诚和北海银河等公司。西安森源开关技术研究所一直关注国内外固体绝缘环网柜的技术发展，为适应市场需求，与国家电网公司平高集团、成都旭光和余姚舜利等厂家进行联合开发，已取得阶段性成果。

2011 年 8 月国家电网公司发文，将固体绝缘环网柜列入重点推广新技术目录，提出在2015年后新建和改造项目中其使用量不低于新增总量的25%。2012年3月，国家电网公司发布了 QG/DW 730《12 kV 固体绝缘环网柜技术条件》（以下简称《技术条件》）企业标准和相关技术规范。这些政策和技术导向，对固体环网柜在我国的研发和应用具有极大的推动意义。

（a）发展趋势。纵观国内外各种固体绝缘的设计，它的结构特点和发展动向是：

a）主绝缘介质为环氧树脂和硅橡胶，模块间为硅橡胶界面绝缘，开关的操作件和部分绝缘支持件为空气沿面绝缘。

b）主绝缘由以空气为主的复合绝缘方式向以固体绝缘介质为主的方向发展，以及绝缘材料外表面无屏蔽层向涂敷屏蔽层方向发展。

c）采用高性能的环氧树脂。

d）灭弧断口全采用真空灭弧室，在发展空气绝缘隔离断口的同时，也发展真空绝缘的隔离断口，且灭弧、隔离和接地断口通过不同的方式进行组合后向一体化模块方向发展。

e）开关元件与开关柜柜体多是一体化结构，开关元件离开柜体后其功能将丧失。

f）开关元件、主母线和分支母线等一次回路部件采用模块化结构，模块间为插接式结构。

g）采用了可靠性高、少维护的元件，固定式安装。

h）采用隔离 / 接地断口可视化的设计理念，提高了维护时的人身安全。

（b）国内外典型结构。根据相关资料，国内外固体绝缘开关设备的结构原理比较多，而且发展迅速，代表性固体绝缘开关设备典型结构见表 4-2。

表 4-2 代表性固体绝缘开关设备典型结构

国内外生产厂家	典型结构	主要特点及参数
伊顿西瑞系列	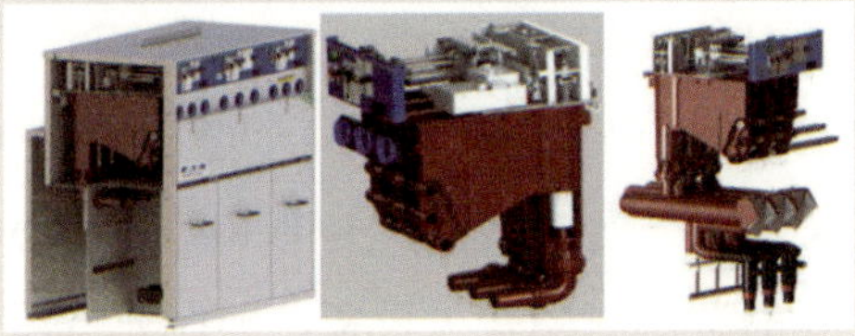	a. 参数：12 kV 630 A 20 kA b. 结构特征：隔离断口可视化；密封隔室设计；采用环保型材料设计；一次回路采用最少的接点设计；一次部件与机构内置于永久封闭使用安全的全密封箱体内 外形尺寸（宽 × 深 × 高）：350/450 mm×720 mm×1 400 mm
施耐德 Premset 系列	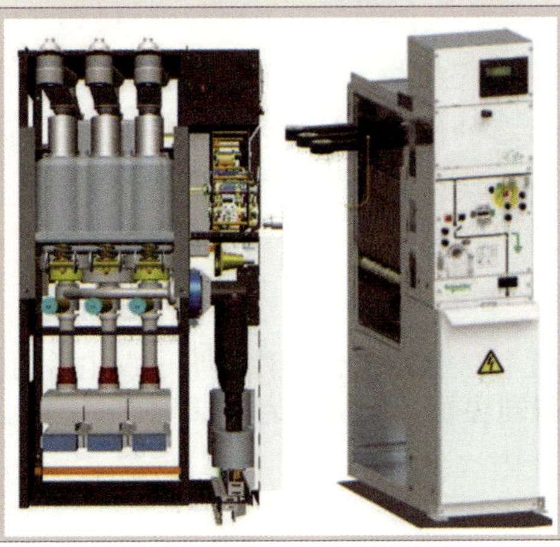	a. 参数：12 kV 630 A 25 kA b. 结构特征：采用三工位一体设计方案，将开断、隔离和接地功能都集成到一个统一的负荷开关或隔离断路器中；所有带电部件都采用固体绝缘并屏蔽接地；三相共用绝缘件 外形尺寸（宽 × 深 × 高）：375 mm×900 mm ×1 600 mm

（续）

国内外生产厂家	典型结构	主要特点及参数
北京双杰	 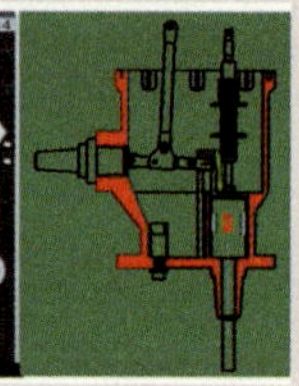	a. 参数：12 kV 630 A 25 kA b. 结构特征：采用环氧树脂套筒封装，母线采用硅橡胶封装，整体实现全绝缘、全封闭；分相绝缘避免了相间故障的可能性；开关工作位置三相独立可视 外形尺寸（宽×深×高）：400 mm×750 mm ×1 143 mm
沈阳昊诚	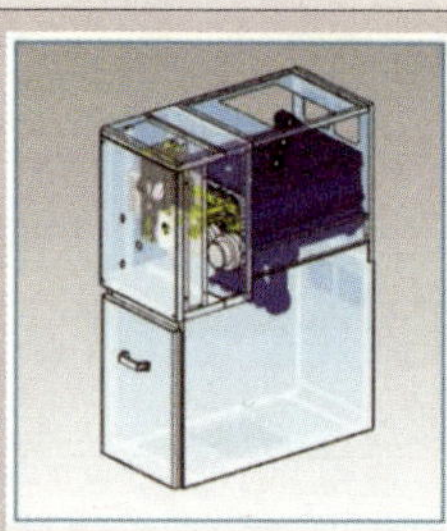 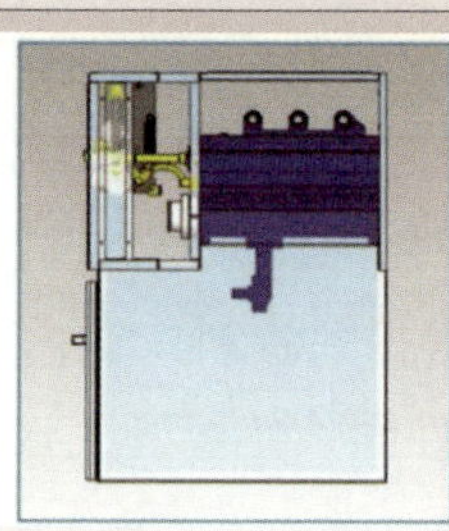	采用空气绝缘直动式上下隔离/接地和真空断路器结构，具有配置灵活，将上下隔离/接地和断路器集成在一个绝缘件上，三相分体设计

2）环保型 C-GIS 开关设备

a. 环保型 C-GIS 开关设备的一般定义及分类。环保型 C-GIS 开关设备目前的定义为：高压导电体相间及相对地之间主绝缘介质采用环保气体的开关设备，环保气体可以采用干燥空气、N_2、CO_2 和其他气体等。

环保气体绝缘金属封闭开关设备按所充气体的不同主要分为三大类：① 不使用 SF_6 气体绝缘的金属封闭开关设备，如干燥空气绝缘开关设备或 N_2 绝缘开关设备。② 极少使用 SF_6 气体绝缘的金属封闭开关设备，即在充气压力或 SF_6 充气比例上加以限制，例如 SF_6 微正压力气体绝缘开关设备或 SF_6 和 N_2 混合气体绝缘开关设备。③ 其他新型气体，如四氟甲烷、三氟碘甲烷等。

环保气体绝缘金属封闭开关设备的优势除了绿色环保外，还主要体现在以下几个方面：体积小，维护量小，高模块化，灵活组合，拼接方便，安全可靠。

b. 技术难点

（a）新型环保气体（SF_6 替代气体）的研究和选用。全球气候变暖，将给人类带来海平面升高，植物生长区迁移，极端气候事件增多及雷电等自然灾害肆虐等灾难。因此，防止全球气候变暖迫在眉睫。近几十年来，凭借优良的物理性能，SF_6 气体在电气工业领域被广泛用于电气绝缘开关设备中。因为一定压力下的 SF_6

气体比其他绝缘介质具有更高的介电强度，有助于气体绝缘开关设备安全可靠地运行，同时大大减小了开关设备的尺寸，满足有限空间下的安装使用。但 SF_6 是一种很强的温室效应气体，SF_6 气体的温室效应为 CO_2 气体的 23 900 倍，排放到大气后能存在 3 200 年。N_2/SF_6 混合气体、CF_3I、c-C_4F_8 和 CF_4、3M Novec 4710 介质气体等一些人造气体都作为 SF_6 的替代气体被研究。[3]

（b）N_2/SF_6 混合气体。已有研究表明，在 SF_6 中加入 N_2、CO_2 或空气等普通气体，构成二元混合气体显出多方面的优越性，且其可行性已被国内外许多实验证明，N_2/SF_6 混合气体具有良好的绝缘性能，即使在 SF_6 含量低的情况下。用 SF_6 气体含量 20%，就可以达到适当的绝缘性能，而 10% ～ 20% SF_6 的气体含量从技术、生态和环境可靠性等方面考虑，为了达到纯 SF_6 气体的绝缘强度，只需适当提高 45% ～ 70% 的压力，而且 SF_6 的用量及其漏气率将减少约 70% ～ 85%。由于电极曲率和粗糙度而引起的场强增加也在设备设计中容易考虑。这种混合气体中，在有杂质存在下的击穿电压，略低于具有同等绝缘强度的纯 SF_6 气体。N_2/SF_6 混合气体从生态和经济角度看，是个很好的替代气体。即使 80% N_2、20% SF_6 的混合气体，也还有纯 N_2 或空气两倍以上的电强度，SF_6 混合气体只能用作绝缘介质，而不能作断路器中的灭弧介质。SF_6/N_2 混合气体可用于 GIS 中承担所有的绝缘任务，但不能用于需要灭弧的隔室。充气输电管线（GIL）由同轴铝合金管体组成。管线在地上直接铺设如同管路一样。西门子公司最新研发出 GIL。该公司通过采用各种办法使 550 kV GIL 的总费减少了一半以上。降低费用的主要原因，就是使用 80% N_2、20% SF_6 混合气体，使用 N_2 作为主绝缘。

（c）c-C_4F_8 及其混合气体。c-C_4F_8 是一种无色、无味和不可燃的气体；温室效应指数为 8 700，是 SF_6 的 1/3，对环境的影响远远小于 SF_6；而且这种气体完全无毒，无臭氧影响。c-C_4F_8 气体在低能范围内有很高的附着截面积，纯净 c-C_4F_8 气体在均匀电场下的绝缘强度是 SF_6 气体的 1.18 ～ 1.25 倍，对电极表面粗糙度敏感性低。在温度高于 633 K 时，c-C4F_8 气体才会分解，主要通过单分子分解反应。c-C_4F_8 → $2C_2F_4$。纯净 c-C_4F_8 气体用作绝缘介质的一个缺点就是价格比较昂贵，目前它的价格差不多是 SF_6 气体的十倍。另外 c-C_4F_8 气体分子结构中存在碳原子，有可能分解产生导电微粒，降低气体绝缘设备的绝缘性能。最后一个缺点就是液化温度比较高，它的沸点为 -6℃或 -8℃，比较容易液化，不适合在高寒地区使用。然而随着 c-C_4F_8 气体在绝缘设备和半导体刻蚀中的广泛使用，价格的下降是完全有可能的；如果 c-C_4F_8 气体仅用作没有电流中断能力的开关设备中，则不存在或者说很少有机会发生分解放电。并且正如日本东京大学教授指出的那样，这些缺点都可以通过在 c-C_4F_8 气体中添加价格便宜的、液化温度比较低，且不存在碳分解的 N_2、$C0_2$ 等缓冲气体等得到缓解甚至解决。

（d）CF_3I 气体。比较知名的试验是由日本一所高校 —— 东京电机大学的 Satoru yanabu 教授和学生共同研究的，主要是针对 CF_3I（三氟碘甲烷）这个气体的试验。其实 CF_3I 作为制冷剂，已在制冷行业中有所应用。CF_3I 有良好的导热性，且又是卤化物（具有较好的电负性），所以它也就作为 SF_6 的替代气体被列为重要的研究对象，考察其开断能力。

他们的研究方式是分别用纯 SF_6 气体和 CF_3I CO_2（添加 CO_2 之后，液化温度低，以适应电气设备的工作环境温度，混合气体，开断不同大小的电流，计算出其电弧时间常数和电弧能量损失系数。通过比对电弧时间常数和能量损失系数以判断气体的开断能力的好坏。他们得出的结论是：CF_3I 的电弧时间常数接近 SF_6，而电弧能量损失系数为 SF_6 的一半。所以 CF_3I 是 SF_6 的理想替代气体，不过因为它的沸点比较低，所以需要添加其他气体，如 CO_2、N_2 等。添加了混合气体之后，弧开断能力没有明显下降，而沸点提高，不容易液化，有效增大了使用条件范围，使得 CF_3I 的混合气体替代 SF_6 的可行性增大。

（e）CF_4 气体。CF_4 气体也是当前比较热门的一种灭弧气体。CF_4 气体的 GWP 值比 SF_6、c-C_4F_8 都要小，而且沸点远比 SF_6、c-C_4F_8 低，不易液化，可在高寒地区使用。另外，CF_4 气体和 SF_6 气体（50%、50%）、c-C_4F_8 气体混合后，能够成为一种低温室效应的良好绝缘介质。在 c-C_4F_8 与 SF_6 相同百分比含量下，c-C_4F_8 混合气体的耐电强度比 SF_6/CF_4 混合气体高 8.25% ～ 17.72%。c-C_4F_8 混合气体的温室效应指数比 CF_4 气体和 SF_6 混合气体低 18.45% ～ 61.73%。

（f）3M Novec ™ 4710 介质气体。Alstom 公司和 3M 公司合作开发了绿色环保气体 G_3 气体。G_3 气体是一种基于 3M ™的 Novec ™ 4710 介质流体，并专门添加 CO_2 等多种混合气体的一种绿色环保气体，其 GWP 值比 SF_6 要小 98%。G_3 气体有如下特点：高绝缘强度，好灭弧性能，低沸点，高的热扩散性。与开关内材料有良好的融合性，易处理性，设计方便性。它也符合健康和安全条件（低毒性，没有闪点）和特定的环境要求等，没有臭氧损耗潜力。ABB 公司和 3M 公司还合作开发了基于 3M™的 Novec™4710 介质流体，并专门添加 Novec™5110 混合气体的一种绿色环保气体，这一新技术将率先应用于瑞士苏黎世奥尔里克的一个变电站，并应用于瑞士电力公司 EWZ 的试点项目中。除了 170 kV 高压气体绝缘开关设备以外，ABB 还将在中压气体绝缘开关设备中应用这种新气体混合物。

SF_6 混合气体及替代气体是目前前沿的科学问题和研究热点，各大电气公司都在力推自己的替代方案，目前在全世界范围还没有形成统一的替代解决办法。积极研究 SF_6 替代气体对提高我国在该领域的研究水平以及促进环境友好型电力设备的发展具有重要意义。

（g）绝缘优化。采用新型环保气体后，如干燥空气或 N_2，由于绝缘性能低于 SF_6，特别是 N_2，其绝缘性能仅为 SF_6 气体的 1/3，因此需要对开关设备的绝缘进行重新研究。为确保绝缘强度，在检漏补气以及焊接工艺等方面应加强研究，如采用自动检漏及充气设备以及机器人焊接设备等。此外，还应进行电场的优化设计，使场强尽量均匀，并采用降低电场的元器件，如金属屏蔽等。同时要考虑采用环保气体作为开关设备的绝缘介质后，如何使之与 SF_6 气体绝缘产品的外形尺寸和制造成本基本保持不变，以及用户界面和操作方式基本类同等问题。

（h）开断能力的保证。对于环网柜中的负荷开关单元，如果采用环保气体，其开断能力会受到影响。因此，采用真空灭弧室来增强开断能力是一个成熟的替代方案。但是用真空灭弧室作为隔离断口目前还很难被接受，因为真空断口在高电压作用下存在非持续击穿放电（NSDD）的可能，真空触头的冷焊现象也容易导致冲击水平的下降，直接威胁人身安全。所以，现有的真空负荷开关需要与三工位隔离 / 接地开关相匹配，但成本高，产品尺寸大。本项目只针对中压 C-GIS 产品，其他产品暂不考虑。

（i）温升与散热。气体绝缘金属封闭开关设备的特点就是将高压元件密封于不锈钢气箱内，密闭的气箱对于负载电流产生的热量只能通过有限的对流、传导和辐射方式进行散热，因此它的设计电流密度相对于传统式（或敞开式）空气绝缘需要适当降低。

不同气体采用相同的设计，其温升裕度有很大的差别，同样条件下 SF_6 与 N_2 或干燥空气相差 10 K 以上。因此，温升控制在紧凑的环保气体绝缘开关设备设计中是一个挑战。

(j)混合气体的回收。不同比例的混合气体如何回收，漏气发生时如何补气，产品维护维修的措施，产品废弃后的有害物质的处理等都应在理论上加强研究，制度上加以规范。

（k）环保气体的工业化生产。环保气体已有研究单位进行研究，其绝缘性能与 SF_6 基本相当，对环境没有污染，其研究成果需要进入工业化生产的试验。能够工业化提供这种气体后，开关设备制造企业可研制使用环保气体的开关设备。

传统的空气绝缘金属封闭开关设备无温室气体排放，成本低，但体积大、占地面积大，且易受周围环境的影响，为非免维护型产品； SF_6 气体绝缘金属封闭开关设备虽然体积小、节约占地面积，环境适应性强，但是其温室气体的排放对环境有危害，并且在设备的运行中需要对 SF_6 气体进行泄漏检测与防护；无 / 低 SF_6 气体绝缘开关设备与前两者相比较，绿色环保，环境适应性强，体积小、节约占地面积，无需 SF_6 气体检测与防护，安全可靠，免维护，并且规模化生产后成本较低，是现阶段比较理想的中压金属封闭开关设备。

c. 发展动态

国外很多公司很早就开始研究开发环保气体绝缘金属封闭开关设备， 按结构特征主要分为欧洲模式和日本模式。欧洲模式是用真空灭弧室将快速合闸接地集一体，以达到免维护的目的，并取消了空气绝缘开关设备通常的下接地开关快速接地的设计模式，以简化设计，依据简单就是可靠的原理，提高了产品的可靠性和竞争力。日本模式是断路器上下和电缆侧均具有三位置隔离开关，且电缆侧具有快速接地开关，并具有电缆试验套管。断路器上下隔离开关用于检修断路器时起隔离作用，即 LSC-2B 的运行连续性，电缆侧三工位具有电缆试验功能。电缆试验套管为电缆高压试验引入端。日本的设计安全性更高，但整机设计和机械联锁过于复杂，产品经济性差。在箱体设计上，欧洲普遍采用激光焊接 3 mm 不锈钢薄板。日本则普遍采用氩弧焊接经过涂漆防腐处理的 8 mm 及以上厚碳钢板。

国内开关设备制造企业从 2004 年就开始研制环保气体绝缘金属封闭开关设备，到目前为止，完成了产品型式试验以及挂网运行的企业非常有限。国内起步比较早的企业如沈阳华利电器集团、上海天灵开关厂有限公司、江苏朗格电力科技集团苏州朗格电气有限公司、北京思威驰电力技术有限公司等已有产品通过了型式试验和挂网运行。此外，已有十余家企业的产品正在研制中。

环保型气体绝缘金属封闭开关设备从研制到运行只有几年时间。由于人们对 SF_6 气体绝缘的根深蒂固的认识，加之环保气体与 SF_6 气体在绝缘性能上的差距，故而，到目前为止应用较少。

环保型气体绝缘金属封闭开关设备不使用或很少使用 SF_6，不需要气体回收及防护装置，充气简单，不存在有毒电弧分解物，是真正的环保产品。环保型气体绝缘金属封闭开关设备不受大气条件限制，也特别适合于污秽和潮湿环境，是免维护产品。经过近十年的发展，无论产品的设计制造，还是运行经验的积累，都取得了长足的进步，已得到用户和市场的初步认可。

（a）发展趋势。纵观国内外各种环保气体绝缘产品的设计，它的结构特点和发展动向是：

a）采用无 / 低 SF_6 气体绝缘保留了气体绝缘开关设备尺寸上的优势，柜体尺寸小，节约占地面积。

b）高压绝缘不受外界环境的影响，不易老化，用户在现场无需处理气体等，可降低设备的全寿命周期成本。

c）高模块化，灵活组合，拼接方便。

d）所有高压元件密封在充气的金属壳体内，金属壳体可靠接地，保证了运行维护人员的安全。

（b）国内外典型结构

国内外环保气体绝缘开关设备典型结构见表 4-3。

表 4-3　国内外环保气体绝缘开关设备典型结构

国内外生产厂家	典型结构	主要特点及参数
ABB Safe puls air 系列	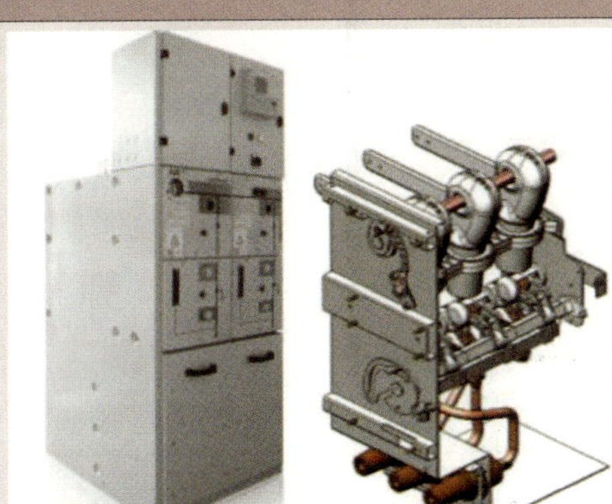	a. 参数：12 kV　630 A　20 kA，干燥空气 0.02 MPa b. 结构特征：经典 Safe plus 产品的优化结构 外形尺寸（宽 × 深 × 高）：325 mm×851 mm×1 336 mm

（续）

国内外生产厂家	典型结构	主要特点及参数
厦门华电	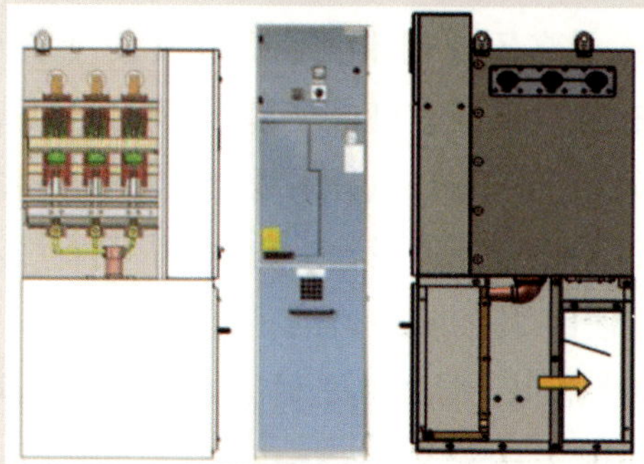	a. 参数：12 kV 630 A 20kA，氮气绝缘 0.01 MPa b. 结构特征：采用真空开关灭弧，氮气作为绝缘介质，三工位隔离开关为旋转刀闸结构 外形尺寸（宽×深×高）：400/450 mm×800 mm×1 800 mm
上海天灵	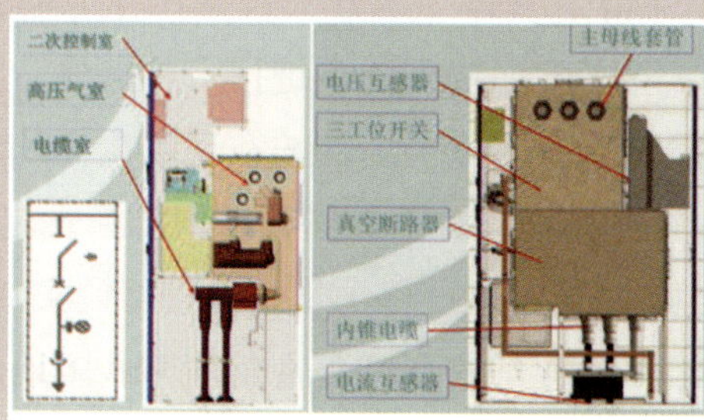 12 kV 40.5 kV 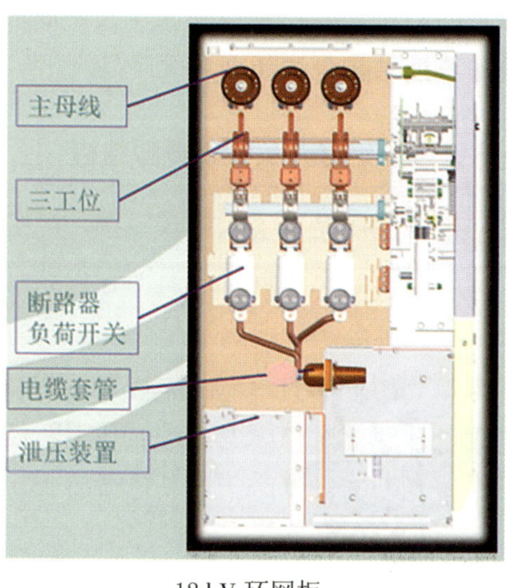 12 kV 环网柜	a. 参数：12 kV，电流至 3 150 A，氮气绝缘 0.02 MPa，零表压耐受额定绝缘水平 b. 结构特征：采用真空开关灭弧，氮气作为绝缘介质，三工位隔离开关为直动式结构，采用双气室，万一情况下，不必移动两侧柜体，中间柜可被移走和更换 外形尺寸（宽×深×高）： 12kV:500/800/900mm×1 150/1 400 mm×2 350 mm 40.5 kV: 800/900 mm×1 700 mm×2 400 mm a. 参数：12 kV 630 A，氮气绝缘 0.02 MPa b. 结构特征：采用真空开关灭弧，氮气作为绝缘介质，三工位隔离开关为刀闸结构 外形尺寸：（宽×深×高）：12 kV:375/440 mm×750/1 450 mm

（3）环保型开关设备技术总结　环保型开关设备主要是针对 SF_6 气体绝缘产品而言，使产品减少使用或不使用 SF_6 气体的环保型开关设备，而且尽

可能具备 SF_6 气体绝缘产品的优势，包括外形尺寸，对环境的强适应性。从技术发展的角度出发，为了达到这一目的，环保型气体绝缘开关设备最为理想的技术研发应该是新型环保气体的开发，新型环保气体的性能应与 SF_6 基本相当，并且在提高传统气体绝缘产品可靠性的基础上直接替换为环保气体即可，虽然这是一种比较理想的状态，但是随着人类科技水平的进步，必将找到合适的替代气体（环保气体）。如 ABB、阿尔斯通等国际大公司已经通过强强联合等，正在开发或者已经开发出并已使用的新型环保气体。就目前而言，国内多数公司，在采取了使电极电场均匀的措施后，采用了 N_2 或者干燥空气或者与 SF_6 的混合气体作为绝缘气体，对于中压 C-GIS，基本可以实现应有功能。对于环网柜而言，采用了相对复杂结构的真空开断和三工位隔离开关相组合的原理。

在开发新型环保开关设备时，除了上面提到的关键技术难点外，应注重考虑以下几点：

在开发新型环保气体开关设备的同时，对于仍然在使用的哪怕是含少量 SF_6 气体的开关设备，减少 SF_6 气体的排放，是对环境保护具有最直接效果的解决路线。主要措施如降低压力；降低泄漏率；优化结构，减少密封环节；采用曲弯钣金，减少焊道长度；提高生产和检修过程中的回收利用效率等。

加强基础研究和环保技术探索的力度，开发其他环保开关设备，注重评价其环保性能，如固体绝缘、真空绝缘等技术融合的新型环保产品。

6. 新能源发电技术与电力设备发展

（1）新能源　按照各种能源在当代人类社会经济生活中的地位，人们把能源分为常规能源和新能源两大类。常规能源是技术上比较成熟，已被人类广泛利用，在生产和生活中起着重要作用的能源。例如煤炭、石油、天然气、水能和核裂变能等。

新能源是目前尚未被人类大规模利用，还有待进一步研究试验与开发利用的能源。例如太阳能、风能、地热能、海洋能及核聚变能等。所谓新能源，是相对而言的。现在的常规能源在过去也曾是新能源，今天的新能源将来也会成为常规能源。

（2）新能源发电技术　发电技术是将自然界蕴藏的各种一次能源转换为电能（二次能源）的技术。19 世纪末，随着电力需求的增长，电机制造技术的发展，电能应用范围的扩大，生产对电的需要的迅速增长，法国人德普勒发现了远距离送电的方法，美国科学家爱迪生建立了美国第一个火力发电站，把输电线联接成网络。电力的广泛应用，推动了电力工业和电器制造业等一系列新兴工业的迅速发展。

电力工业作为国民经济的基础产业和主要能源行业，是资金密集的装置型产业，同时也是资源密集型产业。无论是电源还是电网，在建设和生产运营中都需要占用和消费大量资源，包括土地、水资源、环境容量以及煤炭、石油、燃气等各类能源。电力工业节能在我国资源节约工作中占有很重要的地位。

新能源是相对常规能源而言的，一般具有以下特征：尚未大规模作为能源开发利用，有的甚至还处于初期研发阶段；资源赋存条件和物化特征与常规能源有明显区别；开发利用技术复杂，成本较高；清洁环保，可实现 CO_2 等污染物零排放或低排放；资源量大、分布广泛，但大多具有能量密度低的缺点。根据技术发展水平和开发利用程度，不同历史时期以及不同国家和地区对新能源的界定也会有所区别。发达国家一般把煤、石油、天然气、核能以及大中型水电都作为常规能源，而把小水电归为新能源范围。

（3）新能源发电技术的种类　我国是发展中国家，经济、科技水平跟发达国家相比还有较大差距，能源开发利用水平和消费结构跟发达国家相比明显不同，对新能源的界定跟发达国家也存在着较大差异。小水电在我国的开发利用历史悠久，装机容量占全球小水电装机总容量的一半以上，归为新能源显然是不合适的。核能在我国的发展历史不长，在能源消费结构中所占比重很低，仅相当于全球平均水平的 1/8 ，比发达国家的水平更是低得多，核能在我国应该属于新能源的范围。我国主要包括以下几种新型能源：太阳能、风能、生物质能和核能。

1）太阳能发电技术。太阳能由于具有储量的无限性、存在的普遍性、利用的清洁性和逐渐显现的经济性等优势，使其成为人类最为理想的替代能源。因此，研究和开发太阳能发电，已成为世界各国实现可持续发展的能源战略。太阳能发电分热发电和光伏发电两种基本形式，近年来又形成若干个分支，以异乎寻常的速度得到快速发展。

太阳能槽式热发电。太阳能槽式热发电系统采用多个抛物线槽型镜面集热器，将太阳光聚集到位于焦线的中心管上，使管内的导热介质加热至 350 ～ 390℃，然后循环的被加热介质经过热交换产生过热蒸汽，过热蒸汽推动常规的汽轮发电机组发电。槽式太阳能热发电系统包括 5 个子系统：聚光集热子系统、换热子系统、发电子系统、蓄热子系统和辅助能源子系统。

太阳能光伏发电是将太阳光辐射能通过光伏效应直接转换为电能，称为太阳能光伏发电技术。太阳能光伏发电系统主要由太阳电池组件（阵列）、控制器、蓄电池、逆变器和用户负载等组成。其中，太阳电池组件和蓄电池为电源系统，控制器和逆变器为控制保护系统，用户负载为系统终端。

2)风能发电技术。风力发电的基本原理是风的动能通过风轮机转换成机械能，再带动发电机发电转换成电能。目前主导的风力发电机组一般为水平轴式风力发电机，它由风轮、增速齿轮箱、发电机、偏航装置、控制系统和塔架等部件所组成。风轮的作用是将风能转换为机械能，它由气动性能优异的叶片装在轮毂上所组成，低速转动的风轮由增速齿轮箱增速后，将动力传递给发电机。上述这些部件都布置在机舱里，整个机舱由塔架支起。为了有效地利用风能，偏航装置根据风向传感器测得的风向信号，由控制器控制偏航电动机，驱动与塔架上大齿轮咬合的小齿轮转动，使机舱始终对向风。

3）生物质能发电技术。生物质能源有着较为广阔的发展前景。

首先，我国林业生物质能源原料丰富。在已查明的油料植物中，种子含油率在40%以上的植物有150多种，能够规模化培育利用的乔灌木树种有10多种。

其次，可以利用边际性土地种植非粮能源作物。据专家介绍，我国存在约1亿公顷的山地、滩涂和盐碱地等边际性土地，不宜种植粮食作物，但可以作为能源等专业植物种植的土地。按这些土地的20%利用计算，每年约生产10亿吨生物质，每年至少可产酒精和生物柴油约1亿吨。

第三，我国农林业的废弃物都可作为生物能源原料。我国每年生产粮食5亿吨，产生秸秆近7亿吨，这些都可以成为生物能源的主要原料。此外，农业生产中的畜禽粪便，森林中的枯枝腐叶，城市中的工业有机废弃物，城市生活中废弃的厨余垃圾、泔水等，所有的有机物质都可以转化为生物能源。

目前，可以采用如下方法利用生物质能：一是利用热化学转换技术，获得木炭焦油和可燃气体等品位高的能源产品，该技术的实现方法分为高温干馏、热解、生物质液化等；二是生物化学转换法，主要指生物质在微生物的发酵作用下，生成沼气、酒精等能源产品；三是利用油料植物所产生的生物油；四是直接燃烧技术，包括炉灶燃烧技术、锅炉燃烧技术、致密成型技术和垃圾焚烧技术等。从技术成熟性上看，目前我国生物质气化发电技术处于国际先进水平，而生物燃油特别是生物乙醇的研发、示范也取得了相当的经验。

4）核能发电技术。核能的发电原理是利用核反应堆中核裂变所释放出的热能进行发电的方式。它与火力发电极其相似，只是以核反应堆及蒸汽发生器来代替火力发电的锅炉，以核裂变能代替矿物燃料的化学能。除沸水堆外其他类型的动力堆都是一回路的冷却剂通过堆心加热，在蒸汽发生器中将热量传给二回路或三回路的水，然后形成蒸汽推动汽轮发电机发电。沸水堆则是一回路的冷却剂通过堆心加热变成 70 个大气压左右的饱和蒸汽，经汽水分离并干燥后直接推动汽轮发电机发电。

核能发电的优点：

a. 核能发电不像化石燃料发电那样向空气中排放巨量的污染物质，因此核能发电不会造成空气污染。

b. 核能发电不会产生加重地球温室效应的 CO_2。

c. 核能发电所使用的铀燃料，除了发电外，没有其他的用途。

d. 核燃料能量密度比化石燃料高上几百万倍，故核能电厂所使用的燃料体积小，运输与储存都很方便，一座 100 万 kW 的核能电厂一年只需 30 吨的铀燃料，一航次的飞机就可以完成运送。

e. 核能发电的成本中，燃料费用所占的比例较低，核能发电的成本不易受到国际经济情势的影响，故发电成本与其他发电方法相比较为稳定。

5）潮汐发电。潮汐能发电的工作原理与一般的水力发电原理差不多。它是建筑一条大坝把靠海的河口或者海湾与大海隔开，形成一个大水库，发电机组安装在拦海大坝里面，大部分机器在地面下，利用潮汐涨落的位能差来推动水力涡轮发电机组发电。

潮汐发电与水力发电的原理相似，它是利用潮水涨、落产生的水位差所具有的势能来发电的，也就是把海水涨、落潮的能量变为机械能，再把机械能转变为电能（发电）的过程。具体地说，由于潮水的流动与河水的流动不同，它是不断变换方向的，因此就使得潮汐发电出现了不同的型式，例如：单库单向型，只能在落潮时发电；单库双向型：在涨、落潮时都能发电；双库双向型：可以连续发电，但经济上不合算，未见实际应用。

世界上第一座潮汐电站是法国的朗斯河口电站，其装机容量为 240 MW，年均发电量为 544 GW · h。中国沿海已建成 9 座小型潮汐电站，1980 年建成的江厦潮汐电站是我国第一座双向潮汐电站，也是世界上较大的一座，其总装机容量为 3 200 kW，年发电量为 10.70 GW · h。

世界较大的潮汐电站至今运行正常，证明潮汐发电在技术上是可行的，可是从 20 世纪 80 年代至今，近 20 年来几乎没有建新的潮汐电站，100 MW 级的潮汐电站没有一个建设投产。没建新潮汐电站的原因主要是考虑电站的经济性和潮汐大坝对环境的影响。

6）地热发电。地球是一个巨大的热仓库。其内部的热能根据科学家的推算，全球潜在地热能源的资源量约为 4×1 013 MW，相当于现在全球能耗的 45×10^4 倍。地热是一种洁净的可再生能源。地热发电是利用超过沸点的中、高温地热（蒸汽）直接进入并推动汽轮机，带动发电机发电，或者通过热交换利用地热来加热某种低沸点的工作流体，使之变成蒸气，然后进入并推动汽轮机，带动发电机发电。最近发展起来的“热干研过程法”地热发电法不受地理限制，可以在任何地方进行地热开采。原理是首先将水通过压力泵压入地下 4 ～ 6 km 深处，在此处岩石层的温度大约在 200 ℃左右。水在高温岩石层被加热后通过管道加压被提取到地面并输入一个热交换器中。热交换器推动汽轮发电机将地热转化成电能。而推动汽轮机工作的热水冷冻后再重新输入到地下供循环使用。

世界上第一座地热发电站是 1904 年在意大利的拉德雷诺建成的小型地热电站，它是用地热蒸汽推动涡轮机发电的，但功率很小，只点亮了 5 盏电灯。后来经过充实发展，目前该电站的装机容量已达 548 MW。当初这座电站虽然只能点亮 5 盏电灯，却开创了地热发电的历史。目前世界上最大的地热发电站装机容量已经达到了 1 000 MW，位于美国加利福尼亚盖瑟尔斯。

我国地热发电在中华人民共和国成立后才开始进行研究，1970 年，中国科学院在广东省丰顺县汤坑镇邓屋村建起了发电量 60 kW 的地热发电站。这是我国第一座地热试验发电站。1976 年，全世界海拔最高的地热发电站在我国羊八井盆地建成发电，现已兴起了一座崭新的地热城，地热开发利用正向综合性方向发展。目前，该电厂已有 8 台 300 kW 机组，总装机容量为 25 MW，年发电量在拉萨电网中占到 45%。羊八井地热发电站是目前我国最大的地热发电站。

7）燃料电池。燃料电池是一种将储存在燃料和氧化剂中的化学能，直接转化为电能的装置。当源源不断地从外部向燃料电池供给燃料和氧化剂时，它可以连续发电。依据电解质的不同，燃料电池分为碱性燃料电池（AFC）、磷酸型燃料电池（PAFC）、熔融碳酸盐燃料电池（MCFC）、固体氧化物燃料电池（SOFC）及质子交换膜燃料电池（PEMFC）等。按燃料电池所用原始燃料的类型，大致分为氢燃料电池、甲烷燃料电池、甲醇燃料电池和汽油燃料电池。燃料电池不受卡诺循环限制，能量转换效率高、洁净和无污染；噪声低、模块结构、积木性强和比功率高；既可以集中供电，也适合分散供电。

使用燃料电池发电，是将燃料的化学能直接转换为电能，不需要进行燃烧，没有转动部件，理论上能量转换率为100%，装置无论大小实际发电效率可达40%～60%，可以实现热电联产联用，没有输电输热损失，综合能源效率可达80%，装置为集木式结构，容量可小到只为手机供电，大到和目前的火力发电厂相当，非常灵活。

燃料电池其原理与一般电池相同。其单体电池是由正负两个电极（负极即燃料电极和正极即氧化剂电极）以及电解质组成。不同的是一般电池的活性物质储存在电池内部，因此，限制了电池容量。而燃料电池的正、负极本身不包含活性物质，只是个催化转换元件。因此燃料电池是名副其实的把化学能转化为电能的能量转换机器。电池工作时，燃料和氧化剂由外部供给，进行反应。原则上只要反应物不断输入，反应产物不断排除，燃料电池就能连续发电。

燃料电池具有高效率、无污染、建设周期短、易维护以及成本低的特点，它不仅是汽车最有前途的替代清洁能源，还能广泛用于航天飞机、潜艇、水下机器人、通信系统、中小规模电站、家用电源，又非常适合提供移动、分散电源和接近终端用户的电力供给，还能解决电网调峰问题。随着燃料电池的商业化推广，市场前景十分广阔。人们预测，燃料电池将成为继火电、水电、核电后的第四代发电方式，它将引发21世纪新能源与环保的绿色革命。

目前，燃料电池产业在持续成长，虽然其供应链并不稳健，但已开始稳固。很多政策环境是正面的，但是燃料电池行业依然非常年轻，目前主要由政府支持。日本保持了他们的决心，去吸引更多的大公司。韩国保持与日本类似的态度。在欧洲和北美继续以他们典型的速度，提供足够的支持，以保持大多数公司，但不足以驱动真正的商业增长。只有我国似乎希望加强力度，对燃料电池部署以及对科技的支持会持续增加。2016年全球燃料电池出货量兆瓦数达到了史无前例的程度，比2015年增加了2/3。PEM燃料电池系统年出货量翻了一番，超过300 MW，其中交通运输方面的交付量也翻了一番，达到近280 MW。交通运输方面的燃料电池首次出货量超过固定类型。

（4）新能源发电技术未来发展趋势　数据显示，2016年全球可再生能源新增装机总容量首次超过煤炭和天然气新增容量的总和，占全球电力新增装机容量近六成。同时，中国在可再生能源方面新增和累计装机容量以及可再生能源发电总容量均领先全球，其中可再生能源累计装机总量高达 433 GW，远高于排名第二的美国（183 GW），中国在全球的占比高达 1/4。

截至 2016 年末，全国发电装机容量为 16.5 亿 kW，同比增长 8.2%；其中核电 0.34 亿 kW，同比增长 23.8%；并网风电为 1.47 亿 kW，同比增长 12.8%；并网太阳能发电为 0.76 亿 kW，同比增长 80.9%。新能源和可再生能源发电装机容量所占比重持续增长。

目前中国已进入推进能源革命的战略机遇期，优化能源布局、控制煤炭消费、提高能源利用率是主要的政策方向，到 2020 年可再生能源装机容量有望占全国能源结构的 35%。中国在调整能源结构的大方针背景下，以及“十三五”规划等重要政策的支持下，清洁能源行业发展前景明朗，投资和新增装机容量总体呈增长趋势。数据显示，2015 年我国可再生能源领域投资额为 1 110 亿美元，2016 年回落至 878 亿美元，同比降低了 21%。其中，在光伏发电和风力发电领域，中国已成为全球最大投资者。新能源及技术行业分类见表 4-4。

表 4-4　新能源及技术行业分类

二级行业	描述	备注
环保	环保行业包括节能和环保两个方向：节能方向主要指各种节能或提高能效的产品、设备、技术以及服务，如智能电网、LED、新能源汽车、节能服务及其他节能节电产品、技术等；环保方向主要指水 / 污水处理、空气 / 环保、固废处理、噪声治理、土壤保护和在线环境监测系统等	
新能源	主要指非化石能源，包括分布式能源和可再生能源（不包括大水电）的发电和转换，包括太阳能、风能、生物质能和核能等	
新材料	包括新型功能材料、高性能结构材料、超细粉体和纳米材料等	
其他	未披露企业所属行业	

未来十年，中国能源将实现两个目标：一是到 2020 年非化石能源占一次能源消费总量的比重将达到 15% 左右；二是到 2020 年单位 GDP CO_2 排放比 2005 年下降 40% ～ 45%。如今，中国已经成为全球清洁能源投资第一大国。数据显示，2016 年全球投资总额为 2 416 亿美元（不包括大型水电），较 2015 年下降了 23%，为 2013 年以来最低水平。我国在清洁能源方面的投资连续五年保持全球第一，成为全球清洁能源领头羊。

在能源短缺和全球变暖、酸雨压力下，我国正坚持能源可持续发展战略目标，优先发展水电，积极发展核电，优化发展火电。重点发展资源潜力大、技术基本成熟的风力、太阳能等可再生能源发电。清洁能源发电对人类和自然的和谐发展具有重大意义。

（5）新能源发展对输、配电开关设备需求 面对未来清洁能源发电的需求日益增加，对应用于清洁能源发电技术系统中的开关设备的技术要求更高。开关设备是指高性能、高可靠性，具有一定自诊断和自动控制性能，并具有网络通信能力的设备。开关设备从形式上可分为配电型、电动机控制型及其他控制功能型。配电型以智能断路器为核心器件，由上位计算机实现对配电回路的遥控、遥测、遥信及遥调，而电动机控制型是以变频器、智能电动机控制器为核心器件，实现电动机起动、运行及停止的优化控制。其他控制型的智能开关设备是以 PLC（可编程序控制器）为核心的控制型开关设备，完成生产过程中的各类控制功能，也是应用于工业生产过程的自动控制中最有发展潜力的产品，将 PLC 技术与传统的开关设备有机结合，是实现对普通型开关设备智能化改造的一种投入少、见效快的有效措施。

传统的配电控制方式，主要是通过断路器、接触器、热继电器、熔断器、控制继电器、各种主令电器、互感器及各种电工仪表（电流表、电压表、功率表和电能表等）组合成的开关控制设备来实现配电、控制、保护和监视等功能。这种传统的开关设备需要配有多种模拟指针仪表及继电器；给生产、储存和维修带来极大不便，并且以人工直接操作为主，无法实现计算机智能管理，对于较为复杂的控制逻辑，实现起来比较困难。

应用清洁能源配电系统开关设备是在现有的以模拟仪表、继电器为监测、控制设备的普通开关设备的基础上，与新型的智能仪表（网络电力仪、智能配电监控 / 保护模块及网络 I/O 等）进行配合，通过其网络通信接口与中央控制室的计算机系统联网，从而可以实现对各供配电回路的电压、电流、有功功率、无功功率、功率因数、频率和电度量等电参数进行监测，以及对断路器的分合状态、故障信息进行监视，对断路器的分合状态进行控制，配合各种完善的远程监控软件，从而实现“四遥”。

1）遥测。通过计算机实时对系统的电压、电流、有功功率、无功功率、功率因数和频率等进行采集、分析、处理和记录，显示曲线、棒图，自动生成报表。

2）遥信。可以实时对开关的运行状态、保护动作等开关量进行监视，计算机实时显示和自动报警，并对各开关设备内的开关状态、事故跳闸、过电流、速断和温度等动作进行实时记录、打印。

3）遥控。通过计算机屏幕选择相应的站号、开关号及合 / 分闸等信息，并在屏幕上将要选择的开关的状态反馈回来，确认后执行，实时记录操作的时间、类型和开关号等。

4）遥调。用于设定各种智能模块的运行参数，即计算机根据屏幕操作指令或计算机根据对系统的分析判断结果，对智能模块的设定值和故障保护值进行远程整定。

应用于清洁能源的发输配电技术中的开关设备，革命性地改变了传统开关设备的概念；具有多功能、数字化、网络化、智能化、结构紧凑及易于维护等特点，可以满足清洁能源发电系统未来的需求，具有预防 / 避免事故发生，强化企业内部能源考核，减少设备维护和检修时间，实现数据资源共享等诸多优点，为企事业单位的现代化管理提供了坚实、可靠的基础。“一次投资，终身受益”，真正保证用户的投资利益不受损害。

（6）用于新能源发展的输、配电开关设备的前景及带来的技术变革　新能源配电系统就是各种智能型开关设备与计算机监控系统的组合应用，是对配电网上的设备进行远方实时监控、协调及控制的集成系统。是现代计算机技术和通信技术在传统配电电网监视与控制中的应用。其内容包括配电网数据的采集和监控（SCADA）、配电地理信息系统（GIS）和需方管理（DSM）几部分。实践表明，采用清洁能源配电系统可以大大提高配电网运行的可靠性和效率，提高电能的供应质量，降低劳动强度和充分利用现有设备的能力，从而对用户和电力公司均带来可观的收益。具体特点可归纳为以下几个方面：

1）不断促进变配电系统更安全、更可靠、更经济和更直观的运行，满足未来电力工业发展的需要，一次投资，终身收益。

2）实现配电系统的“四遥”及无人值守（或少人值班），节约人力资源，并可实现中、低压供配电系统一体化综合监控，统一管理。

3）强化企业的内部能量考核，采用现代化科技手段，完成电能管理、配电能耗及用电成本统计功能，减少“跑、冒、滴、漏”，真正体现“管理出效益”的意义。

4）对潜在的事故进行预报警，同时实现各种电量的越限报警，便于及时处理以避免事故或隐患的出现（如火灾等），减少损失。

5）电力系统出现异常时；可以及时了解到有关故障信息（故障原因、性质、地点及发生时间），来指导维修，减少故障的处理时间及停电时间。

6）配电系统管理。通过历史记录的电力参数，能够及时掌握每天或季节负载特性；在供配电系统内优化能耗的分配，均衡负载；减少潜在的停电事件。

7）根据系统设备运行的记录数据和运行情况，制定临时或定期的设备维修计划；按计划维修、减少运营和维修成本。

8）快速、准确地掌握供、配电设备的运行情况（含历史数据），并可以用报表方式或以图形的方式进行显示、记录或打印出来，实行日报和月报制度，提高工作效率。

9）供电质量（谐波失真度 THD/ 最大、最小和平均值 / 电压合格率）实时分析功能，便于分清供电单位和用电单位的责任。

10）实现系统数据资源共享，供配电设备档案综合管理等诸多优点，为现代化管理提供了坚实、可靠的基础。

综上所述，新能源配电系统的确比传统配电系统更先进可靠，因此应用非常广泛。尽管我国的新能源配电系统建设目前才进入试点实施阶段，但是可以预见市场前景是非常广阔的。

参考文献

[1] 钱家骊，等. 高压开关柜结构、计算、运行、发展 [M]. 北京：中国电力出版社，2007.

[2] 环保气体绝缘金属封闭开关设备制造与运行技术调研报告.

[3] 艾华强. 电气绝缘开关设备中 SF_6 替代环保气体研究 [J]. 电力设备，2015(8).

第 5 章　国外中压开关设备发展情况

5.1　国外中压开关行业发展历程和特点

中压开关设备发展至今已有 100 多年的历史，在此期间，为了满足用户需求，开关设备外形和结构向着小型化、提高环境适应性以及少维修等方面发展。开关设备最初配 OCB，随着 VCB、GCB 的成功开发及其可靠性的不断提高，OCB 很快被淘汰，开发出了免维护型开关设备产品。

国外技术实力较强的公司，不断开发出技术性能优良的产品参与市场竞争，尤其是针对不同区域的市场，开发出特殊产品。西门子公司继 20 世纪 80 年代推出的 8BK20、8BK40 中置式开关设备后，又推出了 NXAIR 系列性能更为先进的开关设备；为满足大电流开关设备市场需要，21 世纪新推出了 HB1、HB1 Outdoor、HB3 和 HIGS 等大电流开关设备，额定电流最高达到 10 000 A，能满足各种发电机保护及大电流系统要求。ABB 公司推出了 ZS1、ZX2 型中置式开关设备以及 AX1 型箱式开关设备，根据中国市场需求开发了 ZX3.2 型 40.5 kV 开关设备；近年来根据小型化要求开发了额定电压为 12 ～ 17.5 kV，额定电流为 1 250 A，且柜宽度仅为 550 mm 的 UniGear 550。日本三菱公司开发了 HS-A 中置式开关设备和 MA-EC 型中置式与下置式手车开关设备；法国施耐德公司开发了 Mcset、MVnex 铠装式开关设备；法国阿海珐集团收购了阿尔斯通输配电（ALSTOM T&D）业务后，在集团旗下创建了阿海珐输配电（AREVA T&D）公司，并推出了 PIX 和 VISAX 型开关设备，该开关设备设计独特，结构简单，是一种性能优良、可靠性高的智能型高压开关设备；美国伊顿公司推出了 VacClad-W 38 kV 开关设备，对我国 40.5 kV 开关设备的开发产生了积极的推动作用，该公司还推出了 MVS 等开关设备。日本日立制作所、富士电机和明电舍于 2001 年 7 月重组资产成立了日本 AE 帕瓦株式会社，生产的 VC 型和 LMVP、VHIH 型开关设备结构紧凑，性能可靠，寿命长，操作安全。

20 世纪 90 年代初，随着我国电力事业的迅猛发展，国外大公司陆续在中国建立合资工厂，带入其先进技术和理念。

西门子公司 1993 年在上海成立了上海西门子中压开关有限公司（SSLS），

主要生产 7.2 ～ 24 kV 中压真空断路器和中压开关成套设备。1997 年又在无锡成立了西门子中压开关技术（无锡）有限公司（SMVS），主要生产真空灭弧室，后来又生产固封极柱、固封极柱真空断路器。

ABB 公司 1992 年在厦门成立了厦门 ABB 开关有限公司，主要生产 3.6 ～ 40.5 kV 中压开关设备和断路器。

阿海珐公司收购苏州阿尔斯通开关有限公司成立了苏州阿海珐开关有限公司，该公司主要生产 SF_6 断路器。阿海珐公司于 2006 年在厦门成立了两家公司：阿海珐输配电（厦门）真空器件有限公司，主要生产 12 ～ 40.5 kV 真空灭弧室；阿海珐输配电（厦门）开关有限公司，主要生产 12 ～ 40.5 kV 真空断路器及中压成套开关设备。

施耐德公司 1999 年在北京成立了施耐德（北京）中压电器开关有限公司，主要生产 SM6、RM6 系列 SF_6 环网柜和 EVS12 真空断路器。2006 年成立了施耐德（陕西）宝光电器有限公司（SSBEA），专业生产真空断路器，于 2010 年收购了阿海珐的配电业务，包括阿海珐在中国的合资公司。

伊顿公司收购西屋电气的输配电业务，成立了苏州伊顿电气公司，后来又成立了镇江伊顿电气集团有限公司，伊顿公司于 2004 年 6 月在全球并购了 Powerware（UPS），接管了其在中国的所有业务，于 2004 年 9 月在中山成立了伊顿电气（中山）有限公司。伊顿公司于 2006 年 8 月成功并购了森源国际控股有限公司及其下属全资子公司常州森源开关有限公司，成立了常州伊顿森源有限公司。2012 年伊顿电气收购库柏工业集团，包括在宁波的库柏耐吉（宁波）电器有限公司。

GE 公司 1999 年与上海广电电气集团合资，成立了上海通用电气广电有限公司（SJV），主要生产销售最新一代 0.4 ～ 40.5 kV 金属封闭式开关设备、交 / 直流低压开关设备、干式变压器、风能变流装置以及其他电力成套设备。

总而言之，国外中压开关技术以 ABB、西门子等一流品牌为主要代表，技术水平相对较高，通用型开关设备无论从结构、参数、性能、可靠性还是智能化方面都具有较大优势。也有些国际知名品牌收购国内厂家，或者通过互相收购实现产品技术的融合、互补和升级。其总体发展特点有以下几点：

1）中压开关设备的绝缘形式由空气绝缘向复合绝缘、固体绝缘发展。

2）具有环境适应范围广的气体绝缘产品，可适用于高海拔、凝露及污秽等严酷的环境和地区。

3）柜体向小型化方向发展。

4）断路器经历了油断路器向真空断路器发展，断路器手车由落地式向中置式发展。

5）断路器的操作机构集成化、模块化，真空灭弧室小型化，研发大容量真空断路器。

6）开关设备的监测、控制与保护逐步向数字化、智能化方向发展，在线监测、智能故障诊断及全寿命周期的可靠性跟踪等技术研究。

7）由早期的提供单一产品向提供系统解决方案的方向发展。

5.2 国外主要公司技术发展及对我国中压开关行业的影响

1. ABB 公司产品技术水平

ABB 公司 ZS1 系列中压开关设备，采用敷铝锌板材料，柜体结构为双折弯组装结构，绝缘形式以复合绝缘为主，柜体尺寸小。VD4 断路器为中置式手车结构，主回路采用固封极柱，具有体积小、环境适应范围广的特点。近年来 ABB 公司根据小型化要求开发了额定电压为 12 ～ 17.5 kV、额定电流为 1 250 A，柜宽度仅为 550 mm 的 UniGear 550。

ABB 公司的 VD4 系列真空断路器（如图 5-1 所示），额定电压为 12 kV，额定电流为 630 ～ 4 000 A，额定短路开断电流达 50 kA，在中国市场占有率在合资品牌断路器中排第一位。ABB 公司一直不断致力于技术创新，1997 年推出了 VM1 永磁机构断路器，机构零部件极少，大幅提高了断路器的机械寿命，由于其售价较高，在国内没有推广开来；1998 年左右用固封极柱代替传统的绝缘筒结构的主回路，提高了主回路的可靠性和环境适应能力；2009 年左右用 EL 型模块化低压断路器机构代替盘簧机构，该机构具有操作功小、可靠性较高的特点；近几年推出热塑性环保材料（PT）制作的固封极柱，该材料可以进行回收二次利用。

在中压环网柜产品上，ABB 公司的 SafeRing 气体绝缘环网柜，额定电压为 12 ～ 24 kV，额定电流为 630 A，额定短路关合电流为 25 kA。

在智能断路器的研究上，ABB 公司在 VD4 的基础上进行研究，将电子式电流互感器与断路器一体化，并增加了弹簧操作机构的故障诊断、温升在线监测等功能。

ABB 公司研发了基于永磁操作机构的选相操作断路器，能够进行选相操作，减小了断路器合闸时的涌流和分闸时的过电压，大幅提升了断路器的开断能力。

图 5-1 VD4 断路器

2. 西门子公司产品技术水平

西门子公司是世界上生产中压开关设备的主导企业之一。开发的通用型开关设备主要有 8BK20、8BK40 以及 NXAIR 系列产品，近年来还开发了适用于发电机保护的 HB1、HB1 Outdoor、HB3 和 HIGS 等大电流开关设备。

西门子公司在 20 世纪 80 年代推出了 8BK20 开关设备，其结构形式为组装式结构，配装 3AF 系列真空断路器，断路器安装在中置落地式手车上，断路器的主绝缘以空气绝缘为主。结构电压等级覆盖 12 ～ 40.5 kV，额定电流覆盖 630 ～ 3 150 A，额定短路开断电流达 40 kA。到 20 世纪 90 年代又推出了替代 3AF 系列的 3AH 系列真空断路器，其结构更为简单，额定短路开断电流达 63 kA，后来，又推出了额定电流 6 300 A，额定短路开断电流达 72 kA 的发电机断路器。

配 3AH 系列断路器的 8BK20 开关设备具有柜体结构简单、进出车方便等特点。3AH 系列断路器具有可靠性高、机械操作功小和系列范围广等优点，由于其绝缘以空气绝缘为主，柜体深度较大。

NXAIR 系列开关设备包括 NXAIR、NXAIR M 和 NXAIR P 三个规格，NXAIR、NXAIR M 的额定电压为 15 kV/24 kV，额定电流为 2 500 A，短路开断电流为 25 kA/31.5kA；NXAIR P 的额定电压为 15 kV，额定电流为 4 000 A，短路开

断电流为50 kA。该系列产品为组装落地式铠装结构，它的最大特点是模块化结构。外壳采用镀锌钢板，所有隔室都采用实芯壁板制成，并通过自支承设计形成独立的箱体结构。配用的NXACT真空断路手车组件包括断路器、移动极柱、操作机构和联锁机构。只需移动三个灭弧室即可实现工作/隔离位置的切换，操作机构无需移动。操作机构之间的整体式机械联锁，具有断路器、移动极柱和接地开关功能的整体式机械开关位置指示，在断路手车插入柜内时，二次连接头与开关设备强制连接。开关设备配有智能人机接口，控制与保护设备选用SIPROTEC4综合测控保护单元（7SJ62）。

近年来，西门子公司开发了几种适用于发电机保护的新型大电流开关设备，其中HIGS型开关设备额定电压为13.8 kV，额定电流为2 000 ～ 3 150 A，短路开断电流为31.5 ～ 63 kA；HB1型额定电压为17.5 kV，额定电流最大值为6 300 A，开断电流最大为72 kA；HB3型额定电压为17.5 kV，额定电流最大值为10 000 A，开断电流最大为72 kA。

在中压环网柜产品上，西门子公司的8DH10、8DJ20气体绝缘环网柜（如图5-2所示），额定电压为12 ～ 24 kV，额定电流为630 A，额定短路关合电流为25 kA。

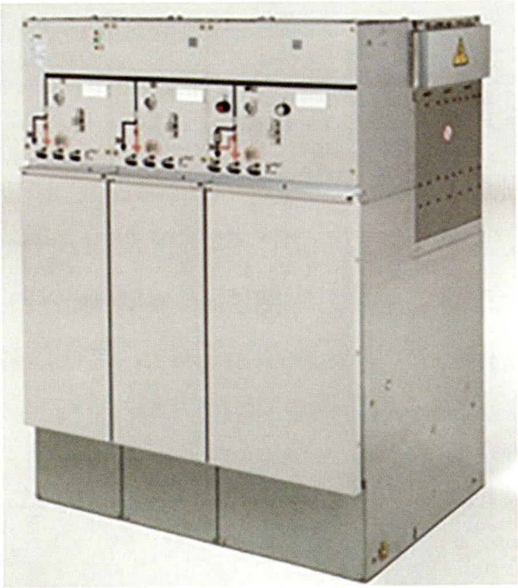

图5-2　西门子公司气体绝缘环网柜

3. 施耐德产品技术水平

施耐德公司MVnex中压开关设备（如图5-3所示）主要使用于配电站，采用敷铝锌板材料，柜体结构为铆钉与螺栓联接相结合的组装结构。配装EVS12

真空断路器，断路器为中置式手车结构，主回路采用固封极柱，额定电压为 12 kV，额定电流 630 ～ 3 150 A，额定短路开断电流 25 ～ 40 kA。

施耐德公司 MCset 开关设备是一种“全部 SF_6 化”的开关设备，具有组合功能和小型化的特点。最大额定电压为 17.5 kV，额定电流为 630 ～ 4 000 A，额定短路开断电流为 25 ～ 31.5 kA。

施耐德公司在 2008 年推出了 EV12S 系列真空断路器，由施耐德（北京）中压电器开关有限公司组装生产，在市场上推广效果不明显，收购阿海珐输配电（厦门）开关有限公司后，其主导断路器为原阿海珐公司生产的 HVX 系列断路器。

施耐德的 RM6 中压气体绝缘环网柜（如图 5-4 所示），可以按需求进行模块化组合，额定电压为 12 ～ 24 kV，额定电流为 630 A，额定短路关合电流为 25 kA。

图 5-3　施耐德公司 MVnex 中压开关柜

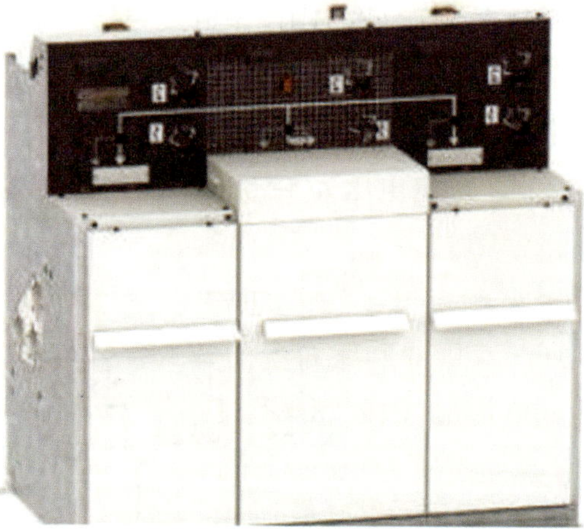

图 5-4　施耐德公司 RM6 中压开关柜气体绝缘环网柜

4. 美国伊顿公司

伊顿公司生产金属铠装开关设备已有 50 多年的历史。近几年来 12 kV 特别是 40.5 kV 开关设备越来越被中国市场接受，国内不少厂家购买该公司的 40.5 kV 手车配自行开发的柜体。该公司的 40.5 kV 型开关设备与国内目前开发生产的开关设备相比，柜宽仅为 1 200 mm。

5. 德国特瑞德电气股份有限公司

德国特瑞德电气股份有限公司的主要产品有 LISA 和 ETALON 型开关设备。

LISA 开关设备额定电压为 12 kV，额定电流最大为 2 500 A，4 s 短时耐受电流为 31.5 kA。产品配用特瑞德公司的 ISM 真空断路器，产品可开断额定电流为 150 000 次，短路电流为 100 次。

ETALON 型开关设备的突出特点是其尺寸远小于同类空气绝缘开关设备。12 kV/630 A/20 kA 产品的柜宽为 330 mm，深 762 mm，高 1 812 mm；12 kV/1 600 A/31.5 kA 产品的外形尺寸为 450 mm×762 mm×1 812 mm。这种开关设备功能高度集成，易于安装。这种开关设备选用配永磁机构的小型真空断路器模块和三工位隔离开关。真空断路器在柜内可水平安装、垂直安装和倒立安装。三工位隔离开关和真空断路器模块、机械联锁采用一体化设计，体积小。开关模块更换容易。柜体紧凑可扩充，并采用高精度的电流电压传感器。

6. 日本东芝公司

东芝公司通用型金属封闭开关设备中小容量产品有 VMH 型和 VUH 型，大中容量产品有 VU2 型、VEZ/VDZ 型、VTF 型以及 VTZ 型。

VMH 型和 VUH 型的额定电压至 7.2 kV，额定电流至 1 250 A，额定开断电流至 25 kA，柜内可分双层、三层设置双回路或三回路。VUH 型双层、三层柜尺寸（宽 × 高 × 深）为 700 mm ×2 300 mm ×1 400 mm，母线布置于柜体的上部和下部。VMH 型双层柜高度可缩小到 1 700 mm。

VU2 型额定电压为 7.2 kV，额定电流最大为 3 150 A，额定短路开断电流至 40 kA，双层双回路布置的开关柜尺寸（宽 × 高 × 深）为 700 mm×2 300 mm×2 000 mm。VTZ 型开关设备额定电压为 7.2 kV，额定电流最大为 3 000 A，2 s 短时耐受电流为 40 kA，开关柜配 VZ 型真空断路器，采用双层布置。VTF 型开关设备额定电压为 7.2 kV，额定电流最大为 3 000 A，2 s 短时耐受电流为 63 kA，开关设备配 VZ 型真空断路器，采用双层布置。

7. 国外技术发展对我国中压开关行业的影响

（1）玻璃外壳向陶瓷外壳发展　在 20 世纪 80 年代，国内真空灭弧室以玻璃外壳为主，后来随着西门子 3AF 的引进，真空灭弧室逐步采用陶瓷外壳。陶瓷外壳具有制作简单，不易损坏等优点，其中的金属陶瓷封接技术是关键。

（2）真空断路器的整体性能大幅提高　20 世纪 90 年代初我国的真空断路器大多是落地式手车结构，断路器框架与手车为一体焊接式结构，断路器的操作机构与主回路之间的定位不准，断路器的机械特性一致性较差；手车与开关柜体配合精度不高，影响了手车的互换性。

随着国外断路器如 VD4、3AH 等真空断路器的进入，国内通过消化吸收再创新，开发了整体式框架、模块化操作机构。这些断路器的特点是操作机构与传动系统有较为精确的定位，断路器机械特性一致性好；手车与柜体的配合都采用了中置定位，具有定位精度高的特点。

（3）主回路逐步由空气绝缘向复合绝缘，再向固体绝缘发展　ABB公司早期的VD4主回路是绝缘筒结构，使得断路器体积小、绝缘性能好，开关设备的体积也得到减小。借鉴ABB的设计理念，国内研发了KYN28开关设备与ZN63真空断路器。后来ABB公司又推出了基于固体绝缘技术的固封极柱主回路，西门子公司也推出了采用灌封工艺的真空断路器，国内同行业积极创新，将固体绝缘技术用于固体绝缘环网柜。

（4）数字化生产和流水线装配化　受ABB、西门子公司的影响，国内开关行业一些知名厂家如天水长城开关厂有限公司、河南森源电气有限公司和宝鸡电气有限公司等企业投资建立装配流水线，同时应用ERP系统、MES系统，实现数字化生产。

5.3　国外中压开关技术发展水平

1. 国外中压开关设备的技术发展水平

国外开关设备技术水平相对较高，通用型开关设备无论从结构、参数、性能、可靠性还是智能化等方面都具有较大优势，具体如下：

1）产品技术参数高，系列性强。国外通用型开关设备覆盖3.6～40.5 kV的各个电压等级，12 kV产品额定电流最大至6 300 A，额定短路电流最大至63 kA。17.5 kV产品（如西门子公司的HB3）额定电流最大至10 000 A，额定短路电流最大至72 kA，40.5 kV产品（如ABB公司的ZS3.2）额定电流为3 150 A，额定短路电流为31.5 kA。

2）体积小。国外各公司在复合绝缘、柜内电场分布和结构设计等方面都进行了广泛深入的研究，采用了硅橡胶、环氧树脂和阻燃弹性绝缘粉末对柜体和母线进行处理，利用复合绝缘技术，使柜体体积大幅减小。ABB、伊顿、Schneider、西屋、三菱和明电舍等公司在12～40.5 kV电压等级都推出了独具特色的小型化开关设备。ABB公司开发的UniGear 550，额定电压为12～17.5 kV，额定电流为1 250 A，柜宽仅为550 mm；伊顿公司开发的24 kV/2 000 A产品，柜宽仅为500 mm；日立公司研制的24 kV复合型开关设备外形尺寸与现行6 kV产品相当，宽度仅为450 mm；西屋公司的VacCLad—W型38 kV复合绝缘型开关设备宽度不足 1 100 mm。

2. 国内中压开关设备与国外技术的差距

1）断路器可靠性。据行业统计，中压开关设备约 70% ～ 90% 的故障为操动机构的机械故障，因此，提高真空断路器可靠性的主要途径就是优化操动机构。目前，国产真空断路器在可靠性方面仍与国外产品存在较大差距。国外已建立了一些基于运行故障历史数据及专门进行的可靠性试验数据或者两者结合的可靠性模型，西门子等公司已开发了基于可靠性模型分析基础上的全寿命周期内免维护的真空断路器产品。

2）产品品质。国内虽有少数企业的产品品质与国外一流产品相当，但行业内大部分企业存在产品技术不高、质量不稳定的问题。

3）工艺水平。国内企业在新材料的研究和应用、先进生产制造工艺方面与国外企业存在差距。

4）环保。东芝公司已研发了 84 kV 固体绝缘开关设备。而国内产品仍在 12 kV 等级，差距较大。国内在环保相关技术领域的基础研究工作与国外有较大差距。

第 3 篇

中压开关的智能制造、应用、产业发展及供给侧改革

第 6 章　智能制造

6.1　我国中压开关制造技术的发展历程

1. 发展概述

改革开放以来，我国中压开关设备制造业通过技术引进，合作生产以及持续的技术改造，制造技术水平和工艺装备水平快速提升。

“九五”以来，我国经济高速发展，促使能源建设高速增长，给中压开关行业带来了前所未有的发展机遇，从而取得了较大的发展。“九五”计划的实施，不少有条件的中压开关制造企业分别引进了国际大公司的国际先进水平产品和制造技术，同时引进了同等水平的工艺装备，从而使我国中压开关制造企业实现了从产品到制造装备的跨越。

“十二五”末，工业和信息化部发布了《中国制造 2025》，有实力的中压开关企业开始用智能制造技术改造传统产业。天水长城开关厂有限公司、特变电工股份有限公司和西电宝鸡电气有限公司率先建成了中压开关设备智能制造数字化车间。

本节以中压开关设备主要制造工序为例，说明我国中压开关设备制造的技术水平。

2. 中压开关设备的装配

中压开关设备主要产品有中压成套开关设备和中压断路器。目前国内中压断路器装配大多采用小车式、滚筒式流水线；开关设备大多采用固定式装配，只有实力较强的企业建成了柔性智能化生产线。

（1） 开关设备装配生产线

1）天水长城开关厂有限公司中压空气绝缘开关设备智能化装配检测制造分系统。天水长城开关厂有限公司建成了两条 12 ～ 24 kV 及一条 40.5 kV 空气绝缘开关设备自动化生产线（如图 6-1 所示），生产线能够完成开关设备（铠装式）的拼柜、机构装配、一次元件安装、二次元件安装、仪表箱安装、耐压试验和终检测试等工序，完全实现了开关设备由零部件到成品的全程流水线方式批量生产。

图 6-1　中压空气绝缘开关设备装配检测分系统现场图

该项目的检测从模式和方法上完全颠覆了行业沿用多年的检验方法，实现了从成品检验到过程检验的转变，将成品最终检验改为按照关键工序的过程检验，实现了成品质量的过程控制。同时，通过 ERP、MES 系统及之间的集成，以及产品模型、管理模型、制造模型和质量模型的建立并关联，实现了按制造模型和管理模型驱动、按质量模型管控、按关键工序一物一数据地检验，做到了检验过程的工序化、检验数据的一一对应化和实物质量数据的档案化，解决了传统制造方式下最终检验为唯一检验方式的落后状况，取代了传统制造方式下一套检验数据对应所有相似规格实物产品的广谱性粗犷检验方式，使产品质量稳定性、一致性得到了保证。该生产线的设计能力是年产中压开关设备 15 000 面。

2）特变电工股份有限公司开关设备柔性智能装配生产线。特变电工股份有限公司开关设备柔性智能生产线由柜体框架组装靠模装置、装配动力滚筒线、伺服穿梭车、转运车、工位控制及动力岛、耐压隔离系统和机械手、平衡吊及电葫芦系统等设备装置和系统组成。采用了先进的 PLC 自动化控制技术、射频数据通信技术、传感技术、扫描技术和信号传输技术等，形成了具有信息处理、系统控制、系统监视、系统管理和自我诊断等多种功能，集信息流和物流为一体的柔性智能生产线。

该生产线包括 12～24 kV 开关设备生产线和 40.5 kV 开关设备生产线各 1 条，能够实现柜体拼装、柜体上下位的输送、各种元器件的分装和耐压检测等生产过程控制系统的协调，以及自动装配、机械手操作、精确定位和分拣、自动化运输、错误自诊断和报警等功能的集成。该柔性智能化生产线三维设计图如图 6-2 所示。

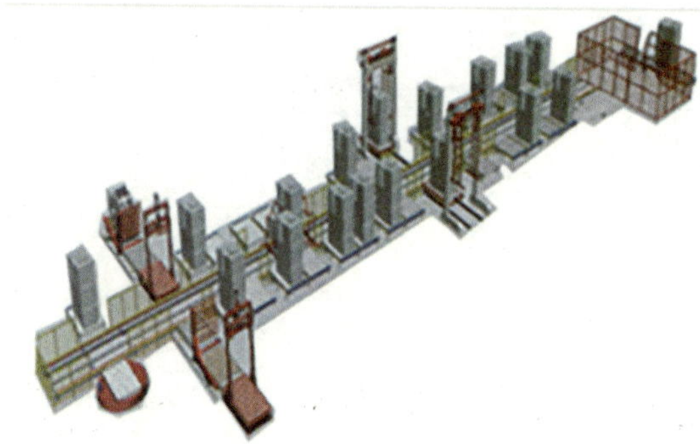

图 6-2 特变电工开关设备装配生产线三维设计图

3）厦门 ABB 开关有限公司 ZS1 开关设备装配生产线。该装配生产线设有箱体装配、闭锁机构装配、互感器装配、母线装配、后门板装配、仪表室吊装、高压二次接线、电缆侧板 / 门板装配、端板 / 断路器装配和耐压试验等十道工序。围绕装配还设有一些预装工位，以保证有关装配工作正常进行。为提高装配效率，装配工位配有各种工位器具、起重设备、工作台和夹具等，某些工位还可以升降、旋转等。产品经过耐压试验区后，送到终检区进行功能检测和调整，最后包装出厂。

整个装配生产线包括 25 个装配工位和 13 个缓冲备用工位，一个旋转工位。拟装配的物料置于各个工位附近。装配工位完成本道工序后，按下送出指令，自动控制的无人搬运车会将完成了本道工序的开关设备送到下道工序的相应工位。装配工再按下送入指令，已完成上道工序的开关设备由自控无人搬运车送入本工位进行本工序工作。一台开关设备就这样往复循环，各工序间环环相扣地完成自动化装配。整条装配线采用计算机系统进行控制，系统软件不仅控制生产过程，还记录产品的生产数据。该开关设备自动装配生产线长 77 m，宽 18 m，设计年装配 ZS1 开关设备 15 000 台，单台开关设备的装配时间在 8 h 以内。

（2）断路器装配生产线

1）天水长城开关厂有限公司中压开关元件装配检测分系统。天水长城开关厂有限公司空气绝缘开关元件装配检测分系统用于中压开关元件（主要是真空断路器）的组装生产与检测（如图 6-3 所示），该项目根据产品的电压等级与结构特点，建设了一条 12 ～ 24 kV 及一条 40.5 kV 空气绝缘开关元件（真空断路器）自动化生产线，生产线可完成断路器的操作机构装配、一次主回路装配、机械磨合、机械特性测试、耐压测试、开关元件尺寸检测和终检测试等工序。实现了开关元件由基础零件到完整成品的自动化生产。

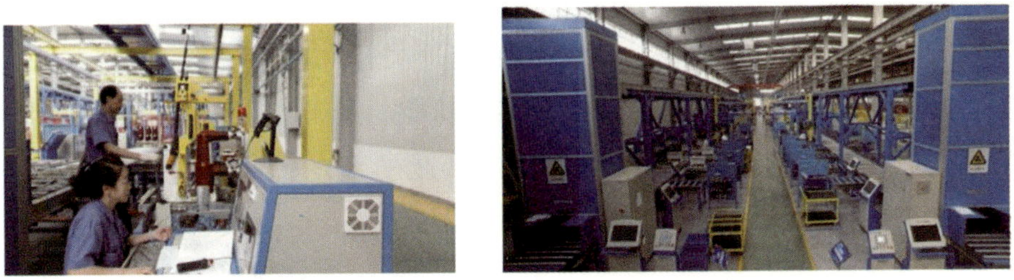

图 6-3　天水长城开关厂有限公司开关元件装配检测分系统

该系统应用的机械磨合单元（如图 6-4 和图 6-5 所示）利用一辆自动运行的轨道式输送车完成开关元件的进出料工作。在磨合过程中可进行二次控制回路的自动连接与拆除。控制系统按照预设的工作顺序与时间间隔，操作开关产品的各步骤动作，并监控二次控制回路各信号接点的工作状态。磨合控制系统以全自动工作方式运行。该系统能够自动记录磨合过程的实时状态信息及磨合数据，并利用通信网络上传至生产线管理系统，便于监控与追溯查询。

图 6-4　自动磨合系统

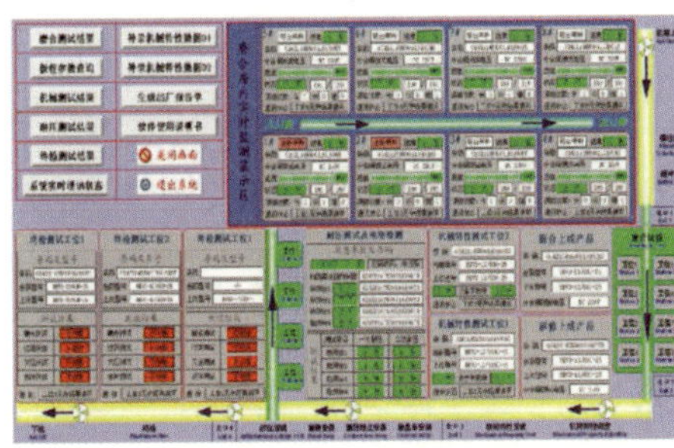

图 6-5　自动磨合系统状态显示图

开关元件的外形尺寸检测，是开关制造过程的关键技术环节，有利于保证产品品质。以往国内外生产企业普遍使用的是模拟配柜检测方式，该方式只能进行定性测试，无法得到定量的测试数据，不利于产品的品质管理。该系统中开关元件尺寸检测单元采用综合三坐标测量技术、机器视觉技术和图像处理技术。设备由一台 200 万像素工业相机、一套由伺服电动机驱动的半闭环三坐标运动平台、一套精密旋转台，以及使用工业 PC 的视觉图像处理系统和 PLC 控制系统组成。

2）特变电工断路器柔性智能装配生产线。特变电工断路器柔性智能装配生产线，包括 12 ～ 24 kV 生产线和 40.5 kV 生产线各一条，主要有框架组装装置、装配动力滚筒线、移动小车、转运车、工位控制及动力岛、机械手、平衡吊及电葫芦系统、极柱装配专机、机械特性测试专机、机械磨合室、高压测试区和终检测试系统等构成。该生产线采用先进的HMI+PLC自动化控制技术、射频数据通信技术、传感技术、信号传输技术和动力变频控制等技术，形成了具有系统信息处理、控制、监视、管理和自我诊断等多种功能，形成了集信息流和物流于一体的柔性智能生产线。该生产线设计图如图6-6所示。

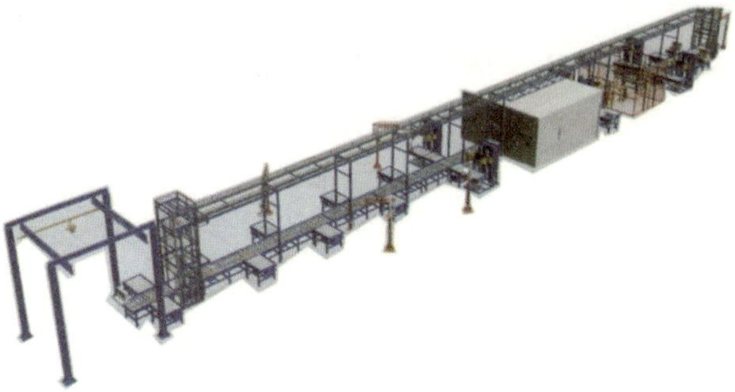

图6-6 特变电工断路器装配生产线设计图

3. 钣金加工

中压开关设备制造中的钣金加工，主要用于开关设备的柜体加工，根据2015年年底我国开关设备的产量计算，中压开关行业钣金加工量在20万t以上。

钣金加工设备在我国开关行业应用较早，也很普遍，凡是生产开关设备的企业，基本上都有所谓的钣金“三大件”（剪板机、冲孔机和折弯机），1990年以后，钣金柔性加工生产线（FMS）开始使用，2013年以来，板材加工智能制造系统开始建设。

天水长城开关厂有限公司在1990年和2003年分别建成了2条板材FMS生产线，实现了开关设备板材加工的柔性化。2016年的“中压空气绝缘开关设备制造数字化车间”的箱壳制造分系统中，建成了钣金加工智能化生产线，实现了开关设备钣金的智能制造。

另外，大全集团、华仪集团、北开电气、正泰电器、山东泰开和上海天灵等公司也建成了开关设备钣金加工柔性生产线。

1）天水长城开关厂有限公司箱壳制造分系统。天水长城开关厂有限公司的开关设备箱壳制造分系统包括全自动钣金立体仓库、数控转塔冲剪复合单元、数控转塔冲床、数控折弯机、液压摆式剪板机和基于机器人的全自动折弯工作站，其布局如图6-7所示，现场如图6-8所示。该系统可实现钣金材料集中化管理和钣金零部件自动化加工，具备每年为20 000面开关设备提供配套钣金件的生产能力。

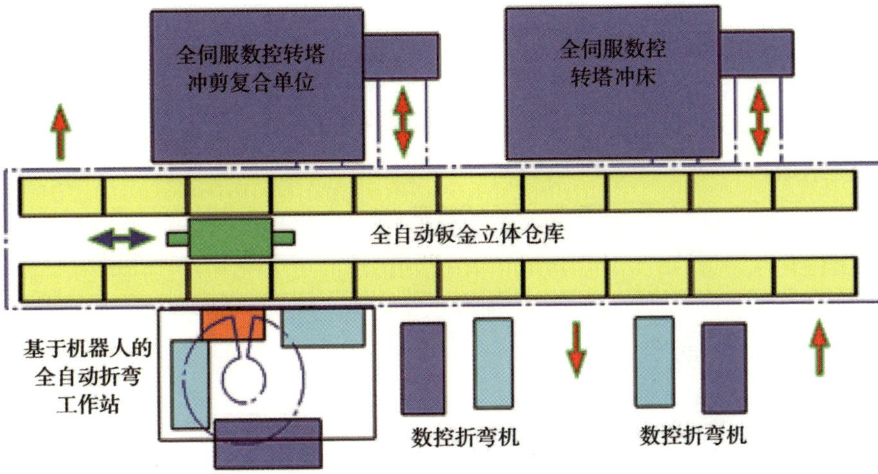

图 6-7　天水长城开关厂有限公司开关设备箱壳制造分系统布局

图 6-8　天水长城开关厂有限公司开关设备箱壳制造分系统现场

2）特变电工钣金加工钣金柔性智能加工生产线。特变电工钣金加工钣金柔性智能加工生产线主要由剪冲复合中心、多边折弯中心和机器人自动堆垛系统组成（如图 6-9 所示）。该生产线利用先进的计算机控制系统、机械加工工具精确操作、新型传感器技术、智能元器件集成、自动传动输送和数学模型集成管理等技术，将机械、电器、电子和软件工程等结合在一起，实现物流系统和信息集成的管理和控制，以此形成原材料的自动上料、加工、成形、成品卸料和仓储等程序。

冲剪复合中心由自动上料装置、柔性冲剪复合系统和自动卸料堆垛装置组成，形成了一条自动进料、剪切加工和自动卸料堆垛或仓储的加工生产线，可以单独使用来加工半成品和成品，也可与多边折弯中心联合使用，形成柔性加工生产线。

其核心在于柔性冲剪复合系统的运用，通过复合冲头库、一体化的直角剪、精确的机械手和板料旋转器，进行板料的冲剪，实现了高精度、低耗能、无废料及高效率生产。

多边折弯中心由自动上料装置、多边折弯单元、自动卸料装置和机器人自动堆垛系统组成，形成了一条自动进料、折弯加工、自动卸料堆垛或仓储的加工生产线，实现了板料输送、折弯加工、编程操作、诊断和控制等过程的精益化、自动化及柔性化生产。

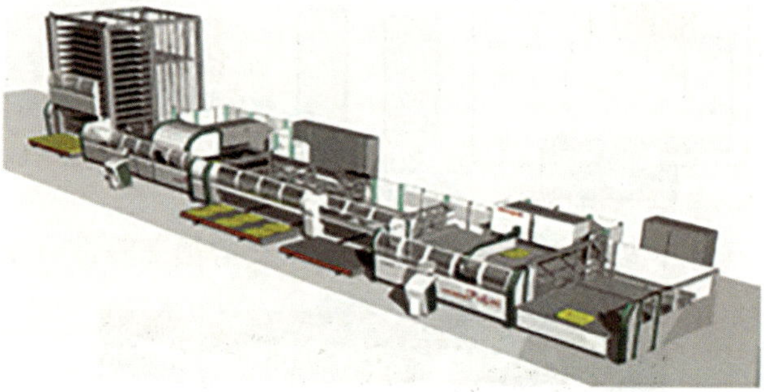

图 6-9　特变电工钣金柔性智能化生产线三维图

4. 立体仓库系统

这里简单介绍国内典型的中压开关设备制造企业的自动化立体仓库。

1）天水长城开关厂有限公司仓储及物流系统。天水长城开关厂有限公司仓储及物流系统包括一座 4 巷道 3 876 个货位的自动化立体仓库、4 台巷道堆垛机、配套托盘、库端自动输送设备、电器控制单元以及仓储管理系统（WMS），其平面布置图及现场图如图 6-10 和图 6-11 所示。

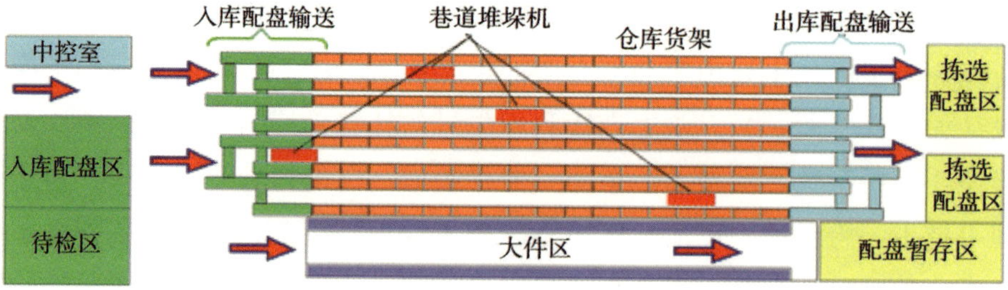

图 6-10　天水长城开关厂有限公司仓储及物流系统平面布置图

图 6-11 天水长城开关厂有限公司仓储及物流分系统现场图

天水长城开关厂有限公司仓储管理系统（WMS），如图 6-12 所示，采用了智能控制技术，实现了立体仓库的日常出库、入库和盘点等操作的自动化和管理的智能化，并实现了与 ERP 系统的无缝对接，减少了仓库管理员的重复操作，避免了人为录入的错误，从而提高了仓库管理员的工作效率，同时为科学管理、分析提供更加准确的库存数据。

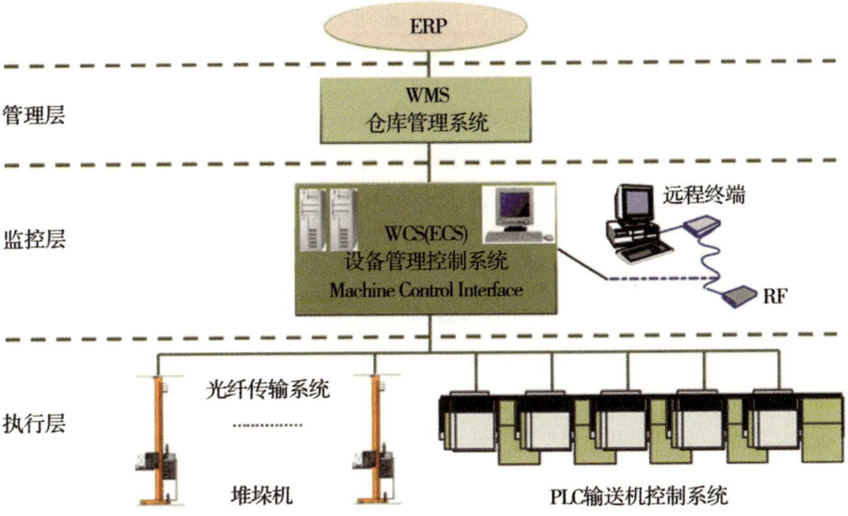

图 6-12 天水长城开关厂有限公司仓储管理系统（WMS）

天水长城开关厂有限公司仓储物流管理系统主要由仓库管理系统（WMS）、手持无线终端管理系统（RF）和上位机监控系统（ECS）三大系统来实现用户的需求。

仓库管理系统采用 C/S（客户端 / 服务端）结构，以提高系统的稳定性和高效性。仓库管理系统可实现的主要功能包括基础管理、入库管理、出库管理、库存管理、统计查询报表和系统维护等。

该系统通过与制造执行系统（MES）集成，建立了基于制造模型、管理模型、产品模型的 WMS 系统盘与垛的组合规则，建立了生产线工序、生产节拍要求下的均衡生产，提升了配送效率，建立了基于制造模型、管理模型、产品模型修正后 WMS 系统盘与垛组合关系的修正方法，实现了产品模型、制造模型、管理模型和质量模型间的关联。

2）特变电工中压开关立体仓库

特变电工立体仓库（如图 6-13 所示）主要由立体货价、轨道堆垛机、传输机、机械手、行驶轨道和移动机器人等设备组成，采用了先进的 PLC 集成模块化自动控制技术、射频数据通信、条形码技术、扫描技术和新兴传感器等技术，形成了货物存储系统、货物存取和传送系统、控制和管理三大系统，实现了各个系统的集成化、智能化和信息化。从而使原材料的储存、输送和取出过程能够在无人处理的情况下完成，具有基本控制功能、步进控制功能、模拟控制功能、定位控制功能、网络通信功能、自诊断功能和显示监控功能，大幅提高了立体仓库的先进性、可靠性、稳定性和实用性。

特变电工立体仓库是集自动控制技术、通信技术和机电技术于一体的高效、大容量存储机构。PLC 作为一种工业控制计算机，具有结构模块化、配置灵活、处理速度高、数据处理精确、多功能控制和性价比高等特点。立体仓库是现代物流与仓储系统的重要组成部分，具有货物存取效率高、出入库能力强等优点。PLC 能够完全满足立体仓库工作环境和控制系统的要求。

特变电工中压开关设备制造系统，通过立体仓库与柔性加工生产线、柔性装配生产线的互联，实现了加工、储存和生产的自动化，提高了生产效率，降低了生产成本，实现了节能和绿色制造，提高了企业的经济效益。

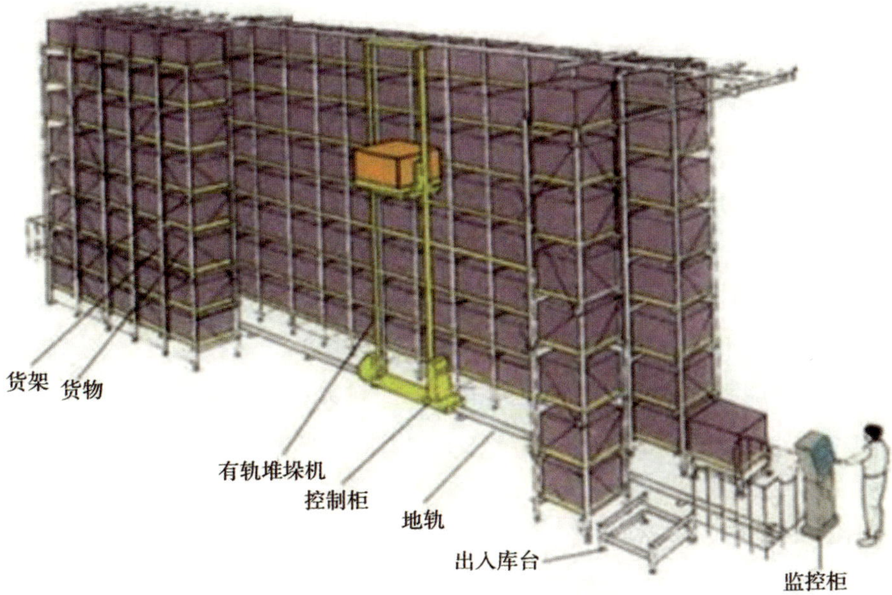

图 6-13　特变电工立体仓库设计图

6.2　《中国制造 2025》与中压开关

1. 概述

《中国制造 2025》明确提出：加快机械、航空、船舶、汽车、轻工、纺织、食品和电子等行业生产设备的智能化改造，提高精准制造、敏捷制造能力；统筹布局和推动智能交通工具、智能工程机械、服务机器人、智能家电、智能照明电器和可穿戴设备等产品的研发和产业化；发展基于互联网的个性化定制、众包设计和云制造等新型制造模式，推动形成基于消费需求动态感知的研发、制造和产业组织方式等。

智能制造是《中国制造 2025》的主攻方向之一，也是我国制造业下一步的主攻和主抓内容。《中国制造 2025》立足智能制造包含两层含义：

一是培育智能装备的产业，二是通过智能化的改造推动我国产业转型升级。转型升级要靠智能制造来提升传统产业，因此我国要发展智能装备，包括机器人、无人系统和高端的数控机床等，同时还要在土地、人才和规划方面支持智能装备的发展。

《中国制造 2025》指出，引导企业制定品牌管理体系，围绕研发创新、生产制造、质量管理和营销服务全过程，提升内在素质，夯实品牌发展基础。扶持一批品牌，培育和运营专业服务机构，开展品牌管理咨询、市场推广等服务。健全集体商标、证明商标注册管理制度。打造一批特色鲜明、竞争力强、市场信誉好的产业集群区域品牌。建设品牌文化，引导企业增强以质量和信誉为核心的品牌意识，树立品牌消费理念，提升品牌附加值和软实力。加速我国品牌价值评价国际化进程，充分发挥各类媒体作用，加大中国品牌宣传推广力度，树立中国制造品牌良好形象。

由于系统条件、运行环境和安装方式影响，用户对中压开关设备提出了各种各样的要求。给中压开关设备的智能制造提出了挑战。

2. 我国智能制造方面有关中压开关行业的政策

2015 年 5 月 18 日，工业和信息化部和财政部联合发布了《工业和信息化部办公厅 财政部办公厅关于组织实施 2015 年智能制造专项的通知》（工信厅联装函〔2015〕354 号）（简称《通知》），《通知》明确提出："智能制造是基于新一代信息通信技术的新型制造模式，是新一代产业变革的核心动力，是《中国制造 2025》确定的抢占未来产业竞争制高点的主攻方向。大力发展智能制造，不仅是加快制造业转型升级的有效途径，也是打造信息化背景下新优势的重要着力点。为加快推动智能制造发展，工业和信息化部办公厅、财政部决定于 2015 年起联合组织实施智能制造专项。"该《通知》还明确规定了实施智能专项的指导思想、激励约束机制、专项支持的主要内容、申报条件及申报程序要求等。

该《通知》的附件 1《指南》明确规定了 2015 年国家智能制造专项的重点扶持方向，包括"智能制造综合标准化试验验证"和"重点领域智能制造新模式应用"领域，"重点领域智能制造新模式应用"分为九个方向，其中的"（七）电力装备智能制造新模式"规定，"支持建设发电设备核心零部件及智能电网中低压配电设备和用户端设备智能制造新模式"，中压开关设备列入了支持方向。

该《指南》同时规定了定量考核指标和安全可控的智能制造手段。

2016 年的国家智能专项，继续对中压开关设备制造业进行了扶持。

天水长城开关厂有限公司的"中压空气绝缘开关设备制造数字化车间"、特变电工股份有限公司的"智能电网中低压成套设备智能制造新模式"和西电宝鸡电气有限公司的"中低压输配电装备智能制造新模式"等项目均列入了 2015 年度国家智能制造专项智能制造新模式应用计划。

3. 我国中压开关行业的智能化改造试点示范项目

随着《中国制造 2025》的发布实施，中压开关行业积极实施智能化改造，借此实现企业的转型升级。

（1）天水长城开关厂有限公司中压开关设备制造的智能化升级改造　天水长城开关厂有限公司以《中国制造 2025》为指导，以“产品升级、装备升级、产能升级、管理升级”为目标，建成了中压空气绝缘开关设备制造数字化车间项目。

该项目利用 CAD、PLM 等系统，使产品信息贯穿于设计、制造、质量和物流等环节，实现了产品的全生命周期管理；ERP II 系统的应用，实现了企业管理信息化；MES 系统的投运，实现了车间管理信息化，以及与 ERP 和车间底层生产与物流自动化系统的纵向集成。底层生产与物流自动化智能化装备和系统包括中压空气绝缘开关元件装配检测系统，中压空气绝缘开关设备装配检测系统，开关设备箱壳制造系统、开关设备母线制造系统、开关设备二次线束制造系统、开关元件主回路制造系统、自动化立体仓库与物流系统七个分系统，覆盖了设计、加工（处理）、装配检测、质量控制、物流和服务等环节，实现了检测工序化、加工数控化、关键设备智能化和仓储物流自动化。

通过该项目的实施，该公司运营成本降低了 21.17%，全新产品研发周期缩短了 25%，生产效率（全员劳动生产率）提高了 89.59%，产品不良品率（开关设备主件主项一次交检不合格率）降低了 77.41%，能源利用率（万元产值综合能耗）降低了 46.21%，产能提高了 87.5%。

2016 年 11 月 20 日，该项目顺利通过了由甘肃省工业和信息化委员会主持，中国工程院制造业研究室、西电电气研究院、长城电工研究院、兰州交通大学、北京文思海辉软件技术有限公司、西安启源软件技术有限责任公司和甘肃机电职业技术学院等单位专家参与的验收。

（2）特变电工股份有限公司中压开关设备制造的智能化升级改造　为推进智能制造和绿色制造在“一带一路”宏伟构想中发挥积极作用，特变电工股份有限公司建设了以“柔性智能化生产线”为主的智能电网中低压成套设备智能制造新模式项目。

该项目建立了内嵌全生命周期管理信息和生产制造管理信息的模块化单元库，完善了与之相适应的 PLM、MES 和 ERP 平台，实现了结合互联网手段的用户协同设计，产品模型指导全生命周期和端到端的云知识管理，从而提升了生产效率和产品质量。

6.3 “互联网 + 制造”与中压开关

“互联网 +”这一新兴和先进的产业模式的诞生与发展，将极大地提高社会生产力和社会劳动效能，并以前所未有的广度和深度迅速地冲击人类的时空观念和交往思维方式，改变经济社会运行模式和政府治理方式等。以数据海量采集、存储及其分析应用为基础的“大数据”理念和技术，也是继云计算、物联网之后全球信息产业的又一次颠覆性的技术革命，大数据、云计算和物联网技术都属于“大互联网”的范畴之中。可以说，以互联网技术领衔的信息革命与先进制造业技术相结合带来的生产力巨大提升的第三次工业革命和第四次科技革命，正在全球范围内兴起和迅猛发展，充分彰显着科学技术第一生产力的威力。

“互联网 +”简单说就是需要将互联网与传统行业相结合，促进各行各业产业发展。它代表了一种新的经济形态，即充分发挥互联网在生产要素配置中的优化和集成作用，将互联网的创新成果深度融合于经济社会各领域之中，提升实体经济的创新力和生产力，形成更广泛的以互联网为基础设施和实现工具的经济发展新形态。

互联网 + 协同制造是充分利用以互联网技术为特征的网络技术、信息技术，协同制造技术将串行工作变为并行工程，实现供应链内及跨供应链间的企业产品在设计、制造、管理和商务等方面合作，最终通过改变业务经营模式与方式达到资源最充分利用的目的。

协同制造是基于敏捷制造、虚拟制造、网络制造和全球制造的生产模式，它打破时间、空间的约束，通过互联网络，使整个供应链上的企业和合作伙伴共享客户、设计和生产经营信息。从传统的串行工作方式，转变成并行工作方式，从而最大限度地缩短新品上市的时间，缩短生产周期，快速响应客户需求，提高设计、生产的柔性。通过面向工艺的设计、面向生产的设计、面向成本的设计及供应商参与设计，大大提高产品设计水平和可制造性以及成本的可控性。有利于降低生产经营成本，提高质量，提高客户满意度。

工业结构优化升级是资源在不同工业行业和企业配置的比例关系不断优化，以及产业素质及生产供应结构不断提高的过程，主要包括工业结构的合理化和工业结构高级化两方面的内容。当前，信息技术已成为促进传统工业改造升级，提高工业生产率，推进现代工业化的必不可少的重要手段。推进信息化与工业化融合更是促进我国工业结构优化升级的重要动力。

全球经济一体化进程的加快，资本市场竞争的加剧以及互联网的冲击，使得中国企业的业务模式、市场拓展能力、管理营运能力、技术创新能力和人力资源开发能力等，都在期待着突破，通过创新和变革带来了新的竞争优势。

面对挑战，我们都期望信息技术能成为企业的重要竞争力之一。期待着能显著提高工作效率和质量，继而利用信息技术创新业务模式，增强企业的核心竞争力。

管理信息化是指企业广泛利用现代信息技术，开发信息资源，把先进技术、管理理念引入到管理流程中，实现管理自动化，提高企业管理效率和水平，从而促进管理现代化，转换经营机制，建立现代化企业制度，实现有效降低成本，加快技术进步，增强核心竞争力。

信息化的实现将使企业的生产经营模式发生深刻的变化。对信息的快速反应能力是检验工作效率和竞争力的重要标志，建立企业和部门间的信息网络，实现信息化既是社会需求，也是企业适应市场，促进自身发展的需要。随着信息化技术的发展和企业改革的不断深入，企业管理方式正在向创新管理转变。为适应企业管理方式的变革，就必须加强管理信息化创新方面的建设。

完整意义上说，企业管理就是适应外部环境和内部条件的变化，有效整合、配置和利用有限的资源，以实现企业既定目标的动态、创造性的活动。在传统企业管理中，一直把管理理解为通过计划、组织、人事、指挥和控制等各种职能的发挥，保障企业按预定方向、预定规则运行，忽视了创新在管理中的重要地位。这会导致企业管理长期以来半死不活，效率低下。如今，激烈的竞争使企业必须摒弃以前滞后的管理模式，大胆探索，进行有效的管理创新，以赢得竞争优势。而信息化建设，将对企业管理创新起到不可忽视和不可替代的作用。

管理创新要求企业创新贯穿于整个管理过程中，使管理随着技术、市场以及知识等环境而变化。而且，它还要求整个组织及其成员能够不断学习知识、分享知识和利用知识，把创新作为企业中的主要活动。在知识经济社会中，创新是赢得竞争的根本保证，创新管理是企业未来生产和发展的基础，它能够帮助企业由单项创新向综合创新发展，由个人创新向群体创新发展，从而推动全面创新。

信息化管理可以使企业的经营运作透明化，解决生产经营活动不透明，难以监控等问题，从而避免出现资产流失、生产能力低下和组织机构冗余等问题。同时，它还可以指导、促进企业内各部门、各环节的沟通和协调，帮助企业收集外部、内部信息，经过研究和分析，做出正确决策，从而使得企业得到全面发展。

在市场经济不断深化的今天，传统的管理理念与模式已不适应当前的信息社会，企业的取胜必须依靠信息与创新。信息与创新已经成为一种战略资源。企业的管理创新与信息化是市场经济发展的需要，信息化管理的创新工程不仅是企业的效益工程，更是企业的生存工程，如果企业在信息化建设中失去了有利地位，势必会被市场淘汰。

在知识经济时代，企业必须充分利用信息技术进行管理创新，才能在竞争对手如林的市场中占有一席之地。国内很多企业在信息系统建设上虽然投资很大，但是并没有取得预期的效果，其中的一个重要原因就在于这些企业在应用信息技术时，直接将手工业务处理方式计算机化，并没有对许多在新技术条件下不符合或无效的工作和流程进行改革。大量事实证明，企业管理信息化的建设要求企业对业务流程进行优化创新，只有这样，才能使企业在信息化建设上的巨大投资获得真正的回报。

天水长城开关厂有限公司积极推进制造业与互联网的深度融合，利用 CAD、PLM 等系统，使产品信息贯穿于设计、制造、质量和物流等环节，实现了产品的全生命周期管理。通过基于大数据的产品管理质量系统建设，实现了产品实物质量和可靠性的持续提升，并积极探索基于大数据的产品预测维护系统。

特变电工股份有限公司通过建立内嵌全生命周期管理信息和生产制造管理信息的模块化单元库，完善了与之相适应的 PLM、MES 和 ERP 平台，实现了结合互联网手段的用户协同设计，产品模型指导全生命周期和端到端的云知识管理，提升了生产效率和产品质量。

6.4 我国中压开关智能制造案例介绍

6.4.1 天水长城开关厂有限公司中压空气绝缘开关设备制造数字化车间项目

1. 项目实施单位简介

天水长城开关厂有限公司始建于 1969 年，是甘肃省战略性新兴产业总体攻坚战第一批骨干企业，国内输配电开关行业的大型专业化国有企业。主要从事中高压开关设备技术研究、产品开发、制造、销售和服务等。多年来，该公司坚持技术创新，产品以小型化、智能化和高可靠性引领国内行业发展，产品出口到欧洲、美洲、澳大利亚、亚洲和非洲等56个国家和地区，服务于国内电力、石化、煤炭和铁路等20多个行业，并在三峡工程、“神五”工程、“神六”工程、青藏铁路、中国航天酒泉发射基地、核电及国防建设等国家重点项目中发挥着重要作用。该公司占地面积23公顷hm^2（1hm^2=10^{4}m^2），具有年产中压开关设备8 000面、中压开关元件8 000台的生产能力。

2007年，该公司入选为中国机械500强；同年被中国机械工业联合会评选为中国机械工业优秀企业和中国机械工业最具影响力品牌；被中国电器工业协会评选为中国电器工业最具影响力企业。该公司技术中心被认定为国家级企业技术中心，公司被评为国家创新型企业。

该公司建立了完善的创新管理制度和项目建设管理制度，保证了科技创新的可持续性，企业发展的和谐性。

该公司在国内中高压开关设备研发、制造及销售领域一直处于领先地位，各项技术经济指标在国内高压开关行业名列前茅。

作为电工电器行业的骨干企业，该公司于2002年率先在行业内建立了ISO9001质量管理体系、ISO14001环境管理体系和OHSAS18001职业健康安全管理体系，成为行业中较早通过“三体系”认证的企业，并通过定期审核，确保了体系的有效运行和持续改进。2010年，公司“长城牌”商标被评为中国驰名商标。公司被国家电力公司确认为200 MW、300 MW和600 MW火电机组主要辅助设备推荐厂商，产品在石化、冶金、煤炭和交通等行业得到了广泛推广应用。公司先后荣获全国“五一劳动奖状”“国家二级企业”“国家一级计量单位”“国家安全级企业”“科学技术创新示范企业”、全国机械行业“安全标准化一级企业”“全国精神文明建设先进单位”等荣誉称号。多年来，公司完成了CAD、PDM、ERP、CAM和销售运营管理系统等的建设，信息化系统应用涵盖公司生产经营的全业务、全流程、全岗位，应用日趋成熟。并且实现了设计手段数字化、产品数字化、企业管理数字化和主要制造环节的数字化。

2. 项目建设目标

（1）实现该公司经营的全面升级　通过该项目的建设，同时实现了公司的“四个升级”，即产品升级、产能升级、管理升级和装备升级，实现了精益化生产和精益管理。

1）产品升级。通过数字化车间项目的实施，建设了先进的开关元件、设备装配生产线及配套系统，实现了公司近年来开发的具有自主知识产权、技术性能达到国内乃至国际领先水平的新一代产品的产业化生产，为其“十三五”转型跨越式发展奠定了坚实的基础。

2）产能升级。该公司是甘肃省战略性新兴产业总体攻坚战第一批骨干企业，通过该项目的实施，建设了开关设备制造数字化车间，能够实现其生产由传统模式向智能化生产模式的转变，使其年生产能力从年产成套开关设备 8 000 面、开关元件 8 000 台，提升至年产开关设备 15 000 面、开关元件 18 000 台。

3）管理升级。该项目通过数字化车间的建设，从车间的总体角度出发，对生产设备、物流设备、在线自动检测设备等引入了数字化和智能化技术，并引入 MES 系统等先进的管控方法，有效提高了生产管理水平，降低了生产人员劳动强度，实现了人性化管理，并同时降低了生产对工人技能的依赖程度，有利于人力资源管理。另一方面，项目设计中充分考虑了环境保护和节能措施，有利于清洁生产和低碳生产管理。

4）装备升级。通过数字化制造车间的建设，建设了 3 条中压空气绝缘开关设备生产线、3 条中压开关元件生产线、开关柜箱壳制造系统、母线制造系统、中压开关元件主回路制造系统和自动化立体仓库等国际先进水平的生产制造装备，并建成了 CTCS-ERP II 系统、制造执行系统（MES）和自动化仓库管理系统（WMS）等，切实实现了该公司的装备升级。

（2）大幅提升了经济效益　运营成本降低了 20% 以上，产品研发周期缩短了 20% 以上，生产效率提高了 20% 以上，产品不良品率降低了 10% 以上，能源利用效率提高了 4% 以上。

3. 项目建设及技术先进性

（1）项目建设内容　该项目利用公司前期已建设的 CAD、PLM 等系统，针对中压空气绝缘开关设备及空气绝缘开关元件的生产制造要求，通过建立产品模型、制造模型、管理模型和质量模型等数字模型，贯穿于设计、加工（处理）、装配检测、质量控制、物流和服务各环节，建立了完整的中压空气绝缘开关设备数字化制造车间。该项目实施中运用智能制造新模式，集产品设计的智能化、钣金加工的智能化、仓储系统的智能化、车间调度管理的智能化和断路器视觉检测的智能化于一体，总体技术达到国内领先水平。

该项目采用三维计算机辅助设计（CAD）、计算机辅助工艺规划（CAPP）

设计以及工艺路线仿真等先进技术，产品信息能够贯穿于设计、制造、质量和物流等环节，实现了产品的全生命周期管理（PLM）。

该项目建立了车间底层生产和物流自动化智能化装备和系统（如图 6-14 和图 6-15 所示），其中包括空气绝缘开关设备装配检测分系统、开关元件装配检测分系统、开关设备箱壳制造分系统、开关设备母线制造分系统、开关设备二次线束制造分系统、开关元件主回路制造分系统以及自动化仓储及物流分系统。

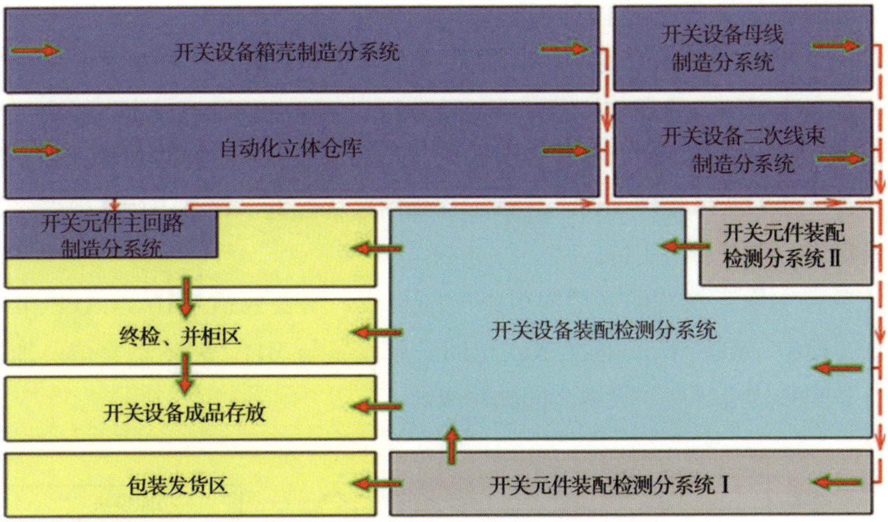

图 6-14　车间底层生产和物流自动化智能化装备和系统布局

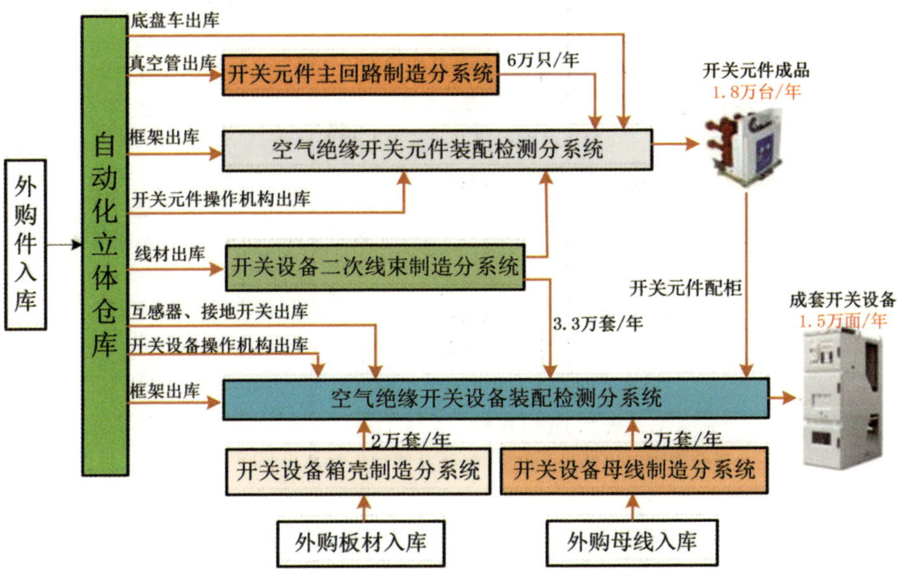

图 6-15　车间底层生产和物流自动化智能化装备和系统图

该项目建立了较完善的生产过程数据采集和分析系统，能充分采集制造进度、现场操作、质量检验和设备状态等生产现场的信息，并与 MES 实现数据集成。

该项目建立了完善的三级工业通信网络，系统、装备、零部件以及人员之间实现了信息互联互通和有效集成。

该项目建立了车间制造执行系统（MES），如图 6-16 所示，实现了计划、排产、生产和检验的全过程闭环管理，并与 ERP 及车间底层自动化系统集成。

该项目按照离散制造的管理理念，构建了新一代企业资源计划管理系统（CTCS-ERPII），如图 6-17 所示，优化了业务操作流程，加强了企业内部的协同管理；强化了统一管理与控制，降低了中压开关设备的制造成本，提高了周转效率；建立了科学合理的财务、业务管理等部分的业务管理模式和集计划、控制和监督为一体的业务管理平台，达到了资源的最优配置，提高了运作效率，为企业决策提供了强有力的支持。

该项目实现了系统间多层次多维度的集成，主要包括 CAD、CAPP 和 PDM 的集成；ERP、MES/WMS 的集成；车间底层设备与 MES/WMS 的集成；加工、检测、装配和物流等底层设备之间的集成。

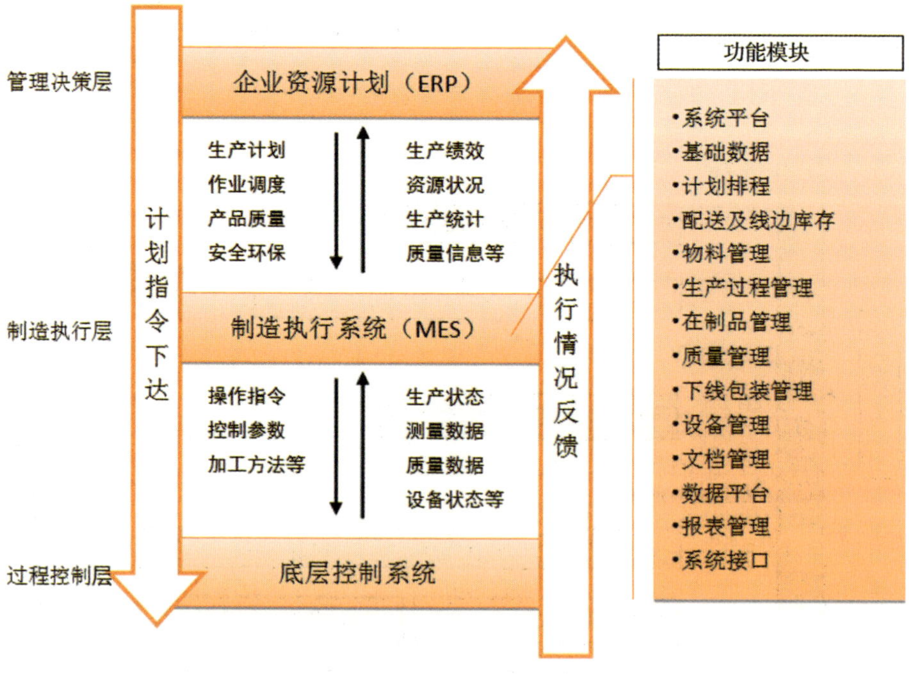

图 6-16 制造执行系统（MES）

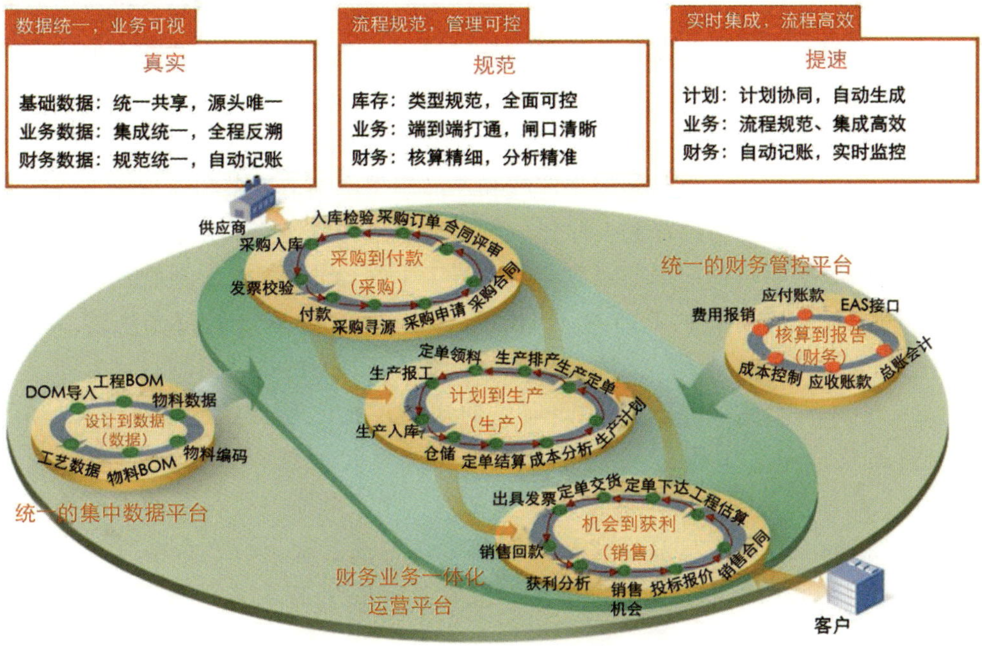

图 6-17　CTCS-ERPII 解决方案

（2）项目的技术先进性

1）技术先进性

a. 实现了检验工序化。该项目将产品质量检验过程分散到产品生产过程的中间环节，配置具有通信功能的自动化检测设备，使产品参数在装配过程中以质量模型为依据得到有效的检测与控制，实现了按生产计划和制造模型和管理模型驱动、按质量模型管控和按关键工序一物一数据地检验，做到了检验过程的工序化、检验数据的一一对应化和实物质量数据的档案化，解决了传统制造方式下最终检验为唯一检验方式的落后状况，取代了传统制造方式下一套检验数据对应所有相似规格实物产品的广谱性粗狂检验方式，使产品质量的稳定性、一致性得到了保证。

b. 该项目建设的数字化车间面对行业高度离散的现状，从突破关键工艺环节的瓶颈出发，通过在关键过程和重点管控环节，配备全伺服数控转塔冲剪复合单元、全伺服数控转塔冲床、数控折弯机和基于机器人的全自动折弯工作站等数控设备，并建立与之相配套的制造模型、管理模型，既解决了开关设备传统制造的技术难题，又实现了从传统制造向数字化制造的迈进。

c. 该项目在开关元件外形检测、机械性能磨合检测和柔性工装等环节，创新性地使用了基于机器视觉的检测系统、全自动磨合单元和自适应柔性工装设备，实现了开关元件尺寸检测的自动化、机械性能磨合的智能化及断路器批量生产的柔性化。全自动磨合、机器视觉检测设备为国内外中压电器制造行业首创，在技术上处于国际领先水平；

d. 该项目实现了基于 ERP/MES 系统下计划的实时化，基于 MES/WMS 系统下生产过程的透明化，基于装配生产线和产品模型、制造模型和管理模型等应用模型下主物料配送的节拍化和工序化，物料配送生产线边存放和统补定额化。既解决了离散制造中物料配送的难题，又满足了生产线节拍、工序对物料实时性的要求，同时配套企业物料管理的 A、B、C 分级法，在装配工序环节实现了对严控装配对象错装、漏装的严格控制和对一般性装配对象的柔性控制。

2）项目的实施效果。通过该项目的实施，相比项目实施前的 2012 年，该公司运营成本（中压空气绝缘开关设备）万元销售收入营业成本降低了 21.18%，全新研发项目研发周期缩短了 25%，生产效率（全员劳动生产率）提高了 102.93%，产品不良品率（开关设备主件主项一次交检不合格率）降低了 77.58%，能源利用效率（万元产值综合能耗）降低了 47.34%，产能（中压空气绝缘开关设备年产能）提高了 87.5%。

4. 项目验收

2016 年 11 月 20 日，由甘肃省工业和信息化委员会主持，组织中国工程院制造业研究室、西电电气研究院、长城电工研究院、兰州交通大学、北京文思海辉软件技术有限公司、西安启源软件技术有限责任公司和甘肃机电职业技术学院等单位组成的专家验收组，对天水长城开关厂有限公司承担的国家智能制造专项——智能制造新模式应用项目《中压空气绝缘开关设备制造数字化车间》进行了现场验收。

专家组通过听取项目竣工报告、观看系统操作演示、审查相关资料以及现场进行考察，经咨询、讨论后，认为项目提供的验收资料齐全、规范，项目完成了建设任务，达到了考核指标要求，项目对中压开关设备制造领域具有推广示范意义，一致同意通过验收。

6.4.2 特变电工自控设备有限公司智能电网中低压成套设备智能制造新模式项目

1. 项目与实施单位简介

特变电工自控设备有限公司成立于 2005 年 3 月，公司致力于为电源、电网、石油、石化、铁路和大型工矿企业提供绿色、低碳、节能和环保的智能型高低压成套电器设备、箱式变电站和电力自动化设备等智能高端产品，是特变电工重点培育的核心企业之一，是特变电工输变电产业链上重要的组成部分，是新疆维吾尔族自治区配电产业战略性新兴产业的核心骨干企业。

2. 项目的总体布局与构成

该项目包括钣金柔性智能加工生产系统 FMS、立体仓储系统 ATS、开关设备柔性智能装配生产系统 FMS、断路器柔性智能装配生产系统 FMS、成品并柜单元及其配套的智能在线产品质量检测系统，生产信息化管理系统 ERP 及制造执行系统 MES，系统结构图及流程图如图 6-18 所示，能够实现开关设备制造企业的柔性智能数字化，以及车间设备、生产、人员、质量、物料和环境等方面的全流程的智能化、绿色化和信息化管理。

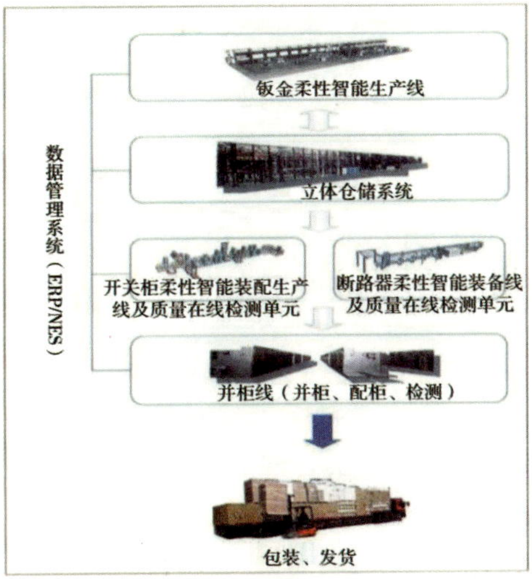

图 6-18　系统结构

3. 关键设备的应用

（1）钣金加工系统　特变电工通过该项目的实施，建成了钣金柔性智能加工生产线，具体内容已在第 6 章 6.1 节进行了介绍，这里不再赘述。

（2）立体仓库　特变电工采用先进的 PLC 集成模块化自动控制技术、射频数据通信、条形码技术、扫描技术和新型传感器技术等，建成了货物储存系统、货物存取和传送系统以及控制和管理三大系统，使原材料的储存、输送和取出过程能够在无人处理的情况下自动化完成。

（3）成套开关设备装配生产线　特变电工通过该项目的实施，建成了成套开关设备柔性智能装配生产线。

（4）断路器装配生产线　特变电工通过该项目的实施，建成了断路器柔性智能装配生产线。

（5）系统的智能控制　特变电工通过该项目建设的柔性装配系统是一个实时自动控制系统，它集成了若干智能设备。

该项目通过计算机数据网络系统（ERP 系统和 MES 系统）、PLC 总线网络及无线 LAN 网络系统和射频识别系统（FRID）、接近开关 / 光电开关、机器视觉传感器及执行器系统等，实现了对系统的“集中管理，分散控制”。整个电控系统共分为三个层次：即监控层、控制层和设备层，每个层次通过使用不同的网络结构及软硬件控制，实现了具有产品自动识别和跟踪、产品自动存储、在线自动检测、产品流向智能控制和柔性生产加工装配等功能于一身的柔性智能自动化生产线。

该项目的控制层次及系统网络构成如图 6-19 和图 6-20 所示。

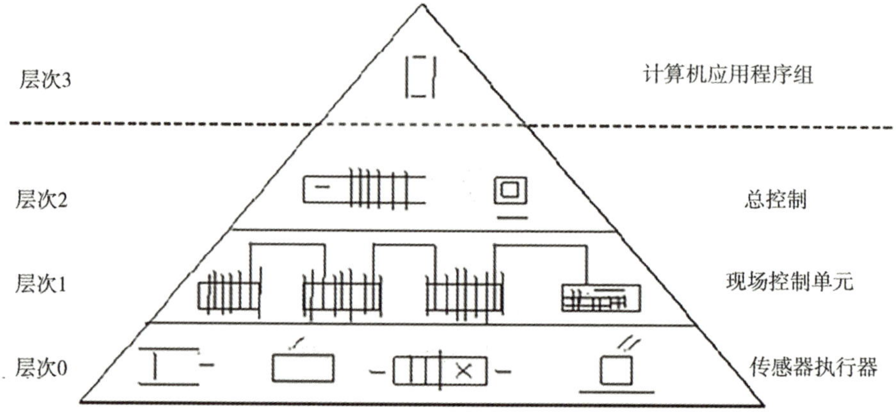

图 6-19 电控系统的三层控制结构图

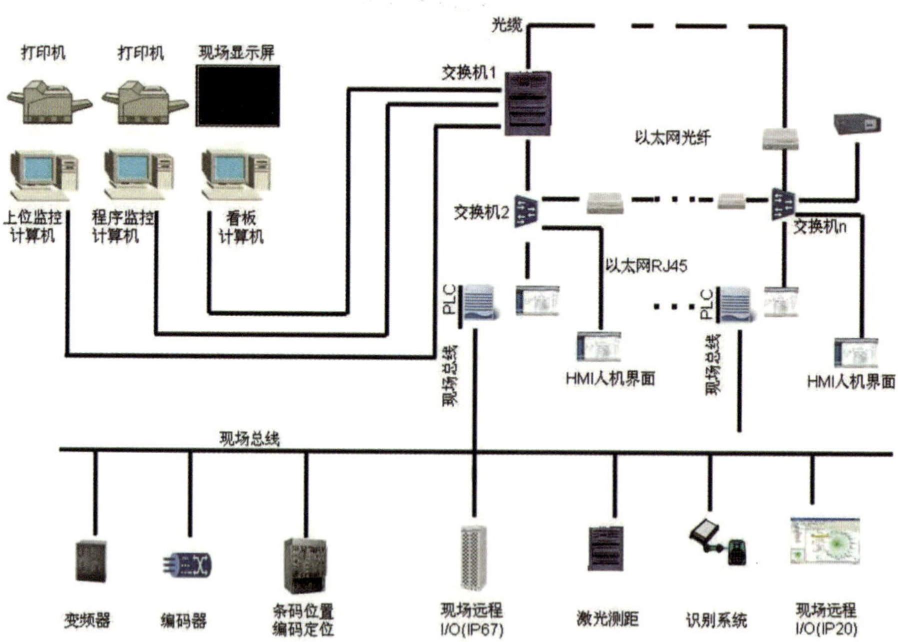

图 6-20 电控系统的网络结构图

第 7 章　中压开关的应用情况

7.1　中压开关在电力系统的应用分析

1. 概述

中压开关设备在电力系统输配电领域是一种使用量最大，应用范围最广的基础电力设备，它作为电网系统中重要的组成部分，主要负责完成电能控制、保护、转换和分配，是智能电网的重要组成部分，对整个电网的安全稳定运行有着十分重要的意义，换言之，只有确保中压开关设备的安全可靠运行，才能保证电网运行的安全和可靠。

按照 GB3906 － 2006 定义，中压开关柜是指 3 ～ 35 kV 的金属封闭开关设备。目前电力系统中主要有 3.6 kV、7.2 kV、12 kV 和 24 kV 中压开关设备。开关设备内的部件主要有断路器、隔离开关、负荷开关、操作机构、互感器以及各种保护装置等。

目前在中压断路器市场上，最广泛使用和销售额最大的是真空断路器。真空断路器是 3 ～ 10 kV、50 Hz 三相交流系统中的户内配电装置，可供工矿企业、发电厂、变电站中作为电器设备的保护和控制之用，特别适用于要求无油化、少检修及频繁操作的使用场所，断路器可配置在中置柜、双层柜及固定柜中作为控制和保护高压电气设备用。在国内，真空断路器产品在 40.5 kV 电压等级的断路器市场份额中占了 84.31%，而在 12 kV 电压等级中，真空断路器产品已经占到 99.39%。由于其优点很多，所以真空断路器被广泛应用于变电站中，目前市场上主要的中压断路型号见表 7-1。

表 7-1　目前主要的中压断路器型号

序号	品牌	电压等级 /kV	型号系列
1	ABB	10、35	VD4
2	施耐德	10	EV12S、HVX
3		35	HVX

（续）

序号	品牌	电压等级 /kV	型号系列
4	西门子	10	3AH、3AE
5		35	3AE
6	GE	10、35	SecoVac 系列 VB4
7	伊顿	10	3AS4、E-VAC
8	施耐德宝光	10	ZN63A(VS1)、VBG-12
9		35	ZN85-40.5、VBG-40.5
10	厦门华电	10	VEP-12
11		35	VEP-40.5
12	上海人民电器厂	10	RMVS1-12
13	常熟开关制造有限公司	10	CV1-12
14		35	CV2-40.5
15	其余国产	10	VS1(ZN63)-12
16		35	ZN85-40.5

隔离开关是电力系统中不可缺少的关键设备之一，它用于隔离电源，起到有明显断开点的作用，在变电站电气设备中所占比例最多。户内隔离开关常见的有 GN_2、GN_6 等型号的三级隔离开关。40.5 kV 户外隔离开关常见的有 GW_4、GW_5 型隔离开关，具有体积小、占地面积小、重量轻及使用可靠等优点。GW_8、GW13 － 40.5 适用于中性点的隔离开关，GW4 － 17.5（40.5）系列户外隔离开关一般用于户外交流 50 Hz，额定电压分别为 17.5 kV 和 40.5 kV 的电力系统中。

负荷开关主要应用在小型变电站、配电架空线路等场所，也可作为核心元件应用于各种环网柜中。10 kV 环网柜中负荷开关常用的型号有 FZN 系列（FZN12、FZN21、FZN25）、FLN 系列和 FN 系列等。电流互感器用于电流、电能测量和继电保护用，电力系统中常用的有 LQJ 系列、LMJ 系列和 LFC 系列等，常用变比有 100/5、150/5、200/5 和 250/5 等。电压互感器把高电压按比例关系变换成 100 V 或更低等级的标准二次电压，供保护、计量和仪表装置使用。10 kV 常用型号有 JDZ10 － 10A 等，常用变比为 10 kV/0.1 kV。

随着高新技术的发展，合成材料的研发，电网结构的日趋复杂，电力负荷的不断增加，风光等新能源行业以及配电技术的快速发展，电力系统对中压开关设备有了新的研究方向和更高的要求。中压开关设备也向着小型化、智能化和模块化的方向发展，更加注重运行的安全性和稳定性。

目前我国生产的中压开关设备主要分为手车式和固定式两大类。固定式开关设备即主要一次元件（如断路器、隔离开关等）为固定安装；手车式的断路器（或其他主要一次元件）做成可移动手车。按柜体结构还可分为金属封闭铠装式、金属封闭间隔式和金属封闭箱式结构。

2. 中压开关设备的技术要求

作为配电系统中较为重要的中压开关设备，其各个方面的要求均直接影响着配电网络的正常运行。

目前，不仅工矿企业，而且居民用电的可靠性要求也日益提高，可靠用电要有可靠的设备来保证；反之一台质量差、问题多和运行不稳定的设备将给企业和城市农村居民造成供电中断，带来不少经济损失和社会影响；故高可靠性是对中压开关提出的首要要求，具体体现在以下方面：

1） 设备能在额定参数下稳定可靠运行。

2） 在异常运行时不发生设备损坏及事故。

3） 能满足各种规定运行环境的考验，不出异常和事故。

4） 设备在寿命期内，运行可靠性不下降。

5） 设备免维护或少维护。

目前，中压开关设备运行的电流都比以前大，且持续时间长，某些地区 10 kV 电网配电单回路电流已出现 3 000 A，且在额定参数下运行已屡见不鲜，长期满载大电流运行，要求中压开关设备具有较强的动稳定性、热稳定性，而目前许多新生产厂，包括部分有几年生产经验的企业对大电流设备的设计都存在着深度不足、研究不透和运行经验缺乏，因此导致大电流下开关设备过热、发热事故频出，给设备的安全运行带来了较大的影响和威胁。

随着国家及社会的发展，对中压开关设备小型化，环保的要求也越来越高，开关设备小型化，可以减少占地面积，但小型化后，对中压开关设备提出了新的要求：

1） 开关设备的绝缘水平、导电回路尺寸将如何保证。

2） 开关设备的通风散热要求矛盾突出。

3） 运行巡视维护方便性也降低。

4） 设备降耗要求高。

5） 设备操作的震动要减小，操作的噪声要降低。

由于施工现场以及供电单位的土地资源较紧张，施工单位对中压开关的外形尺寸提出了越来越高的要求。前期由于空气绝缘的开关设备价格低廉，实用性强等众多优点，很快占据了很大的市场份额。近年来，AIS 占地空间大的问题日益凸显出来，客户对柜体的外形尺寸提出了严苛的要求，特别是海上风电项目对柜体的要求近乎严苛。因此，柜体外形的缩小是开关设备未来的发展方向。

在安全方面，金属封闭开关设备的母线部分置于开关柜内，连接处采用绝缘母线，外壳是可触摸式的结构。其最大的优点是受外界环境影响小，安全运行时间长，几乎可以做到整个使用寿命周期内免维护。气室内部的气压较低，泄漏率小于 0.1%，使用寿命可达 30 年。

现有气体绝缘开关设备，所有零部件均密封在气室内，气室内的气体是 SF_6 气体，零部件不会发生腐蚀和氧化，长期运行过程中，零部件的状态良好。目前市场上的 GIS 开关设备均能做到在整个寿命期间免维护。

中压气体绝缘开关设备采用的都是模块化结构，将断路器分为很多单独的模块，如断路器模块、母线安装模块和电缆室模块等。这种模块化的设计，极大地方便了工厂的安装过程。如果现场出现了故障，可以将单独模块替换，在极短时间内就可完成现场的维护工作。

现在，我国城镇化进程加快，人均土地面积不断缩小，城市土地价格快速上升，高耗电产业快速发展等，所有这些因素，都对开关设备的防潮、防尘、小型化、少维护和免维护等提出了更高的要求。因此，从目前看，进一步提高中压开关设备的绝缘可靠性和小型化是今后的发展趋势，气体绝缘开关设备（C-GIS）和固体绝缘开关设备（SIS）是中压开关设备今后的发展方向。

3. 典型开关设备的性能比较

气体绝缘开关设备目前主要采用 SF_6 气体作为绝缘介质，SF_6 气体与大气相比，其特点是：绝缘性能是空气的 3 倍，化学特性稳定，在开关设备工作温度范围内不液化，无毒等。与空气绝缘开关设备相比，气体绝缘开关设备可缩短导体长度，缩小柜体尺寸，降低电能消耗等，但 SF_6 气体作为《联合国气候变化框架公约》公布的六种温室气体之一，使用受到了限制，应用逐步减少。

固体绝缘开关设备主回路主要采用环氧树脂或合成橡胶浇注，并在表面形成接地层，由于环氧树脂具有比空气高 5 ～ 6 倍的绝缘强度，不仅一次回路与外部环境隔离，而且柜体尺寸缩小了，提高了设备的可靠性和安全性。可以防潮湿、防烟雾和防灰尘等污染引起的老化。在经济性方面，由于环氧树脂的绝缘性能较高，因此可实现柜体的小型化，有助于降低产品的运输、安装成本。在安全性方面，由于环氧树脂表面有作为接地保护的外屏蔽层，而且通过分相设置，就不会发生一次回路接地而引起的短路故障，可有效防止触电等事故发生，提高了设备维护时的安全性。在操作方面更省力，由于采用永磁操动机构，也大幅减少了零部件的数量。另外，由于不使用 SF_6 气体，因此无需气体检漏装置和密封容器，所以设备的可靠性和维护性都得到了提高，并简化了设备结构。

空气绝缘的强度一般，但由于空气具备取之不尽的优势，仍在中压领域得以广泛应用，是绝缘介质的最佳选择。当前，在中压开关设备中多数采用的是固体绝缘与空气绝缘组合的复合绝缘方式，具有绝缘性能高、绝缘尺寸小的优势。固封绝缘是指用环氧树脂等固体绝缘浇注在一起的绝缘方式，可全部或部分替代空气绝缘，极大地缩减了中压开关设备柜体的绝缘尺寸，使开关设备达到了小型化的要求。但是仍须注意的是，固封绝缘对于浇注技术的要求十分高，同时也存在成本高、散热困难的缺点。

4. 中压开关常见故障及解决方案

电力系统中压开关产生故障的大部分原因来自于电网的结构方面，但也有来自于设备本身质量方面的因素，同时也有可能是工作人员维护不当所引起的，大致可以分为六类。

第一类是非雷击故障，所谓的非雷击故障，指的是开关设备内部的故障，比如电气元器件爬电距离、设备的布置、绝缘结构以及开关设备的运行情况等。这一类型的故障主要占 21.4% 左右。具体包括：

（1）真空开关投切电容器时产生过电压　如果真空开关的投切导致了操作过电压，可能引发电弧产生短路的现象，甚至导致开关损坏，一般通过电容器上串联电抗器的方式来抑制开关操作引起的过电压。

（2）绝缘材料方面的问题　从目前的情况来看，我国生产的很多绝缘材料存在易受潮、凝露的情况，导致变电所的开关设备内部出现放电声，而且表面有受潮的现象；另外，很多电网没有对中压开关设备进行及时更换，使得出现了支持绝缘子爬电距离不足，设备老化的现象，当产生过电压时，可能会产生闪络问题。应加强运维管理，采用设备在线绝缘监测、远程设备管理等高新技术进行支撑，有效解决绝缘弱点。

（3）柜体的结构故障问题　因为开关设备的穿柜套管在正常运行过程中，会发生闪络现象，穿柜绝缘套管爬电距离符合要求。在发生了故障之后，可以对闪络绝缘套管实施耐压、局放试验，另外还要采用 X 光来探伤，如果没有发生意外的现象，那么就可能是局部的尖端放电，采用全绝缘化处理可以有效解决上述问题。

（4）运行环境因素　中压开关设备最常见的是闪络故障，这种故障常常发生在运行时间比较久的变电所当中。这是因为这些变电所的设备爬电距离不够，而且设备中积累了过多的灰尘，一旦遇到下雨天，就会产生湿闪现象，对中压开关内部母线进行全绝缘处理，并应用在线绝缘监测、诊断技术能及时预防，科学安排检修维护，可显著降低环境因素引发的开关事故。

第二类是雷击故障，发生雷击故障比较常见的中压开关设备有两种，一种是 35 kV，一种是 10 kV。35 kV 的开关设备数量远远少于 10 kV 的开关设备，但是 35 kV 开关设备雷击故障几率远远高于 10 kV 开关设备。雷击故障占总故障比率的 31.7%。对于雷击事故，一是提升绝缘水平提高开关对暂态过电压的耐受能力，二是根据负荷绝缘配合要求配置浪涌吸收电路。

第三类是断路器方面的故障，在中压开关设备断路器室的故障当中，常常出现的是母线断路器和母联断路器烧毁，这类故障主要占 21%。此类问题的出现主要是在设备选型时对系统适应性分析不够，系统运行时出现特殊工况情况下导致设备过电流、过电压引起故障。因此，需进行系统适应性分析，选型设备的容量和参数时有充分的冗余。

第四类是开关设备的拒分、拒合，产生拒分、拒合缺陷的原因是对电容器开关的不合理操作，比如频繁地操作 CT 以及 CD 机构开关，造成辅助开关切换不到位，或者产生零件磨损、拐臂和连板变形等现象。发生这类故障的几率大概为 6%。应避免开关的频繁操作，设定合理的动作阈值，提高抗干扰能力。

第五类是由于发热引起的故障，引起开关设备发热的原因可能是负荷电流过高，或者 GBC 小车的准确度太低，动、静触头对位误差相对比较大，导致运行过程中触指单边受力，另外一边的触指的压力则完全不够。这类故障发生的几率为 10.4%。应提高动、静触头的对位准确度，降低接触电阻，保证温升在允许范围。

第六类是其他故障，其他故障主要占所有事故的 9.5% 左右，它包括了绝缘故障、载流故障以及机械故障。绝缘故障主要是柜内放电、相间闪络以及绝缘距离不够所造成的。而载流故障则通常表现为引线和触头发热，比如插头偏心、插头接触不良等，最终发展成绝缘事故。最后是机械故障，断路器的可靠性降低，五防机械联锁稳定性较差，操作年限一旦增加，就会发生损坏或者变形的情况。可通过提升设备制作工艺、按设备最大方式工况进行参数设计、加强运维管理等措施解决上述问题。

5. 发展趋势

1）中压开关设备已从对基本的功能、参数等要求逐渐转向对高可靠性、方便操作维护性和降低运行成本的要求。

2）固封技术在开关设备中将得到高速发展。从目前来看，进一步提高中压开关设备的绝缘可靠性和小型化只有充气柜（C-GIS）和固体绝缘开关设备（SIS）可以实现，但 SF_6 气体对环境造成的温室效应是其他气体效应的上万倍，所以充气柜的发展受到了制约。SIS 在提高绝缘强度的同时，可实现小型化以及环境保护的要求（环氧树脂可回收）。

3）固定开关设备将和固封技术结合起来形成“小型固定开关设备”。由于断路器的可靠性提高，断路器手车式开关设备抽出维修的优势将逐渐弱化，而固定开关设备简单可靠的优势将逐渐凸现，因此固定开关设备将发展成与手车式开关设备并存，并逐渐超越手车式开关设备。唯一需要解决的是大电流固定开关设备如何取得突破，目前还有一些难点。

4）固定开关设备是未来的发展方向。当断路器成为真正的免维护产品时，手车断路器抽出隔离的意义已不大，在固封技术长足发展日趋成熟后，各个功能复合化的开关元件也会有较快的发展。

5）新型真空环网柜。由于 SF_6 在环保方面的问题不断深化，加上我国是《京都协议》缔约国之一，因此预计清洁、环保型的真空环网柜将会得到持续研究和发展。新型真空环网柜的技术特点是：①采用固封极柱技术。②采用三工位真空灭弧室，即合闸、隔离和接地三位置灭弧室与绝缘一体化。③分相式绝缘避免了相间放电的可能。④带电部件全部被密封在环氧树脂套筒和硅橡胶封闭的母线之中。⑤在特殊环境下（即低温寒冷地区、高原地区、高温地区及防爆场所）也能正常工作，而无须另外设计。

6. 结语

中压开关设备作为配电网的重要组成部分，在电网中的地位举足轻重，随着电力负荷的迅速增长，其对推动电力系统的进一步发展有着不可替代的作用。中压开关设备的安全运行关乎电力系统的安全、可靠、经济运行以及优质供电。其智能化、自动化、信息化的发展是变电站综合自动化、配电网络自动化的基础，是实现智能电网的重要一环。智能化的中压开关设备使整个变电站的保护、控制和监控集中起来，同时也为变电站广域监测和诊断系统奠定了基础，将推动变电站数字化的迅速发展。

7.2 中压开关在炼油化工企业的应用分析

1. 大型炼油化工企业电力系统的特点

（1）大型炼油化工企业概况 我国大型炼油化工企业（以下简称：炼化企业）是国民经济建设的支柱产业，经过几十年高起点投入和不间断改扩建的滚动发展，千万吨炼油、百万吨乙烯等大型化、集约化和现代化生产装置相继建成投产。炼油化工生产由主要生产装置、公用工程、储运系统和辅助设施等组成。主要生产装置包括常减压、催化裂化、加氢裂化、延迟焦化、烷基化、连续重整炼油装置和乙烯（MTO）、丙烯（MTP）、聚乙烯（HDPE、LLDPE）、聚丙烯（PP）、芳烃（PX、PTA）、离子膜烧碱及环氧等化工装置。公用工程包括自备热电厂、供排水厂和空分装置等。储运系统包括码头、铁路、管道、栈桥和罐区等。辅助设施包括厂前区生产调度指挥及行政管理功能设施等。

大型炼化生产装置是由本质安全型，高参数，高可靠性动、静设备和管线组成的工艺先进、自动化程度高、结构复杂的大系统，主要生产装置均布置在防爆区域内，具有高温、高压、易燃、易爆、易中毒和关联性强等特点。公用工程必须满足和保障生产装置的安全、稳定、长周期、满负荷和优质运行的要求，尤其对电力系统的安全性、可靠性、稳定性、连续性和适应性要求很高。

炼化生产装置生产过程中一旦发生突然断电、电压波动和电压突变（瞬态冲击振荡、电压暂降、短时断电和低电压）等，将造成大面积非计划停车，易导致装置着火、爆炸、泄漏、设备损坏、人员伤亡和环境污染等重大次生事故，造成重大经济损失和无法估量的社会问题。

（2）炼化企业电力负荷分级 炼化生产装置根据中断供电对人身安全、生产安全及造成的危害和经济损失程度，划分为一级（关键）负荷、二级（重要）负荷和三级（一般）负荷。

1）符合以下情况之一的应视为一级（关键）负荷。中断供电将造成人身伤亡时；中断供电将发生中毒、爆炸和火灾等情况；中断供电将造成生产工程和生产装备处于不安全状态时；特殊重要场所的不允许中断供电的负荷。

2）符合以下情况之一的应视为二级（重要）负荷。中断供电将造成重大设备损坏、大量产品报废；连续生产过程被打乱需很长时间才能恢复等重大经济损失的负荷。

3）三级（一般）负荷。不属于上述一 二级负荷的为三级（一般）负荷。

主要生产装置和部分公用工程为一级（重要）负荷，约占总负荷的 70%，部分公用工程及辅助系统为二级（重要）负荷，约占总用电负荷的 20%。部分辅助系统为三级（一般）负荷，约占总用电负荷的 10%。

（3）炼化企业电力系统的特点

1）系统的组成。炼化企业总用电负荷为 100 ～ 700 MW 不等，拥有自备热电厂，装有以汽定电母管制的抽汽凝汽式发电机组，单机容量一般为 30 ～ 100 MW。总用电负荷超过 100 MW 时一般建设 220 kV 枢纽或中心变电站，设 2 ～ 4 回路 220 kV 系统电源联络线、220 kV/110 kV/35 kV 联络变压器；发电机组经枢纽或中心变电站的 110 kV 系统并网运行；设区域变电站 35 kV/6 kV（10 kV）输（供）电系统，多采用 35 kV 线路变压器组接线方式；设 6 kV（10kV）/0.4 kV 配电系统带生产装置及生产辅助系统负荷运行。

炼化企业电力系统是一个发、输（供）、配电功能齐全，与地方电网强连接，且相对独立、复杂的网络。如图 7-1 所示。

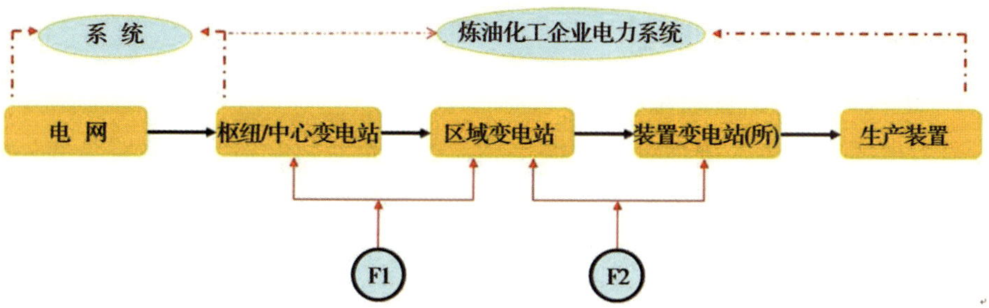

图 7-1　炼化企业电力系统示意图

系统—国家电网公司或南方电网公司变电站　炼油化工企业电力系统—企业内部电力系统［枢纽或中心变电站、自备热电厂、区域变电站、装置变电站（所）］　F1 —炼化企业自备热电厂发电机组　F2 —炼化企业生产装置余热、余压和瓦斯发电机组

2）运行周期长、运行环境较差。受炼油化工生产装置长周期运行制约，枢纽或中心变电站基本不能安排全站停电检修，装置变电站（所）也无法落实“定期清扫、定期试验、定期检修”计划，只能随生产装置停工分区域检修。因炼油化工生产过程的微泄漏，变配电设备大多处在化工气体腐蚀污染环境中，由于各地区气象条件不同，还受高温、低温、潮湿、盐密空气、风沙和冰雪的影响，运行环境比较恶劣易导致电晕、放电、接地和短路等电气事故，影响系统安全运行，缩短了电气设备使用寿命。如图 7-2 所示。

a）110 kV 刀闸操作拉杆因腐蚀断裂　　b）110 kV 刀闸触头因腐蚀断裂

图 7-2

3）负荷类型复杂。炼化企业主要用电负荷类型为 6 kV（10 kV）高压同步、异步电动机；0.4 kV 低压异步电动机；6 kV 催化三机组（主风机 - 电动机 - 烟气轮机组，电动机启动主风机、系统正常后烟气轮机带主风机运行 - 电动机转为发电工况运行）；6 kV 或 400 V 装置余热发电机；大型烧碱整流装置（30 ～ 100 MW）；电加热器、非线性设备（变频器、UPS、EPS、DCS 工艺过程控制系统、开关电源和计算机控制系统等）、无功补偿装置等，其中，感性负载约占总用电负荷的 80% ～ 90%。

4）运行风险高、管理难度大

电力电缆数量多，接地过电压概率高。炼化企业供配电系统线路全部为电力电缆，电缆数量多，电容电流大，单相接地、相间短路事故发生时易造成区域生产装置非计划停车。接地过电压治理难度大，是影响炼化企业电网安全运行的主要问题之一。

突甩负荷（如烧碱整流装置 30 ～ 100 MW）将导致系统扰动或自备热电厂发电机组功率摇摆或振荡解列，甚至造成锅炉熄火。

大机组联锁复杂。炼油装置的主风机、化工装置的气体压缩机、冰机、高压挤出机和空分装置的空压机等大型机组均为关键生产装置的核心设备。大机组设有复杂的工艺、电气、仪表控制联锁和电气防爆（可燃气吹扫）联锁等，一旦主机或辅机故障联锁动作，将导致单元或装置非计划停车事故。

非线性设备的谐波污染问题。因工艺需要，炼化企业一般采用较多的高、低压变频器，这些非线性设备产生谐波，污染电网，导致电动机转子发热、轴电流加大，甚至诱发配电系统谐振过电压等。

2. 炼化企业对中压开关的技术要求

由于炼化企业电力系统供电质量要求高、运行环境差和检修周期长等原因，对电气设备的选型、技术条件等提出了较高的要求。

（1）选型

1）35 kV 系统采用充气绝缘开关设备（GIS 或 C-GIS）。

2）6 kV（10 kV）系统选用真空断路器中置式金属铠装开关设备。一般北方地区选用空气绝缘真空断路器中置式金属铠装开关设备；南方地区可选用极柱固封绝缘真空断路器中置式金属铠装开关设备。

3）装置区室外变配电设备绝缘选用Ⅳ级污秽等级。

4）40.5 kV 气体绝缘开关设备一般选用合资品牌设备；7.2 kV（12 kV）开关设备一般选用合资、国产品牌设备。

（2）技术要求（除常规技术参数外）

1） 40.5 kV 气体绝缘开关柜设备

柜式（C-GIS）开关设备应满足避雷器开关设备上、下（电缆夹层）安装的要求。

柜式（C-GIS）开关设备应优化母线 PT 的安装方式，尽量节省现场空间。

柜体使用的钢板应符合 IEC 标准，厚度应≥ 2 mm；母线室钢板厚度应≥ 3 mm。

母线应采用一级电解铜母线，应有耐火、抗爬电和抗电弧的绝缘措施，绝缘子应承受侧向短路电动力及纵向热膨胀。

柜体防护等级：一次箱体 IP65，机械操作及二次箱体 IP31D，箱体外壳 IP3X。

柜内应有专用的母线室。为了加强母线室的绝缘水平，母线的形状应使其电场较均匀。

端子排采用阻燃、防尘型凤凰或威德米勒端子。端子排除满足接线要求外，还应留有 20 % 的备用端子。

2） 7.2 kV（12 kV）中置式金属铠装开关设备

开关设备的柜架应采用高质量镀锌钢板或敷铝锌板弯制后用螺栓组装而成，面板采用冷轧钢板静电喷涂（喷塑），其板材厚度要求≥ 2 mm。柜体应有足够的刚度，避免手车的自重造成框架变形，应确保手车开关的触指、触臂良好接触。

开关设备分为母线室、断路器室、电缆室和仪表室，均以镀锌钢板或敷铝锌板封闭。开关设备应设有有效的散热通道和压力释放通道，开关设备顶部应设有压力释放装置，额定电流≤ 3 150 A 的开关设备为自然通风式。

最低防护等级：开关设备外部 IP 4X，开关设备内部 IP 2X。

开关设备应具有“五防”的闭锁功能。电源进线柜和电缆室应装设带电闭锁装置。

母线材质为一级电解铜。母线连接处应做镀银（搪锡）处理，母线应有消除尖端放电的措施。所有母线、母线支架和绝缘子等应能承受冲击短路电流产生的机械力。接地母排其截面应能承受最大的接地故障电流。

相同额定值的断路器应在开关设备内具有完全的可互换性。

断路器和母线侧动、静触头的镀银层厚度不小于 20 μm；断路器和母线侧动、静触头应为同一厂家的配套产品。

开关设备内母线穿过的任何部位必须确保断开涡流磁路。

开关设备内绝缘件的绝缘爬电比距应按凝露型考虑。

进线、变压器、电容器、馈线和电动机回路均装设氧化锌式过电压保护器。

进线柜应装设如下设备：微型计算机综合保护装置、电流表（指针式）、电压表（指针式）及转换开关、远方 / 就地操作转换开关和信号指示器。

电流互感器采用环氧浇注型单相式电流互感器，电流互感器应设置为 3 相。计量用电流互感器精度为 0.2 级，测量用电流互感器精度为 0.5 级，保护用电流互感器精度优先采用 5P30 级。

电压互感器应装设一次消谐器或二次微型计算机消谐装置。

断路器合闸系统一般为电动机驱动弹簧储能型，并能手动操作。

合闸线圈正确的动作电压应为操作电源额定电压的 80% ～ 110%（直流）；分闸线圈正确的动作电压应为操作电源额定电压的 65%（直流）；当操作电源电压（直流）等于或小于额定值的 30% 时，不应脱扣。

端子排采用阻燃、防尘型凤凰或威德米勒端子。端子排除满足接线要求外，还应留有 20% 的备用端子。

3. 中压开关在炼油化工企业的应用情况

（1）40.5 kV 金属铠装开关设备　炼化企业生产过程中产生的尾气及跑、冒、滴、漏的气相和液相物质，对附近范围内变配电设备的绝缘破坏较大。运行经验表明，35 kV 金属铠装开关设备不适于在炼化生产环境长期运行，部分新设备运行 3 ～ 5 年后因化工气体在柜内聚集，场强分布发生变化，电晕、放电时有发生，严重时硅橡胶绝缘子闪裙间发生放电现象，导致开关设备接地、短路，造成生产装置大面积非计划停工。此外，该开关设备还存在互换性差，推拉困难，不利于倒闸操作和不利于事故处理等问题。如图 7-3 所示。

结论，40.5 kV 金属铠装开关设备不适合炼化企业生产装置供电系统。

a）35 kV 真空断路器发电

b）35 kV 开关设备短路

c）国产 35 kV 金属铠装开关设备

图 7-3

（2）40.5 kV 气体绝缘开关设备　针对 40.5 kV 金属铠装开关设备在炼化企业运行环境中存在的问题，通过技术改造、隐患治理，炼化企业在新建装置时都选择安装 35 kV 供电系统全部选用合资品牌充气绝缘开关设备，并且多数采用柜式充气绝缘开关设备（C-GIS）。该型号开关设备运行稳定，总体情况良好，大大提高了系统安全可靠性，但运行中也出现了一些问题。

1）部分间隔漏气。安装调试或运行中发现了个别间隔泄压、漏气。

2）弧光保护误动。部分企业 C-GIS 在运行中自带弧光保护发生误动，导致局部停电，现在均将该保护退出运行（多数炼化企业电气管理制度尚未规定中压开关使用弧光保护）。

3）母线 PT 存在的问题。安装方式不统一，在开关设备顶部或另配 PT 箱于开关设备两侧。PT 不设熔断器，直接与母线连接，部分企业曾发生因 35 kV 馈出线接地诱发铁磁谐振过电压，导致 PT 崩烧事故。

4）操作机构问题。因机构电动机故障，35 kV 刀闸自动操作不到位。如图 7-4 所示。

图 7-4

（3）7.2 kV（12 kV）中置式金属铠装开关设备

1）柜体结构问题。某企业一台额定电流为 3 150 A 开关设备，因手车开关底部支撑材料刚度不够，导致手车开关倾斜、动静触头受力不均和接触电阻增大触头发热，在 2 500 A 运行 68 h 时，发生开关触头崩烧事故，如图 7-5 所示。经分析该事故暴露出以下问题。

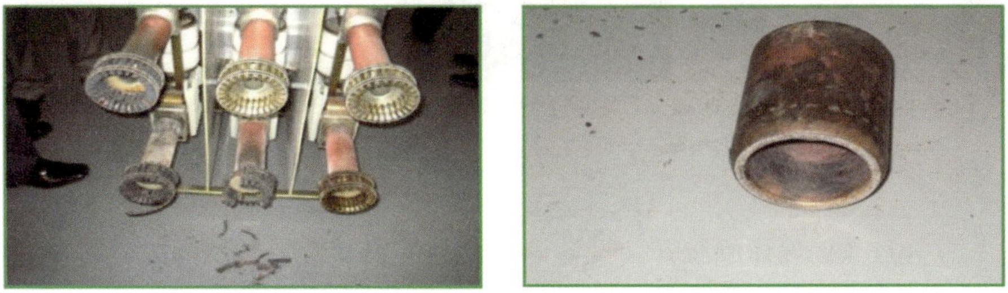

a) 手车开关梅花触头　　b) 手车开关定触头

图 7-5

一是该变电站正常运行方式为双电源分列运行，每段运行电流为 1 250 A，事故前的运行方式为一段带全站负荷 2 500 A、另一段转检修，该开关在额定电流 79% 的工况下，运行 68 h 梅花触头崩烧，说明根本不能在额定电流下安全运行；二是支撑材料与手车开关重量不匹配，导致手车开关长期倾斜；三是手车开关动静触头材质不一致，膨胀系数不一致，导致触指触臂接触电阻增大 - 发热恶性循环。

2）断路器触头问题。因触头材料质量、动静触头材质和膨胀系数不同，镀银层不均或厚度不够，梅花触头弹簧非导磁性能差，梅花触头握力不够导致接触电阻大，装配公差大、工艺差，散热通道设计不合理等方面的原因，导致开关触头过热或崩烧，造成设备事故。如图 7-6 所示。

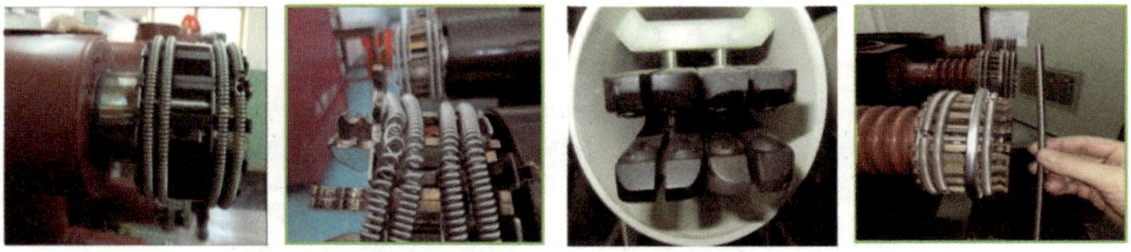

a）弹簧握力不足　　b）触头损坏　　c）鸭嘴触头氧化　　d）触头弹簧崩断

图 7-6

3）母线问题。因母线质量、接头处理和制造工艺等原因，导致不能满载运行、发热、变色和高温等问题，影响系统安全运行或造成设备事故。如图 7-7 所示。

a）连接母线过热　b）母线连接处过热　c）绝缘套开裂　d）连接母线过热

图 7-7

4）绝缘子问题。因柜内环氧树脂绝缘子表面闪络、氧化，发电机出口断路器绝缘子底座出现裂纹等，导致变电站停电、发电机解列事故，造成生产装置非计划停工。如图 7-8 所示。

a）绝缘子表面闪络　b）绝缘子表面氧化　c）绝缘子底座裂纹

图 7-8

5）二次插件问题。二次插件接触不良、虚接、触针位移和松动等问题，比较普遍，易导致开关误动、拒动停电事故。如图 7-9 所示。

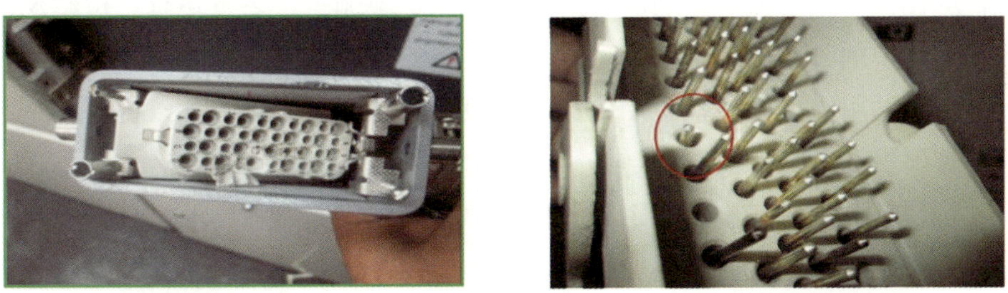

a）插件静触头缺陷　b）插件动触头缺陷

图 7-9

6）结构问题。因手车开关行程定位销断裂、变形，定触头室隔离挡板动作失灵等原因，导致手车开关操作不到位，触头损坏等设备事故。如图 7-10 所示。

a）机械轴连杆卡片脱落　b）手车行程定位销断裂　c）隔离挡板销开焊　d）挡板动作失灵导致触头损坏

图 7-10

7）柜体涡流问题。运行中发现部分母线电流超过 1 000 A 开关设备的柜间母线绝缘子支撑板限制而未采用非导磁材料，导致柜体发热、噪声大，严重影响安全运行。

据统计，炼化企业近 10 年来在役的合资品牌、国产品牌开关设备比例一般分别为 70% 和 30%；合资品牌、国产品牌开关设备故障率比例一般分别为 20% 和 80%。

实际运行表明，国产品牌与合资品牌开关设备相比在基础材料、元件质量、制造精度和使用寿命等方面还存在一定的差距。相信随着国民经济和基础工业的快速发展，国产品牌开关设备必将成为技术创新、高端智能制造的重要组成部分，赶超国际一流水平指日可待。

4. 关于新型高端中压开关的创新设想

电力系统是炼化企业生产发展的基础，建设高可靠性炼化企业电力系统，需要符合炼化生产装置要求、适应生产装置特点、遵循生产装置运行、检修规律和适应运行环境的各电压等级的高可靠性、本质安全性变配电设备。目前，炼化企业大多采用通用电气设备，专用中压开关设备有待于开发。为此，提出如下不成熟的设想仅供参考。

（1）基本思路　充分利用新技术、新材料，融合信息技术、数字技术和网络技术，研发高度集成、模块化结构、免维护和可定制的高可靠性智能产品。

（2）功能指标　通断容量大，具有过电压抑制、限流功能、过零点开断同步控制、快速动作、模数信号就地转换、运行环境感知、运行状态自诊断和物联网通信功能；断路器保护测控一体化或采用网络保护，管控操作实现光纤通信方式等。

（3）辅助配置　直流系统和开关设备单元配置直流主动式保护，消除直流系统接地、交直流混线等疑难问题；每段母线配置低残压、通流容量大，高性能过电压保护装置，取消传统的每个开关设备设置过电压吸收器、消弧线圈或中阻接地装置；配合变电站快速切换装置，实现区域系统“自愈”功能。

（4）产品特点 系列化产品、技术细分、结构紧凑、体积小、安全可靠性高、免维护、具有“双网双流”物联网功能，具有电力设备和网络设备的双重属性。

参考文献

[1] Electric high voltage equipment. The technical requirements to manufacture and methods of the control for providing of quality of SF_6. Guide document 16.066-83. 2010.

[2] M Wactor, et al. strategies for Mitigation the Effects of Internal Arcing Faults in Medium-voltage Metal-enclosed Switchgear[J].2001，9（1）：323-328[26].

[3] 梁晓贺，张克选．气体绝缘金属封闭开关设备课题耐受内部故障电弧的讨论[J]. 高压电器，2003（1）：8-11.

[4] 洪福贤，徐君萍．中压开关设备的发展动态[J]. 硅谷，2012（7）：9-9.

[5] 费少伟．额定电流 4 000 A 中压开关设备的研制[D]. 苏州大学， 2016.

[6] 顾恒科．中压开关柜的现状及发展方向[J].真空电器技术，2010（3）：18-21.

[7] 赵维全，杜新年，王珊．浅谈国内中压开关设备市场现状及前景[J]. 黑龙江科技信息，2011（31）：46-46.

[8] 刘记财．浅谈中压开关设备的问题及改进措施[J]. 中国高新技术企业，2014（5）：55-56.

[9] 刘巧愿，贺颖，高林贤，等．试论中压开关设备及其发展动态[J]. 中国高新区，2017（7）.

第 8 章　中压开关设备产业发展研究

8.1　我国中压开关行业发展情况

8.1.1　中压开关行业在国民经济发展中的作用及发展方向

1. 中压开关行业在国民经济发展中的作用

中压开关设备是配电领域中使用量大、使用范围广的设备之一。随着电网结构的日趋复杂，电力负荷的不断增加以及配电技术的快速发展，中压开关设备在国民经济中的作用愈显重要。

中压开关设备覆盖了 3.6 ～ 84 kV 电压领域，广泛应用于该电压等级的发电、输配电系统及冶金、石化等其他工矿企业，多年来其使用量稳步增长，成为电力系统中的基础设备。

中压开关设备是在电力系统进行发电、输电、配电和电能转换的过程中，起到开合、控制和保护作用的用电设备。尽管各国的条件和技术发展水平各不相同，金属封闭开关设备的开发也各不相同，但其结构却基本相同，主要有箱型、间隔型和铠装型三种结构形式，产品除符合本国的标准外，还符合 IEC60298、IEC60694 等国际性标准，有些国家的产品符合多个国家的标准。随着断路器的发展和开关设备制造技术、加工工艺的进步，金属封闭开关设备也不断发展。

2015 年，开关行业实现工业总产值 1 945 亿元，占全国工业总产值的 0.21%。

据国家电网公司统计，截至 2015 年底，仅国家电网公司在用的中压开关设备达 710 285 面，对稳定供电发挥着重要作用。

2. 中压开关行业“十二五”发展情况

“十二五”以来，面对国际经济持续疲软、国内经济下行压力持续加大、电力消费增速放缓等外部经济环境，中压开关企业克服产能过剩、无序竞争和人才短缺等内部因素的干扰，积极进取，奋发图强，取得了令人瞩目的成绩。

“十二五”期间，快速增长的步伐放缓，稳中求进成为主题。中高压开关行业工业总产值同比增长 28.16%，出口交货值同比增长 40.57%，工业增加值同比增长 27%，利润总额同比增长 22.92，资产总额同比增长 47.06%[1]，行业内科技人员同比增长 16.33%[1]。

“十二五”期间，通过引进、消化、吸收国外先进技术和自主创新，新产品、新技术和新工艺不断涌现，中高压开关行业主要产品技术水平达到国际先进水平，部分领域国际领先，生产能力稳居世界第一。三维设计、计算机辅助分析和仿真技术的广泛应用使产品设计工作从经验定性阶段进入到定量数值计算分析、精确设计阶段，设计效率显著提高。

“十二五”期间，3.6 ～ 40.5 kV 中压成套开关设备产量同比增长 50.86%。3.6 ～ 40.5 kV 中压真空断路器产量增长 33.95%[1]。

“十二五”期间，中高压开关行业产业结构进一步优化，逐步实现了由生产型制造向服务型制造转变。行业内上市企业已达 30 余家，正在进行股份制改制的企业数 10 家，大型企业集团日益壮大，具有专业竞争优势的新兴企业迅速成长，“专、精、特”产业集群蓬勃发展。

3. 中压开关行业的技术发展方向

中压开关产品的技术发展一直遵循免维护、高可靠、小型化、集成化和智能化原则，以高技术含量的核心器件和新技术、新工艺和新材料为发展主线，并呈现出一些新特点。

（1）环保　主要是高压开关设备使用的温室气体——SF_6 气体替代品的研究。包括：

1） 中压真空产品技术向高压发展。预计到 2020 年，170 kV 及以下的真空断路器及其成套装置将会得到迅速发展；到 2030 年，220 kV 及以下的 SF_6 电器设备将被真空断路器和以压缩空气为绝缘的真空 GIS 所取代。

2） SF_6 替代气体的研究。主要集中在 N_2/SF_6 混合气体和低电压等级产品不使用 SF_6 气体（使用 N_2、干燥压缩空气等）的研究方面。

3）减少 SF_6 气体的使用量。对于需要同时重视绝缘性能和开断性能的高电压等级 SF_6 断路器，通过优化设计减小产品的重量和体积，在实现小型化的同时减少 SF_6 气体的用量、泄漏量和排放量。

4）使用更加环保的材料。如更多采用热塑性材料替代热固性材料，以便在产品报废回收时能更多地再利用。

（2）节能

1）设备的小型化。由于小型化产品能减少占地面积，节约能耗和材料，得到了用户的广泛欢迎。通过降低设备的重量和尺寸，以降低设备的材料消耗。

2）通过使用先进的技术工艺，减少设备的数量。

3）降低开关设备的操作能耗，以减少能量的消耗并提高设备的可靠性。

（3）智能化成为发展主流 为满足新能源（风能、太阳能）及分布式电源的接入要求，提高供电的可靠性，中国电力工业已开展了智能电网的建设工作。为满足这一市场需求，高压开关制造行业正在开展智能开关设备的研制工作，重点是一次和二次设备的整体融合及接口技术，产品已在工程中挂网运行。

（4）高效

1）新的绝缘、灭弧介质材料的研究与应用。

2）高温超导材料的广泛使用。随着高温超导技术的发展，预计到 2020 年，超导技术在输变电领域会得到大量使用。

3）随着电力电子技术的发展，固态（无触点）开关技术将会得到迅速发展，预计到 2030 年，会制造出以高温超导限流器为主导的半导体（混合）设备。

（5）集成化 当今科技发展的显著特点是学科交叉、专业深度融合与集成日趋明显，对于产品制造企业来讲，集成创新将成为重要的创新模式。通过将原来分立的不同的材料、元器件和技术方案整合（组合、集成）起来，为用户提供新的整体解决方案，以满足用户的多样化需求，如组合电器、紧凑型开关设备、箱式变电站、智能开关设备及多功能开关设备等，将成为开关行业技术发展的一个重要趋势。

（6）高可靠性 随着电力系统向特高压、智能化方向发展，中压开关作为重要的控制和保护设备，其发生故障就可能导致整个电力系统发生大面积停电，进而造成重大经济损失，中压开关产品的可靠性显得越来越重要。同时，随着开关设备不断向精品化和高可靠性方向发展，通过发展在线检测技术和故障诊断技术，可以降低设备运行费用，提高设备的使用寿命，制造免维护产品。

8.1.2 中压开关行业增长的速度

1. 发展环境

2015 年，世界经济增速降低到 6 年来的最低值，国际贸易增速更低，大宗商品价格深度下跌，国际金融市场震荡加剧，对我国经济造成了直接的冲击和影响。国内深层次矛盾凸显，经济下行压力增大[1]。

随着我国经济进入新常态，电力生产和消费也呈现出新常态特征。2011—2015 年电力生产消费发展情况如图 8-1 ～图 8-6 所示。

	2011	2012	2013	2014	2015
用电量	46 928	49 591	53 223	55 233	55 500

年份

图 8-1 2011—2015 年全国全社会用电量变化趋势[1]

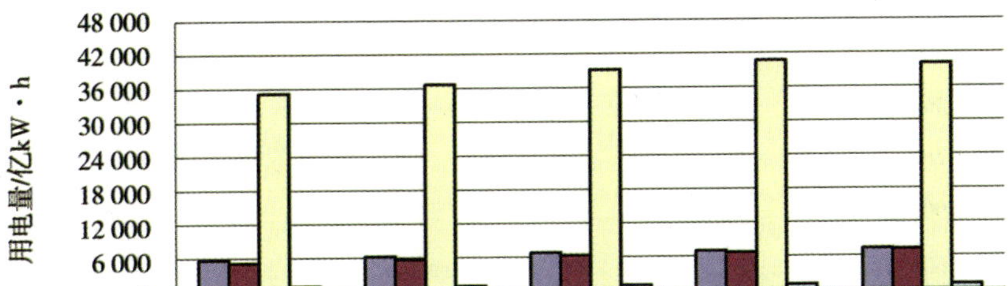

	2011	2012	2013	2014	2015
城乡居民生活	5 646	6 219	6 793	6 928	7 276
第三产业	5 082	5 690	6 273	6 660	7 158
第二产业	35 185	36 669	39 143	40 650	40 046
第一产业	1 015	1 013	1 014	994	1 020

年份

图 8-2 2011—2015 年三大产业及城乡居民生活用电量情况[1]

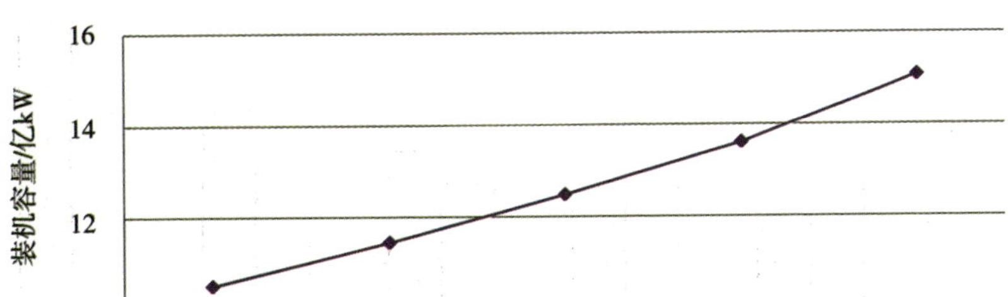

	2011	2012	2013	2014	2015
装机容量	10.5	11.44	12.47	13.6	15.07

年份

图 8-3 2011—2015 年全口径发电装机容量变化趋势[1]

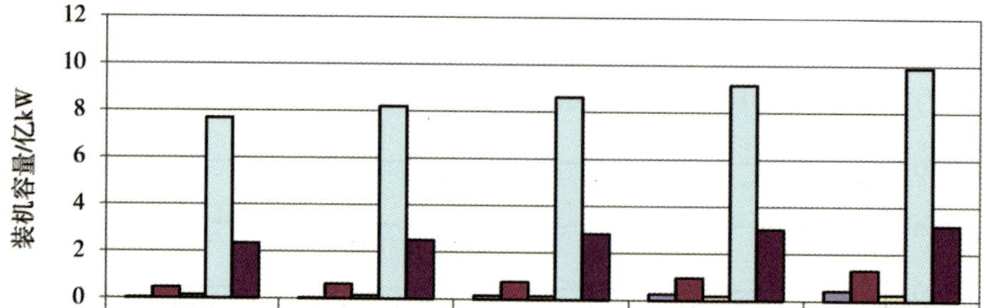

年份	2011	2012	2013	2014	2015
太阳能	0.02	0.03	0.16	0.27	0.43
风电	0.46	0.62	0.75	0.96	1.3
核电	0.13	0.13	0.15	0.2	0.26
火电	7.68	7.19	8.62	9.16	9.9
水电	2.33	2.49	2.8	3.02	3.19

图 8-4 2011—2015 年水、火、核、风发电装机情况 [1]

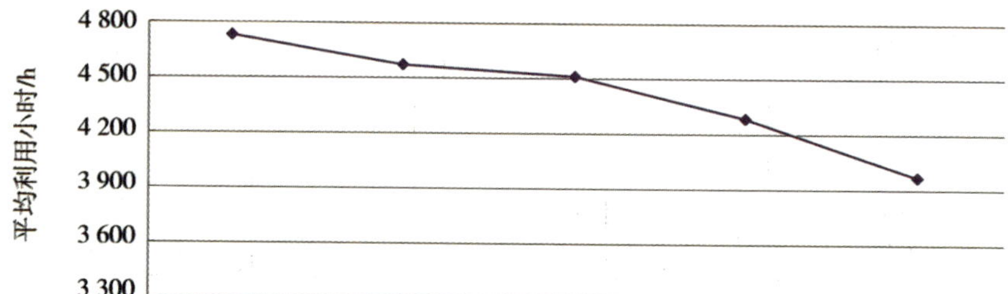

年份	2011	2012	2013	2014	2015
利用小时	4 731	4 572	4 511	4 286	3 969

图 8-5 2011—2015 全国发电设备累计平均利用小时变化趋势 [1]

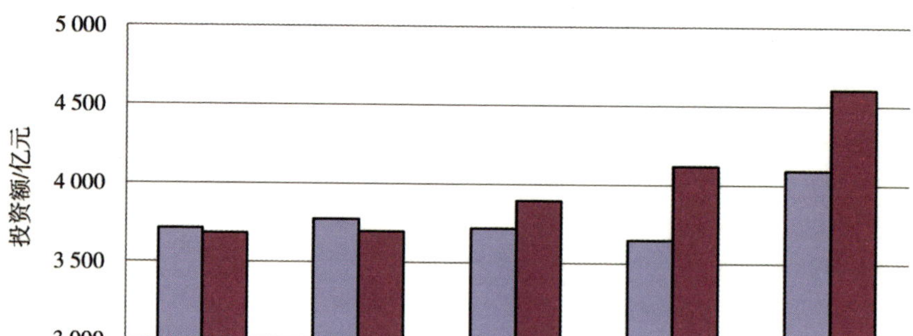

年份	2011	2012	2013	2014	2015
电源投资	3 712	3 772	3 717	3 646	4 091
电网投资	3 682	3 693	3 894	4 118	4 603

图 8-6 2011—2015 年电源电网投资情况 [1]

2. 我国中高压开关行业经营发展情况

在我国，中压开关设备和高压开关设备制造企业基本上都相互渗透，中压向高压发展，高压向中压扩张。因此在我国行业统计分析中，将中高压开关行业统称为高压开关行业。

我国中高压开关行业 2006—2015 年中高压开关设备产值、出口交货值、工业增加值、主营业务收入、利润指标的增长情况如图 8-7 ～图 8-11 所示。

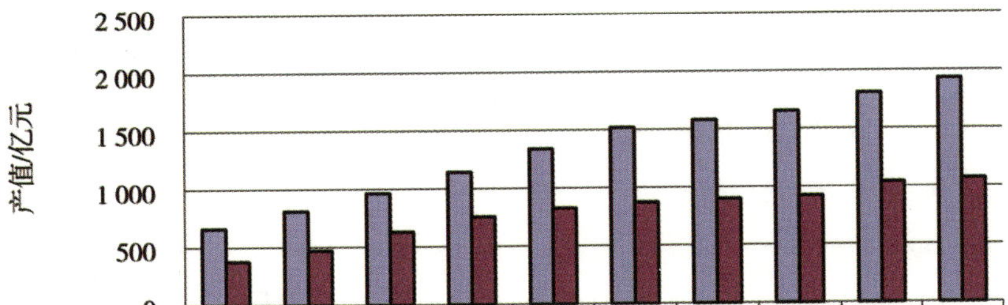

	2015	2006	2007	2008	2009	2010	2011	2012	2013	2014	年份
工业总产值	662	809	961	1 146	1 341	1 518	1 578	1 652	1 806	1 927	
高压开关产值	378	471	628	754	826	871	897	919.7	1 039	1 069	

图 8-7　2006—2015 年产值增长情况[1]

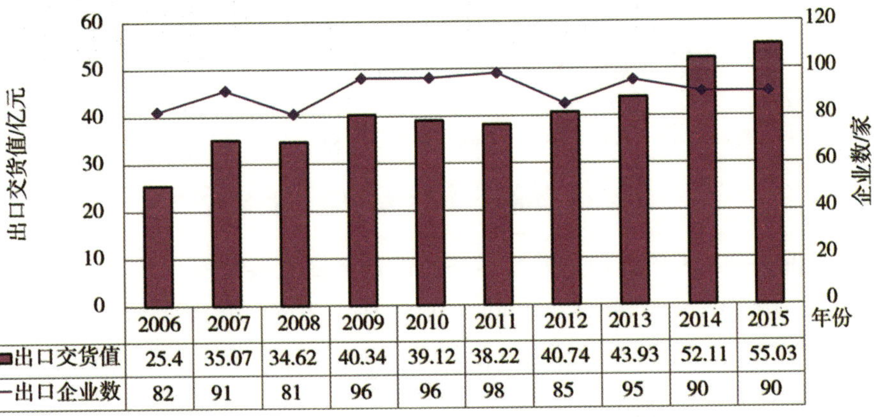

	2006	2007	2008	2009	2010	2011	2012	2013	2014	2015	年份
出口交货值	25.4	35.07	34.62	40.34	39.12	38.22	40.74	43.93	52.11	55.03	
出口企业数	82	91	81	96	96	98	85	95	90	90	

图 8-8　2006—2015 年出口交货值增长情况[1]

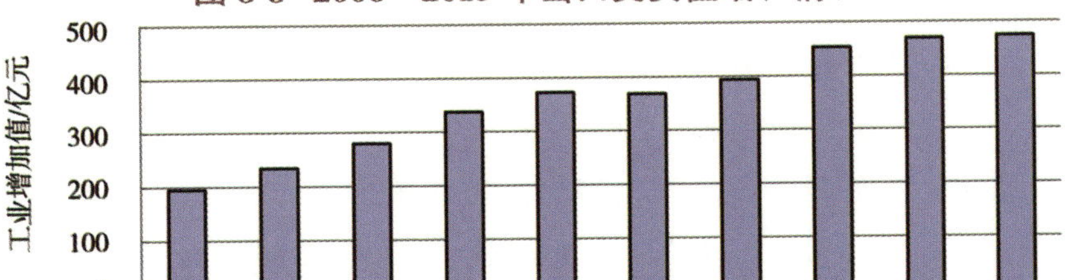

	2006	2007	2008	2009	2010	2011	2012	2013	2014	2015	年份
工业增加值	195	234	279	338	373	369	394	453	469	474	

图 8-9　2006—2015 年工业增加值增长情况[1]

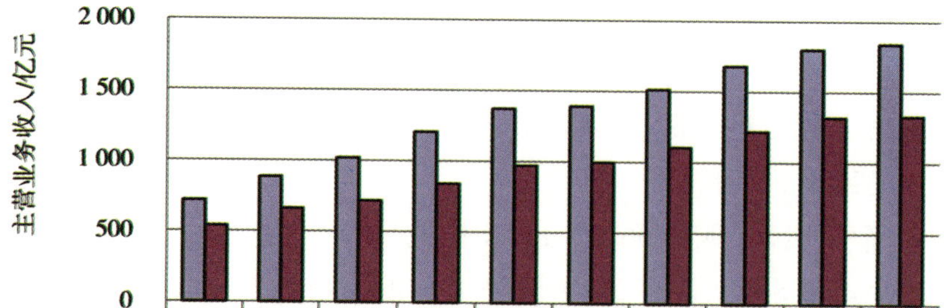

年份	2006	2007	2008	2009	2010	2011	2012	2013	2014	2015
主营业务收入	715	885	1 019	1 204	1 372	1 392	1 513	1 680	1 798	1 839
主营业务成本	536	659	716	840	971	998	1 106	1 218	1 319	1 330

图 8-10 2006—2015 年主营业务收入增长情况 [1]

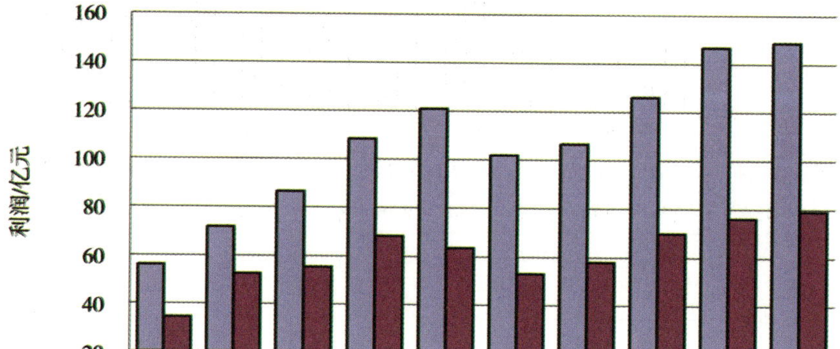

年份	2006	2007	2008	2009	2010	2011	2012	2013	2014	2015
利润总额	56	72	86	108	121	102	107	126	147	149
高压开关利润	34	53	55	68	64	53	58	70	76	79

图 8-11 2006—2015 年利润增长情况 [1]

3. 2006—2015 年行业主要中压开关设备产量发展情况

（1）40.5 kV SF_6 断路器　2006—2015 年十年间，我国 40.5 kV SF_6 断路器的产量略有降低。2006 年产量为 7 763 台，占我国当年 40.5 kV 无油化断路器（真空断路器 +SF_6 断路器）总产量的 22.05%。2015 年 40.5 kV SF_6 断路器产量为 6 772 台，比 2006 年降低 12.76%，占我国当年 40.5 kV 无油化断路器总产量的 10.51%。2006—2015 年我国 40.5 kV SF_6 断路器的产量变化情况如图 8-12 所示。

（2）40.5 kV 真空断路器　2006—2015 年，我国 40.5 kV 真空断路器的产量翻了一番多。2006 年产量为 27 450 台，占我国当年 40.5 kV 无油化断路器总产量的 77.95%。2015 年 40.5 kV 真空断路器产量为 57 662 台，比 2006 年增长了 110.06%，平均每年增长 11.00%，占我国当年 40.5 kV 无油化断路器总产量的 89.49%。2006—2015 年我国 40.5 kV 中压真空断路器的产量变化情况如图 8-13 所示。

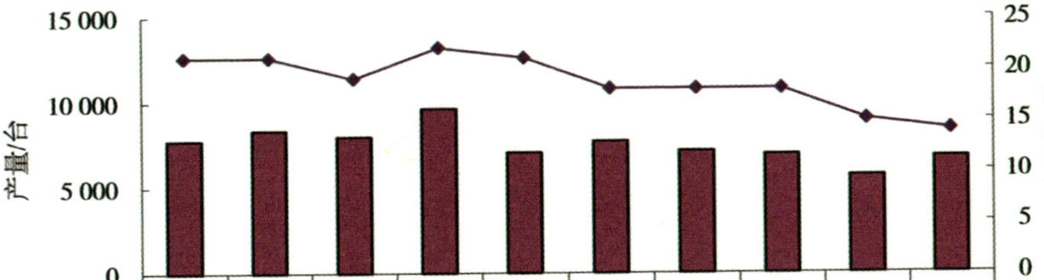

	2006	2007	2008	2009	2010	2011	2012	2013	2014	2015
产量	763	8 357	7 996	9 624	7 056	7 709	7 144	6 936	5 660	6 772
企业数	21	21	19	22	21	18	18	18	15	14

图 8-12　2006—2015 年 40.5 kV SF_6 断路器产量增长情况 [1]

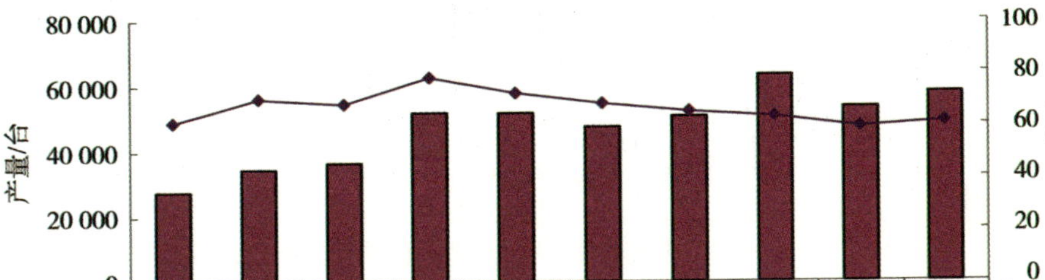

	2006	2007	2008	2009	2010	2011	2012	2013	2014	2015
产量	27 450	34 434	36 352	51 702	51 552	47 219	50 444	62 956	53 212	57 662
企业数	61	70	68	78	72	68	65	63	59	61

图 8-13　2006—2015 年 40.5 kV 真空断路器产量增长情况 [1]

（3）12 kV SF_6 断路器　2006—2015 年十年间，我国 12 kV SF_6 断路器的产量大幅降低。2006 年我国 12 kV SF_6 断路器的产量为 6 823 台，仅占我国当年 12 kV 无油化断路器总产量的 2.10%。2015 年 12 kV SF_6 断路器产量降至 225 台，比 2006 年降低 96.70%，占我国当年 12 kV 无油化断路器总产量的 0.35%。2006—2015 年我国 40.5 kV SF_6 断路器的产量变化情况如图 8-14 所示。

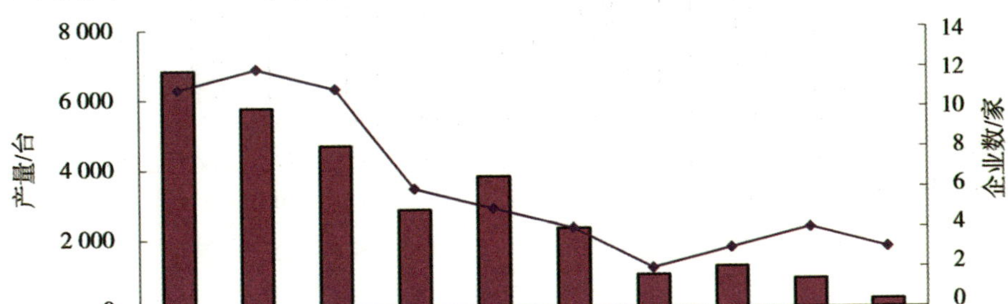

	2006	2007	2008	2009	2010	2011	2012	2013	2014	2015
产量	6 823	5 750	4 662	2 828	3 778	2 286	943	1 172	817	225
企业数	11	12	11	6	5	4	2	3	4	3

图 8-14　2006—2015 年 12 kV SF_6 断路器产量增长情况 [1]

（4）12 kV 真空断路器　2006—2015 年，我国 12 kV 真空断路器的产量翻了一番多。2006 年我国 12 kV 真空断路器的产量为 318 448 台，占我国当年 12 kV 无油化断路器总产量的 97.90%。2015 年 12 kV 真空断路器产量为 646 574 台，比 2006 年增长 103.04%，平均每年增长 10.30%，占我国当年 12 kV 无油化断路器总产量的 99.65%。2006—2015 年我国 12 kV 中压真空断路器的产量变化情况如图 8-15 所示。

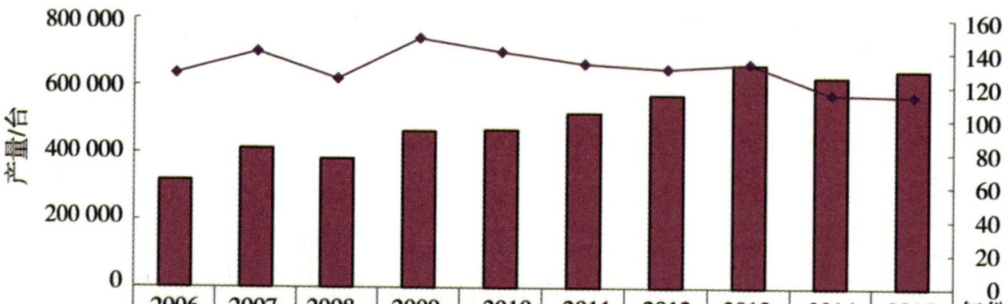

	2006	2007	2008	2009	2010	2011	2012	2013	2014	2015
产量	318 448	412 950	382 123	464 490	468 368	517 954	571 948	662 859	625 291	646 574
企业数	127	140	124	148	140	133	130	133	115	114

图 8-15　2006—2015 年 12 kV 真空断路器产量增长情况 [1]

（5）40.5 kV 气体绝缘开关设备　2006—2015 年，我国 40.5 kV 气体绝缘开关设备（C-GIS）的产量得到很大提升，2006 年我国 40.5 kV C-GIS 的产量为 1 347 面，2015 年增长至 2 494 面，比 2006 年增长 85.15%，平均每年增长 8.52%。2006—2015 年我国 40.5 kV C-GIS 的产量变化情况如图 8-16 所示。

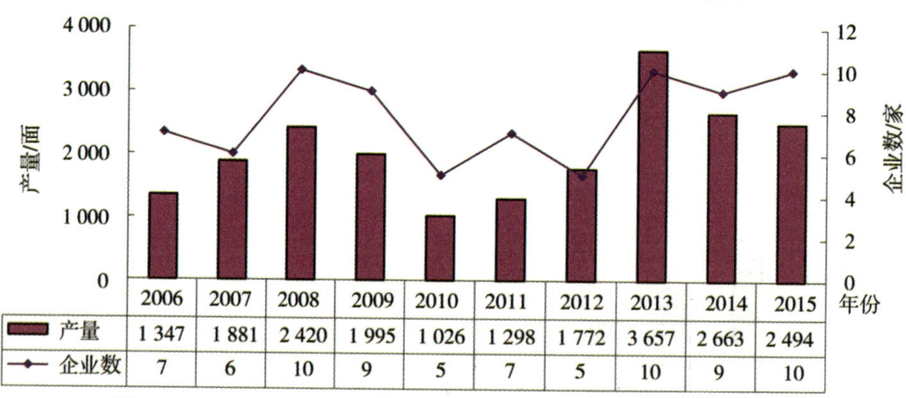

	2006	2007	2008	2009	2010	2011	2012	2013	2014	2015
产量	1 347	1 881	2 420	1 995	1 026	1 298	1 772	3 657	2 663	2 494
企业数	7	6	10	9	5	7	5	10	9	10

图 8-16　2006—2015 年 40.5 kV C-GIS 产量增长情况 [1]

（6）40.5 kV 空气绝缘开关设备　2006—2015 年，我国 40.5 kV 空气绝缘开关设备（这里所说的空气绝缘开关设备不含环网柜，以下类同）的产量大幅提升。2006 年我国 40.5 kV 空气绝缘开关设备的产量为 29 026 面， 2015 年增长至

79 529 面，比 2006 年增长 174.00%，平均每年增长 17.40%。2006—2015 年我国 40.5 kV 空气绝缘开关设备的产量变化情况如图 8-17 所示。

（7）12 kV 空气绝缘开关设备 12 kV 空气绝缘开关设备使用量大面广，2006—2015 年，我国 12 kV 空气绝缘开关设备的产量大幅提升。2006 年我国 12 kV 空气绝缘开关设备的产量为 337 425 面， 2015 年增长至 424 192 面，比 2006 年增长 25.71%。2006—2015 年我国 12 kV 空气绝缘开关设备的产量变化情况如图 8-18 所示。

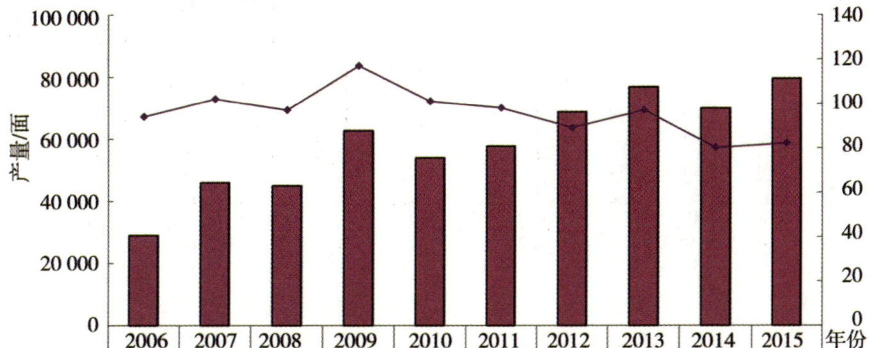

	2006	2007	2008	2009	2010	2011	2012	2013	2014	2015
产量	29 026	45 990	45 011	62 651	53 955	57 657	68 678	76 783	69 926	79 529
企业数	94	102	97	117	101	98	89	97	80	82

图 8-17 2006—2015 年 40.5 kV 空气绝缘开关设备产量增长情况 [1]

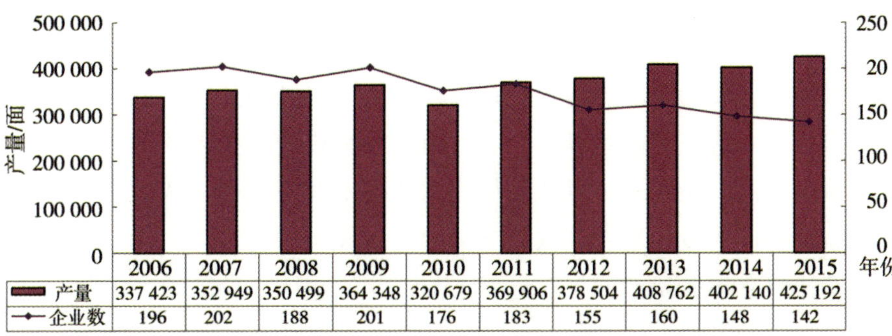

	2006	2007	2008	2009	2010	2011	2012	2013	2014	2015
产量	337 423	352 949	350 499	364 348	320 679	369 906	378 504	408 762	402 140	425 192
企业数	196	202	188	201	176	183	155	160	148	142

图 8-18 2006—2015 年 12 kV 空气绝缘开关设备产量增长情况 [1]

（8）12 kV 环网柜 环网柜是一种内装负荷开关和负荷开关 + 熔断器的开关设备，广泛用于 12 kV 以下的输配电系统中，常用于环网供电系统，故通常称为环网柜。随着城市现代化建设的迅速发展，用电负荷急剧增长，这就对配电的质量和配电网的可靠性提出了更高要求。国内 12 kV 配电网大多数采用单辐射状架空线为主，自变电站以放射形扩展，在线路上连接许多民用和工业企业变电所。环网柜是由负荷开关和负荷开关 + 高压限流熔断器为主要元件组合而成的环网供电单元，具有结构简单、体积小、价格低、省地，又可提高供电质量和供电安全等的一系列优点。

2006—2015 年，我国 12 kV 环网柜的产量大幅提升。2006 年我国 12 kV 环网柜的产量为 87 955 面， 2015 年增长至 250 148 面，比 2006 年增长 184.40%。2006—2015 年我国 12 kV 环网柜的产量变化情况如图 8-19 所示。

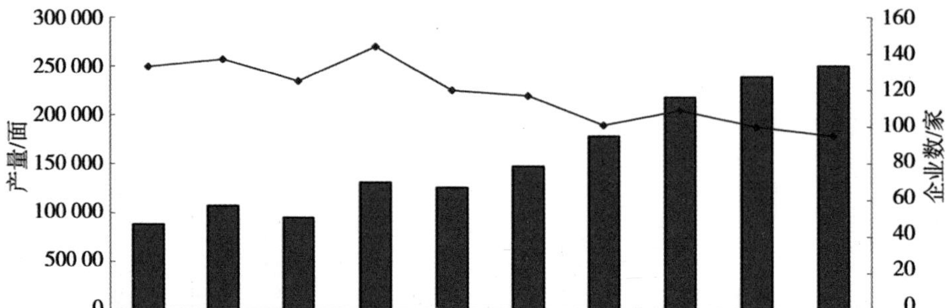

	2006	2007	2008	2009	2010	2011	2012	2013	2014	2015
产量	87 955	106 983	94 762	130 887	125 747	147 524	178 203	217 637	238 863	250 146
企业数	133	137	125	144	120	117	101	109	100	95

图 8-19　2006—2015 年 12 kV 环网柜产量增长情况 [1]

4. 中压开关行业技术发展水平

近年来，开关设备制造业在产品设计、试验验证、标准体系建设和加工制造能力等方面都取得了显著的进步和提高，为开关行业的快速发展打下了坚实的基础。

（1）在产品设计能力方面　通过采用三维设计、计算机辅助分析和仿真技术，对包括电磁场、温度场和应力等多种物理场和运动轨迹的分析，可定量计算产品在不同结构及不同状态下的绝缘水平、开断性能和温升等参数及运动特性，并可根据计算结果优化产品结构，以达到最满意的技术经济指标。从而使产品设计工作由以往靠经验定性设计进入到依靠定量数值计算及分析进行精确设计阶段，大大提高了设计效率和成功率。

（2）在试验验证能力方面　近年来通过技术改造及加大资金投入，国内开关设备试验检测能力获得了显著提高，已具备 1 100 kV 及以下开关设备高电压、大容量的试验能力，为自主研发交流输变电设备提供了良好条件。目前，我国开关行业试验检测技术与能力已达到世界先进水平，西安高压电器研究院有限责任公司已成为世界上少数几个具有国际先进水平的同类实验室之一，并创造了一系列国际第一的佳绩。

（3）在标准体系建设方面　经过数十年的发展，国内已基本建成体系完整并与国际接轨的开关设备标准体系，目前使用的相关标准基本上为等同采用或修改采用相关国际标准。该体系覆盖了产品设计、生产制造、所用原材料、试验验证及使用维护的各个方面，对引领新产品的研发及保证产品性能和质量起到了巨大的作用。

通过上述几方面为主的能力建设，使国内开关设备制造业形成了包括产品设计、加工制造、试验检测和安装调试的完整的自主制造产业链，具有自主知识产权的开关设备的整体性能达到国际先进水平，部分产品达到了国际领先水平。

近年来，中压产品研发工作遵循小型化、集成化、智能化、高可靠、少（免）维护和环境友好的原则，以采用高技术含量的核心器件和新技术、新工艺和新材料为主线进行研发，取得了可喜的成果。在不断完善和提高原有产品技术水平的基础上，研发出了复合绝缘真空断路器、固封极柱真空断路器等新型开关元器件和中压 C-GIS 充气开关设备、固体绝缘开关设备及各种新型预装式变电站等成套产品。同时为满足特殊技术领域和使用场合的需要，研发出了新型发电机保护断路器、电气化铁道用开关设备、直流系统用开关设备、故障电流限流器和新能源发电系统用开关设备等专用产品，很好地满足了电力工业的发展需要，主要产品的技术指标和性能接近或达到国际先进水平。

8.1.3 中压开关行业战略性新兴产业技术在行业发展中的作用

我国中压开关行业积极开展中压开关设备的智能化、高可靠性、环保及新领域等战略性新兴产业关键核心技术研究开发，对中压开关行业的转型发展发挥了积极作用。

1. 中压开关设备智能化技术

智能电网是大型系统工程，包括电力的发、输、变、配、用和调度共 6 个环节。我国正推广的智能电网是“一特四大”：特高压、大煤电、大水电、大核电和大的可再生能源基地建设。

《智能电网关键设备（系统）研制规划》在中国首次提出了包括 7 个技术领域、28 个技术专题和 137 项关键设备的研制规划。

《智能电网技术标准体系规划》在中国首次提出了包括 8 个专业分支、26 个技术领域和 92 个标准系列的智能电网技术标准体系。

智能变电站是智能电网的基本单元，智能一次设备是智能变电站的重要组成部分。

智能中高压开关设备是指一次设备和智能组件的有机结合体，是具有测量数字化、信息互动化、状态可视化、控制网络化和功能一体化为特征的高压设备，支撑智能电网的自动控制、智能调节、实时决策和协同互动，以实现电网运行安全可靠、资源节约和环境友好的目标。

“中高压设备 + 智能组件”的组合方案现有多种：

方案一：独立运行的传统一次设备加上外置的智能组件、智能组件单独组屏。

方案二：一次设备加上内嵌的包括状态检测单元的智能组件，再加上外置的一个或多个智能组件。

方案三：一次设备加上内嵌的智能组件，形成真正意义上的紧凑型一体化智能设备。该方案是智能一次设备的最终发展趋势。该智能开关设备融合了在线检测、保护、测量、控制和计量等所有智能组件。

现阶段国内智能化设备主要采取“一次设备 + 外置智能组件”，即方案一。

因此，智能化开关设备是智能电网的核心设备，开关设备的智能化技术是推动开关行业持续满足智能电网发展需求的动力，开关行业拥有研发机构的企业都积极开展开关设备智能化技术的研究与开发。

2. 中压开关设备的可靠性

（1）概述　中压开关（主要指断路器等开关元件）是配电网络关键的电气设备之一，它是对配电网运行状态进行控制的唯一电气设备，正常运行时，利用它可改变网络结构，从而改变电能的供需联系及实现网络中某些电气设备的投入及切除。更重要的是当网络发生短路故障时，在继电保护装置的操纵下，可切除线路或电气设备的短路故障，使供电系统的整体及电气设备受到保护。因而断路器是配电网络实现综合自动化，运动化及智能化的关键电气设备。

断路器由三部分组成：断路器本体和操作机构。作为断路器主要部件的断路器本体，它的功能是切断负载或短路电流。操作机构的功能是通过电动方式或手动方式实现断路器触头的开合及满足触头开合特性的各种要求。因此，虽然操作机构在断路器总造价中所占比率较低，但对断路器的开断关合特性却发挥着至关重要的作用。

真空断路器采用真空灭弧室，结构简单，绝缘和开断性能好、开断后不产生 SF_6 气体的衍生物，有利于环保，与 SF_6 断路器相比不存在液化问题，适于高寒地区运行，环境温度可以达到 -45℃。因为灭弧室是真空，不会有爆炸危险，所以在使用上更加安全可靠。因此，真空断路器已成为中压领域的主流断路器。从世界市场看，真空断路器在中压市场已占 65% 以上。特别是在美国、日本和德国真空开关占有绝对优势，日本真空开关已占 90% 以上。据中国电器工业协会高压开关分会统计，2015 年我国 40.5 kV 真空断路器的产量占该电压等级断路器产量的 89.49%，12 kV 真空断路器的产量占该电压等级断路器产量的 99.65%。

用户对中压开关设备可靠性要求的提高，促进了中压开关行业技术创新及制造技术的发展。

（2）主回路固封技术的广泛应用　为了提高真空断路器的绝缘可靠性，国内中压开关行业利用 APG 工艺，将真空断路器灭弧室、出线等主回路用环氧树脂类绝缘材料固封。由于这种固封极柱断路器为模块化设计，结构简单，可拆卸零件少，可靠性高，因此在真空断路器中得到广泛应用。

厦门华电开关有限公司开发的 ZN96 系列真空断路器、天水长城开关厂有限公司开发的 EVH1 系列真空断路器等产品均采用固封极柱技术，实现了中压断路器的高可靠性和小型化。

（3）高可靠性操作机构的研究不断深入　虽然操作机构在断路器总造价中所占比率较低，但对于断路器的开断关合的可靠性却发挥着至关重要的作用。电源部件的功能是为断路器以电动方式开合提供足够的能源。据统计开关设备故障中有 70% 以上为操作机构的机械故障。为提高真空断路器的可靠性，我国中压开关制造企业对真空断路器操作机构进行了深入研究，开发了高可靠性操作机构。

天水长城开关厂有限公司开发了适用于 EVH1 系列真空断路器的高可靠性操作机构（如图 8-20 所示），该机构为独立的整体功能单元，储能传动及凸轮的驱动采用了滚柱式超越离合器的原理，合闸掣子、合闸保持掣子共用一个支撑轴，有两个机械联锁接口。该机构结构简单紧凑、可靠性高，功能全，体积小，重量轻，维修方便。

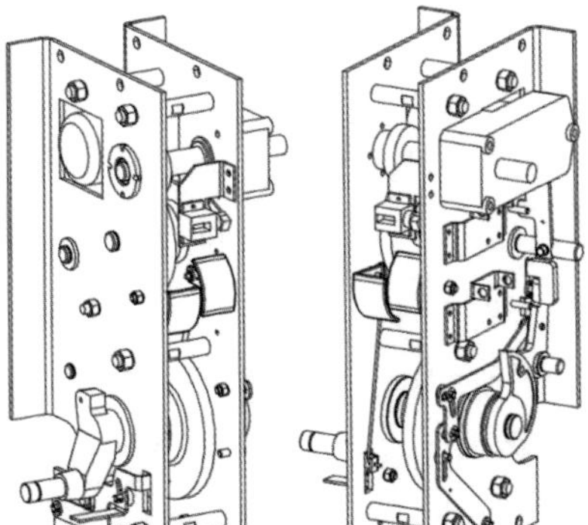

图 8-20　EVH1 系列真空断路器高可靠性操作机构

另外，河南森源电气股份有限公司开发了高可靠性操作机构，用于 VSV 系列中压真空断路器。

（4）真空断路器磨合检测　对于制造商而言，真空断路器可靠性是指在按规定操作循环顺序，规定额定操作电压下，完成规定合分动作次数的正确率。为此，实力较强的中压开关设备制造企业大多构建了真空断路器自动磨合系统，每一台开关在生产交检前都应完成规定的磨合次数，比如，额定机械寿命为 20 000 次时，可以规定 500 次磨合次数，发现故障时自动停机，召集产品研发人员、工艺人员、生产技术负责人和质量管理专员等召开专题分析会，查找故障原因，确定改进措施。天水长城开关厂有限公司在其开关元件装配检测分系统中设置了开关元件磨合检测单元（如图 6-4 和图 6-5 所示），对生产线上生产的每台断路器进行 500 次磨合检测，保证出厂产品的可靠性。

3. 中压开关设备的环保技术

（1）环保性绝缘气体的应用　由于 SF_6 气体具有绝缘性能好和开断性能优良、化学性能稳定、不燃、无毒、无腐蚀性、热导率高、易于处理和价格较低等特点，目前国内外中压柜式气体绝缘金属封闭开关设备（简称 C-GIS）绝大多数采用 SF_6 气体作为绝缘介质，中压开关设备借此实现了小型化。

但 SF_6 气体在空气中的寿命为 3 200 年，红外线吸收量大，温室效应系数（GWP）远高于其他气体，为 23 900。1997 年在国际气候变化框架公约第 3 次缔约国会议（COP_3）上，广泛用作中压开关设备灭弧与绝缘介质的 SF_6 气体被指定为温室效应气体而成为减排对象，近年来以减少 SF_6 气体使用量为目的的研究（设备小型化、N_2 气体等混合气体的使用、无 SF_6 气体的干燥空气与 N_2 气体等替代气体）非常活跃、并不断深入。

1）SF_6 混合气体绝缘金属封闭开关设备。SF_6 混合气体绝缘金属封闭开关设备主要绝缘介质为不同比例 SF_6 与其他气体的混合气体，目前使用较多的为 SF_6 与 N_2 混合气体（常用的比例为 10% SF_6 和 90% N_2，20% SF_6 和 80% N_2），其通过少量的 SF_6 气体保证了足够的绝缘强度，并利用真空灭弧室灭弧，使开关设备实现了小型化。上海天灵开关有限公司 SF_6 与 N_2 混合气体开关设备，混合气体中 SF_6 占 10%，N_2 占 90%，SF_6 和 N_2 混合气体仅用作绝缘介质，真空灭弧室作为开断电流元件，这样就实现了减少 SF_6 气体使用的目的，同时所有高压元件密封在不锈钢气箱中，保证了良好的绝缘性能和环境适应能力。

2）干燥空气绝缘金属封闭开关设备。干燥空气绝缘金属封闭开关设备以干燥空气为主要绝缘介质，干燥空气绝缘性能比 SF_6 气体弱，因此致使开关设备体积较大。目前使用的干燥空气通常是使空气经过空气压缩机、冷冻式干燥机、精密过滤器组和除油过滤器等的处理，除去空气中的水蒸气、尘埃等杂质而获得。北京 ABB 高压开关设备有限公司推出的干燥空气绝缘开关设备，使用的干燥空气是采用工业用混合气体，其成分为 19.5% ～ 23.5% 的氧气，其余为氮气，压力为 1.4 bar（1 bar=10^5 Pa）；所有带电部分均密封在气箱中，气箱采用不锈钢焊接而成。双杰电气股份有限公司开发的 EVI-12 型环保型 C-GIS，不受外界环境条件的影响，完全可以确保运行的可靠性和安全性，从而保证了免维护。该产品采用干燥空气代替 SF_6 气体作为绝缘介质，在产品全寿命周期内对环境影响小且具有环境适应性。

3）氮气绝缘金属封闭开关设备。氮气绝缘金属封闭开关设备以氮气作为主要绝缘介质，利用真空灭弧室进行开断。同干燥空气一样，氮气绝缘性能比 SF_6 气体弱，因此其体积相对较大。目前氮气的生产工艺是将压缩空气经过冷冻式干燥机进行干燥，通过精密过滤器组滤除较大的固体和液态颗粒及油份，然后进入活性炭吸附器，利用碳分子筛在不同压力下对氮和氧及其他气体的吸附量的不同，吸附除氮气之外的空气分子，从而获得纯度大于 99% 的氮气。上海天灵开关厂有限公司开发的 N_2S/N_2X 环保型 C-GIS，采用微正压氮气作为绝缘气体，真空灭弧断路器开断额定和短路电流，是能完全替代具有温室效应的 SF_6 气体的开关设备。$N_2X/N_2S/N_2N$ 型环保 C-GIS 产品覆盖的电压等级为 12 ～ 40.5 kV、额定电流为 630 ～ 3 150 A，为提高我国 12 ～ 40.5 kV 电力系统环保性能提供了一种有效的解决方案。

（2）固体绝缘技术　固体绝缘开关设备（简称 SIS）是一种将主回路用环氧树脂等绝缘材料浇注，表面设接地层的绝缘结构，能够充分实现中压开关设备的小型化。由于 SIS 主回路采用环氧树脂或硅橡胶浇注，外部设有接地层，主回路与外部环境完全隔离，因此提高了 SIS 产品的安全性、可靠性，实现了小型化、阻燃化和维护省力化。北京双杰电气股份有限公司开发的 SVI-12kV 固体绝缘开关设备，额定电流为 630 A，其带电部件全部被密封（开关采用环氧树脂套筒封装，母线采用硅橡胶封装），实现了全绝缘、全封闭结构，安全防护等级为 IP67，外形尺寸为 400 mm（宽）×14 300 mm（高）×7 800 mm（深）；24 kV 固体绝缘开关设备，额定电流为 630 A，带电部分实现了全绝缘全密封，防护等级为IP67；相间完全隔离，避免了产品内部相间短路，防爆性能优越；三相隔离与接地断口清晰可见，提高了维护安全性；40.5 kV固体绝缘开关设备的额定电流为1 250 A/1 600 A，产品采用模块化设计，绝缘模块外表面涂覆导电接地屏蔽层，是柜内可触摸的安全型固体绝缘开关设备，柜体尺寸为600 mm×2 300 mm×1 300 mm，带电部分实现了全绝缘全密封，防护等级为IP67，适用于高寒、高海拔、高潮湿、高腐蚀、低洼地带及防爆地区。

8.2 市场需求分析

1. 国家宏观环境分析

面对复杂多变的国际环境和艰巨繁重的国内发展改革稳定任务，党中央、国务院坚持稳中求进的工作总基调，牢牢把握发展大势，全力深化改革开放，着力创新宏观调控，奋力激发市场活力，努力培育创新动力，国民经济在新常态下保持平稳运行，呈现出增长平稳、结构优化、质量提升和民生改善的良好态势。

2015年，为稳定经济增长，按照中央经济工作会议工作部署，计划增加中央预算内投资规模，启动一批新的重大项目；将实施差异化的区域发展政策，对西部、中部地区和东北老工业基地提出了项目建设和发展意见；将加快推进京津冀、"一带一路"以及长江经济带建设；将在农业技术装备、高端装备、新能源汽车、先进输变电装备和燃气轮机等领域，实施一批重大创新工程和智能制造重大项目，为机械工业发展提供新的历史机遇。

同时，我国经济正从贸易大国向对外投资大国转型，正大力推动高铁、特高压输电、工程机械、汽车以及钢铁和水泥等成套设备走向世界，而世界经济整体上尚处在危机后的修复阶段，这为我们实施走出去战略，拓展国际市场提供了难得机遇。

能源行业市场化改革步伐加快，部分环节或领域的垄断局面将会逐步打破，价格日趋市场化。电力行业将按照新一轮电力体制改革方案确定的改革思路，逐步落实。

1）电力大用户与发电企业直接交易的试点范围逐步扩大，更多地区将实行"直购电"试点，"多买、多卖"的市场竞争机制逐步形成。

2）"输配电价格改革"试点范围从深圳扩大到内蒙古蒙西电网，如果进展顺利，一些电力资源丰富的消费区域，例如东北区域、新疆或上海等地也可能开展此类试点，为准确监管输配电价格提供了更加丰富的素材。

3）电网企业的一些辅助功能，例如规划、设计或房地产和传媒等其他不关联的业务或投资受到抑制，电网企业业务逐步收缩，不再统购统销，主要集中于从事电网投资运行、电力传输配送等。

4）配售电业务放开，该领域将涌现出非常多的主体，这是新一轮电力改革所带来的最大红利。

5）电价方面，上网电价更加体现竞价上网、终端销售电价与上网电价联动的上网电价。在试行输配电价改革试点的深圳、内蒙古等地，终端销售电价有可能下调。

根据以上环境分析得出，国内市场需求主要分布在以下几个方面：

（1）在用电方面　改革开放 30 年来，全国用电量年均增长 9.7%，约以 10 年为周期波动。在“新常态”下，经济从高速增长转为中高速增长；第三产业、消费需求逐步成为主体，居民收入占比上升；从要素驱动、投资驱动转向创新驱动。预计 2020 年我国电力需求将达到 6.8 ～ 7.2 万亿 kW · h，2030 年预计为 10 ～ 11 万亿 kW · h，“十三五”期间年均增速为 5.5%。

（2）在电源建设方面　根据国家能源发展规划，“十三五”期间我国将基本形成“五基两带”能源开发格局，与“十二五”相比，新增包括渤海、东海和南海北部等在内的近海开发带，同时可再生能源增速大幅提高，其中风电目标是“十二五”目标的 1.6 倍，太阳能发电则是“十二五”目标的 2.62 倍，而备受关注的中部核电开发则会有所放开。

预计到 2020 年，我国电源装机总容量为 20 亿 kW 左右，非化石电源装机占比接近 40%。

（3）在输电通道及输电网建设方面　2020 年全国跨省跨区送电规模将达 2.5 亿 kW 左右，2014—2020 年规划新增约 1.4 亿 kW。

2014 年国家能源局与国家电网公司和南方电网公司签署的《大气污染防治外输电通道建设任务书》指出，将加快建设 12 条大气污染防治外输电通道建设，包含 8 条特高压线路。

根据国家电网公司的规划，2015 年，建成两纵两横特高压三华同步电网。东纵：从内蒙古到南京；西纵：从陕西到湖南；南横：从四川雅安到上海；北横：从蒙西到山东潍坊。这 4 条线路预计投资总额约为 1 200 亿～ 1 500 亿元。到 2017 年，建三纵三横特高压三华同步电网。三纵是锡盟南京、张北南昌和陕北长沙；三横是蒙西潍坊、晋中徐州和雅安皖南3个横向输电通道。到2020年，建五纵五横特高压三华同步电网。

根据《南方电网发展规划（2013—2020年）》，2015—2020年南方电网公司将再建设6～8条输电通道，满足云南、藏东南和周边国家水电向广东、广西送电的要求。

（4）在配电网及农村电网建设方面　目前我国配网结构普遍薄弱，自动化水平低，供电可靠性偏低，难以适应大规模新能源电网的接入和提高需求侧管理的需要。当前我国配电自动化覆盖率不到15%，而法国、日本的配电自动化覆盖率分别为90%和100%，西方发达国家一般都在70%～80%。我国仅完成了30个城市的配网自动化试点，且试点区域主要集中于城市的核心区。配电网的建设与改造将是“十三五”规划中电网建设的重要方面。

美国、英国和日本等国家的电网输配电投资是电源投资的1.2倍左右，配电网是输电网投资的1倍多，而中国配电网的投资还不到输电网的一半。根据业内专家分析，按照投资节奏来看，2011年开始到未来10年甚至更长时间，电力建设投资重点逐步转向电网智能化及配电网建设，更加偏向于配、用电侧。

随着新型城镇化、农业现代化步伐加快，新能源、分布式电源、电动汽车和储能装置的快速发展，终端用电负荷呈现增长快、变化大和多样化的新趋势，加快配电网改造升级的任务愈发紧迫。

《南方电网发展规划（2013—2020年）》指出，将加强城乡配电网建设，推广建设智能电网，到2020年城市配电网自动化覆盖率达到80%。国家电网公司也提出，2015年将完成30个重点城市市区、30个非重点城市核心区配电网建设改造，重点城市市区配电网自动化覆盖率超过50%。

（5）其他行业领域

1）电气化铁路建设。根据《中长期铁路网规划》，预计到2020年，全国铁路营业里程规划目标为12万km以上，其中客运专线1.6万km，总投资规模达到5万亿元，电气化率为60%以上。这轮电气化铁路建设和改造要求国产设备的使用率和国产化率由原来的不足10%提高到70%。这必然会给国内电气设备制造企业带来大量订单和良好的发展机遇。

2）核电建设。核电是当今世界上公认的清洁能源。积极发展核电是优化我国能源结构、减少温室气体排放的一项重要举措，但与世界核电发达国家相比，我国核电在电源结构中所占比重较小。预计到2020年，我国核电装机容量占总电力装机容量的比重将上升到3%左右，达到5 800万kW，在建3 000万kW。

预计核电在“十三五”期间将有更大的发展空间，内陆核电站的规划、审批和建设可以期待。

3）城市轨道交通建设。在“国十策”中，城市轨道交通基础设施建设投资呈上升趋势。据了解，北京、上海和成都等6个城市，正在或计划扩建现有的地铁网络。此外，还有25个城市计划发展城市轨道交通。预计到2020年，我国轨道交通装备产业年销售收入超过6 500亿元，对高低压成套开关设备的需求大大增加。

（6）可再生能源发展　我国风能、太阳能和生物质能储量巨大。发展风力发电、太阳能发电和生物质能利用等可再生能源技术，规模化开发可再生资源，对优化我国能源结构，促进能源可持续发展具有重要意义。截至2014年9月底，我国可再生能源发电装机容量突破4亿kW，占全部电力装机容量的比例超过了30%，为全球可再生能源利用规模第一大国。其中：水电累计装机容量超过2.9亿kW；风电累计装机容量达到8 497万kW；光伏发电累计装机容量超过2 000万kW；生物质发电累计装机容量超过940万kW。

预计到2020年，非化石能源占一次能源消费比重达到15%，装机容量占电力总装机容量的比重达40%（含水电）。其中，水电3.5亿kW，风电2亿kW，太阳能1亿kW。

（7）电子信息、物流业和汽车等产业发展　电子信息、物流、汽车、船舶、石化、纺织、轻工和装备制造业等重点产业的发展，对于保持我国经济平稳较快增长意义重大，同时也为开关行业提供了庞大的市场和可观的商机。

（8）“一带一路”走出去倡议及海外市场方面　“一带一路”，基建先行。基础建设是“一带一路”的重要环节，而电网建设又是基建先导。“一带一路”的落实有望刺激相关国家的电网投资，将大幅度推动经济带相关国家电力基础设施建设，带动我国电力装备出口，给国内电力设备制造企业带来强劲增长力。

2. 总体需求状况

以国家电网智能化规划和2020年预计发电装机容量的发展目标为依据，在考虑用户对行业产品需求和行业产品结构等因素的基础上，经宏观分析和预测，“十三五”中压开关行业产品市场需求见表8-1。

表 8-1 “十三五”高压开关行业主要产品市场需求预测

<table>
<tr><th>电压等级 /kV</th><th colspan="2">产品名称 / 台</th><th>2015 年</th><th>“十二五”</th><th>“十三五”</th></tr>
<tr><td rowspan="4">40.5</td><td colspan="2">断路器 / 台</td><td>64 434</td><td>344 551</td><td>370 000</td></tr>
<tr><td rowspan="2">其中</td><td>SF_6 断路器 / 台</td><td>6 772</td><td>37 362</td><td>40 000</td></tr>
<tr><td>真空断路器 / 台</td><td>57 662</td><td>307 189</td><td>330 000</td></tr>
<tr><td colspan="2">开关柜 / 面</td><td>82 023</td><td>373 596</td><td>400 000</td></tr>
<tr><td rowspan="5">12</td><td colspan="2">断路器 / 台</td><td>646 799</td><td>3 299 543</td><td>3 550 000</td></tr>
<tr><td colspan="2">负荷开关 / 台</td><td>122 606</td><td>871 607</td><td>940 000</td></tr>
<tr><td colspan="2">开关柜 / 面</td><td>427 642</td><td>2 078 013</td><td>2 200 000</td></tr>
<tr><td colspan="2">环网柜 / 面</td><td>250 148</td><td>1 027 988</td><td>1 100 000</td></tr>
<tr><td colspan="2">箱变 / 台</td><td>38 716</td><td>188 381</td><td>200 000</td></tr>
</table>

3. 国际环境分析

当前，国际能源和制造业的发展环境呈现出以下特点。

（1）能源变革　世界能源变革的最终目标是无碳、低碳能源。没有无碳、低碳能源，就没有低碳经济，能源科技创新是实现低碳经济的核心。能源变革涉及方方面面，主要围绕节约化石能源和使用可再生能源两大方面，涉及到工业、建筑和交通三大领域。世界电力耗用一次能源占世界消费总量的 40% 以上，其中化石能源占近 90%，但电力化石一次能源转换的终端效率仅为 30%，电力排放的温室气体占世界排放总量的 40% 以上，可见，世界能源变革中最应该变革、最有潜力的是电力。中国 2008 年 GDP 占世界 6%，一次能源消耗占世界 18%，CO_2 排放占世界 20%，中国电力 CO_2 排放占全国排放总量的 40%，在世界能源、电力变革中，中国不可能置身于外。

（2）制造业得到关注和重视　金融危机后世界经济格局与变化趋势的一个突出特点，是世界各国纷纷把振兴制造业作为工业发展的重要战略。美国先后发布《美国制造业促进法案》《先进制造业国家战略计划》，并预算投入 29 亿美元用于支持创新制造工艺、先进工业材料和机器人技术研发，将美国打造成制造业“磁石”。德国发布保障制造业未来的《工业 4.0》计划；英国投资 4 500 万英镑支持 9 个创新制造中心建设；法国提出工业占欧盟工业附加值的比重，从 2010 年的 13% 增至 2015 年的 15%；许多发达国家把先进制造业从境外收缩回本土，并加大政策和财政支持力度；巴西、印度也相继公布了《工业强国计划》《国家制造业政策》，印度拟通过制造计划，在 2030 年前，每年创造出 1 200 万个新工作岗位，并将印度打造成制造业和出口大国。

（3）国际贸易保护主义日趋加剧 我国是当今世界第二大经济体，以现值美元计算约为美国经济规模的55%，约是日本经济规模的两倍，实际超过德、法、意三国合计的经济规模，也是另外三个金砖国家经济总量之和的1.5倍。在经济全球化、竞争白热化的当今，国际贸易保护主义愈演愈烈。我国因规模体量大、产品附加值较低以及缺乏国际市场话语权，往往在贸易摩擦中首当其冲，成为最大受害国，机械工业也成为“重灾区”。据统计，2014年，国外对我国机械工业发起了5起涉及对耕作机、风力发电机组铸件、履带式推土机、取向硅电钢和石墨电极等反倾销、反规避调查。可以说，无论从时间、数量还是产品覆盖面分析，均呈现出日益加剧的趋势。

（4）产业呈现数字化、智能化和绿色化发展态势 随着新一轮工业革命的孕育兴起，德国将通过互联网、高科技、大数据、虚拟制造信息技术与实体制造技术融合，实现智能制造；美国提出以人工智能、机器人和数字制造，重塑制造业竞争力；欧盟将启动“火花”计划，到2020年投入28亿欧元用于研发全球最大的民用机器人项目，涉及制造业、农业、医疗和交通运输等各个领域，以增强欧洲工业竞争力，确保在全球的领先地位。环境保护的刚性约束日益强化，节能减排、绿色制造正成为加工制造和产品性能的必然要求。

（5）构建全球能源互联网，实现电网互联 电网发展具有规模效应，大电网互联是全球电网的发展趋势。目前，世界各国都在加快电网互联进程，互联规模不断扩大。北美互联电网、欧洲互联电网便是重要的实际例证。除此之外，南部非洲、海湾地区也在逐步实现电网互联。自2013以来，我国实行“一带一路”倡议，促进了我国与俄罗斯、哈萨克斯坦和土库曼斯坦等邻国在能源领域的广泛深入合作。在电力方面，中国积极开展跨国输电工程实践，建成了由俄罗斯向中国送电的3条交流线路和1条直流线路，由吉尔吉斯斯坦送电的2条交流线路以及我国向蒙古国送电的4条交流线路等。未来，我国还将继续加强与周边国家的电力联网。全球联网趋势已然显现，构建全球能源互联网具备了基本的实践基础。

在全球能源互联网的支撑下，可再生能源将成为未来世界的主导能源，风能、太阳能所发电力将通过全球能源互联网输送到全球各类用户，来自大自然的财富将被人类充分利用。随着技术进步和环保要求的提高，并依托全球能源互联网，太阳能、风力发电成本也将明显低于化石能源发电成本，世界能源可实现低成本、充足供给。到2050年，全球每年可生产出66万亿kW·h的清洁电能，这一数字比2010年增长近10倍，特高压和智能电网技术让能源互联网覆盖世界每一个角落，能源供给不再有盲区和空白，充沛的电能将照亮整个世界。

除了提供清洁、充足和可靠的电能，全球能源互联网还将创造出巨大的生产力，它史无前例地让经济发展的各种基本要素在全球范围内聚集和配置，促进了投资、金融、生产、技术、信息、商品、服务以及人力资本的全球化，为全球经济注入强大动力，世界经济发展方式将再一次转型升级，世界各国在全球化进程中将广泛受益。

构建全球能源互联网将全面加强国际合作，破除各种政策壁垒，建立相互依存、互信互利的组织机构，建立高效的运行机制和市场机制，将世界各地的清洁能源输送到各类用户，实现各国政府、企业、社会和用户的广泛参与和合作多赢，保证全球能源安全和可靠供应，推动经济社会协调可持续发展。

在全球能源互联网的带动下，新能源、新材料、智能装备、电动汽车和新一代信息产业将焕发生机，带来生产方式和组织结构的深刻变革，从而使国家竞争力的基础和全球产业竞争格局发生彻底重构，催生新一轮工业革命，并带动商业模式的创新。

为应对能源安全、环境污染、气候变化的挑战，实现清洁能源大规模开发、大范围配置、高效率利用，保证能源安全、清洁、高效和可持续供应，国家电网公司提出了构建全球能源互联网的设想。互联互通搭建全球能源互联网，亚太地区是重点区域，随着《推动共建丝绸之路经济带和 21 世纪海上丝绸之路的愿景与行动》规划的正式发布，中国正在全球 50 个国家建立 118 个经贸合作区，其中有 77 个处在“一带一路”沿线的 23 个国家。基础设施建设将是“一带一路”的优先发展领域，规划强调，加强能源基础设施互联互通合作，维护输油、输气管道等运输通道安全，推进跨境电力与输电通道建设，积极开展区域电网升级改造合作，这将为国内输变电设备制造企业提供广阔的市场。

根据相关预测数据计算，包括印度、中东和亚太地区用电量将持续上升，相关国家电力设备需求也将迅速增加，将带动中国电力设备制造企业出口。预计 2020 年，我国跨区、跨国电网输送容量将占全国电力总负荷的 25% ~ 30%。2030 年前后跨区、跨国电网输送容量占全国电力总负荷的 30% 以上。

8.3 战略布局

8.3.1 中压开关设备产业在未来发展过程中的合理布局

1. 电力工业“十三五”发展情况

“十二五”期间，我国电力建设步伐不断加快，多项指标居世界首位，见

表 8-2。

表 8-2 “十二五”电力工业发展情况

类别	指标	2010 年	2015 年	年均增速（%）
用电量	全社会用电量 / 亿 kW · h	41 999	56 933	6.27
	人均用电量 /kW · h	3 132	4 142	5.75
电源规模	总装机容量 / 亿 kW	9.7	15.3	9.54
	人均装机容量 /（kW / 人）	0.7	1.11	9.66
	水电装机容量 / 亿 kW	2.16	3.2	8.15
	核电装机容量 / 亿 kW	0.11	0.27	19.67
	风电装机容量 / 亿 kW	0.3	1.31	34.29
	光伏装机容量 / 亿 kW	0.003	0.42	168.67
	火电装机容量 / 亿 kW	7.1	9.93	6.94
	生物质发电装机容量 / 亿 kW	–	0.13	–
电网规模	220 kV 及以上线路 / 万 km	44.6	60.9	6.4
	变电容量 / 亿 kV · A	19.90	33.7	11.11
电力流	西电东送规模 / 亿 kW	1	1.4	6.96
能耗	火电机组平均供电煤耗 /(g 标煤 / kW · h）	333	315	[-18]
	线路损失率 (%)	6.53	6.64	[0.11]
主要大气污染物排放量	二氧化硫 / 万 t	956	528.1	
	氮氧化物 / 万 t	1 055	551.9	

注：1. [ ] 为五年累计值。

2. 2015 年二氧化硫、氮氧化物排放量以环境统计年鉴公布数据为准。

《电力发展“十三五”规划（2016—2020 年）》确定了我国电力工业“十三五”发展的指导思想、基本原则、发展目标和主要任务。

我国电力工业“十三五”发展的指导思想核心是：牢固树立和贯彻落实创新、协调、绿色、开放和共享发展理念；着力调整电力结构，着力优化电源布局，着力升级配电网，着力增强系统调节能力，着力提高电力系统效率，着力推进体制改革和机制创新；加快调整优化，转型升级，构建清洁低碳、安全高效的现代电力工业体系，惠及广大电力用户，为全面建成小康社会提供坚实支撑和保障。

我国电力工业“十三五”发展的基本原则是：统筹兼顾，协调发展；清洁低碳，绿色发展；优化布局，安全发展；智能高效，创新发展；深化改革，开放发展；保障民生，共享发展。

我国电力工业“十三五”发展目标见表 8-3。

表 8-3 “十三五”电力工业发展的主要目标

类别	指标	2015 年	2020 年	年均增速（%）	属性
电力总量	总装机容量 / 亿 kW	15.3	20	5.5	预期性
	西电东送容量 / 亿 kW	1.4	2.7	14.04	预期性
	全社会用电量 / 万亿 kW·h	5.69	6.8 ～ 7.2	3.6 ～ 4.8	预期性
	电能占终端能源消费比重（%）	25.8	27	[1.2]	预期性
	人均装机容量 /（kW / 人）	1.11	1.4	4.75	预期性
	人均用电量 /（kW·h/ 人）	4142	4 860 ～ 5140	3.2 ～ 4.4	预期性
电力结构	非化石能源消费比重 (%)	12	15	[3]	约束性
	非化石能源发电装机比重 (%)	35	39	[4]	预期性
	常规水电装机容量 / 亿 kW	2.97	3.4	2.8	预期性
	抽蓄装机容量 / 万 kW	2 303	4 000	11.7	预期性
	核电装机容量 / 亿 kW	0.27	0.58	16.5	预期性
	风电装机容量 / 亿 kW	1.31	2.1	9.9	预期性
	太阳能发电装机容量 / 亿 kW	0.42	1.1	21.2	预期性
	化石能源发电装机比重 (%)	65	61	[-4]	预期性
	煤电装机比重 (%)	59	55	[-4]	预期性
	煤电装机容量 / 亿 kW	9	＜ 11	4.1	预期性
	气电装机容量 / 亿 kW	0.66	1.1	10.8	预期性
节能减排	新建煤电机组平均供电煤耗 /（g 标煤 / kW·h）	—	300	—	约束性
	现役煤电机组平均供电煤耗 /（g 标煤 / kW·h）	318	＜ 310	[-8]	约束性
	线路损失率 (%)	6.64	＜ 6.50		预期性
民生保障	充电设施建设	满足 500 万辆电动车充电			预期性
	电能替代用电量 / 亿 kW·h	—	4 500		预期性

注：1.[] 为五年累计值。

2. 2015 年煤电平均供电煤耗根据中电联公布的火电平均供电煤耗估算。

我国电力工业“十三五”发展的重点任务是：

1）积极发展水电，统筹开发与外送。

2）大力发展新能源，优化调整开发布局。

3）鼓励多元化能源利用，因地制宜试点示范。

4）安全发展核电，推进沿海核电建设。

5）有序发展天然气发电，大力推进分布式气电建设。

6）加快煤电转型升级，促进清洁有序发展。

7）加强调峰能力建设，提升系统灵活性。

8）筹划外送通道，增强资源配置能力。

9）优化电网结构，提高系统安全水平。

10）升级改造配电网，推进智能电网建设。

11）实施电能替代，优化能源消费结构。

12）加快充电设施建设，促进电动汽车发展。

13）推进集中供热，逐步替代燃煤小锅炉。

14）积极发展分布式发电，鼓励能源就近高效利用。

15）开展电力精准扶贫，切实保障民生用电。

16）加大攻关力度，强化自主创新。

17）落实“一带一路”倡议，加强电力国际合作。

18）深化电力体制改革，完善电力市场体系。

2. 中压开关设备产业发展合理布局设想

（1）适应市场需求新常态，调结构、促转型和增效益　由我国电力工业“十三五”发展目标可知，2020年，我国全社会用电量将达到6.8万亿～7.2万亿kW·h，年均增长3.6%～4.8%；电力装机容量将达到20亿kW，年均增长5.5%。电力工业的发展，为中压开关设备提供了市场空间。与我国电力工业“十二五”发展情况相比，“十三五”我国全社会用电量年增速降低了1.47%；电力装机容量年增速降低了4.04%，平均每年新增电力装机容量降低了2 400万kW。因此中压开关设备“十三五”市场需求增速相比“十二五”可能降低，形成市场需求增速放缓的新常态。

为适应中压开关行业新常态，中压开关设备产业发展应进行以下调整。

1）中压开关行业投资以智能制造、数字化工厂建设为主。由于“十三五”期间中压开关行业市场的新常态，中压开关行业需要通过“去产能”提升企业效益。中压开关行业的投资，建议通过中压开关设备智能制造、数字化工厂建设等项目，淘汰落后产能，以智能制造新模式，降低经营成本、缩短研发周期、降低产品不良品率、提高生产效率和能源利用效率，实现精益管理。

2）积极开拓国际市场。2015年，我国开关行业90家企业实现出口交货值达到55.03亿元，占当年高压开关产值的5.14%。在“十三五”中压开关行业市场新常态下，有实力的中压开关设备制造企业，要积极利用国家“一带一路”政策走出去，进一步扩大国际市场，满足企业“十三五”发展需求。

3）积极实施供给侧结构调整，充分满足用户需求。为了在“十三五”中压开关行业市场新常态下实现企业发展目标，中压开关设备制造企业只有积极实施供给侧结构调整，通过管理创新和技术创新，满足用户个性化、定制化需求，才能在激烈的市场竞争中把握发展机遇，实现转型发展。

（2）积极发展智能化中压开关设备 《电力发展“十三五”规划（2016—2020年）》提出了“智能高效、创新发展”的基本原则，智能化中压开关设备必将成为中压开关行业的重点发展方向。中压开关设备制造企业需要在研究掌握中压开关设备高可靠性、智能化检测、智能化控制保护、智能化操作和抗干扰等技术的基础上，开发智能化中压开关设备，满足智能电网、智能化变电站的发展需求。

（3）发展清洁能源开关设备和环保型开关设备，培育新的经济增长点 《电力发展“十三五”规划（2016—2020年）》提出了“创新、协调、绿色、开放、共享发展”的指导思想，“清洁低碳，绿色发展”的基本原则，“大力发展新能源，优化调整开发布局”和“安全发展核电，推进沿海核电建设”的重点任务，确定了我国清洁能源的发展方向，进而为清洁能源开关设备和环保型开关设备提供了较大的市场空间。中压开关设备行业应积极开发，发展清洁能源开关设备和环保型开关设备，培育新的经济增长点。主要包括：

1）风电专用中压开关设备。

2）核电1E级中压开关设备。

3）环保型中压气体绝缘开关设备。

4）中压固体绝缘开关设备等。

8.3.2 中压开关设备产业的上、下游产业链

1. 中压开关设备产业的上游产业链

中压开关设备产业主要上游产业链如图8-21所示。

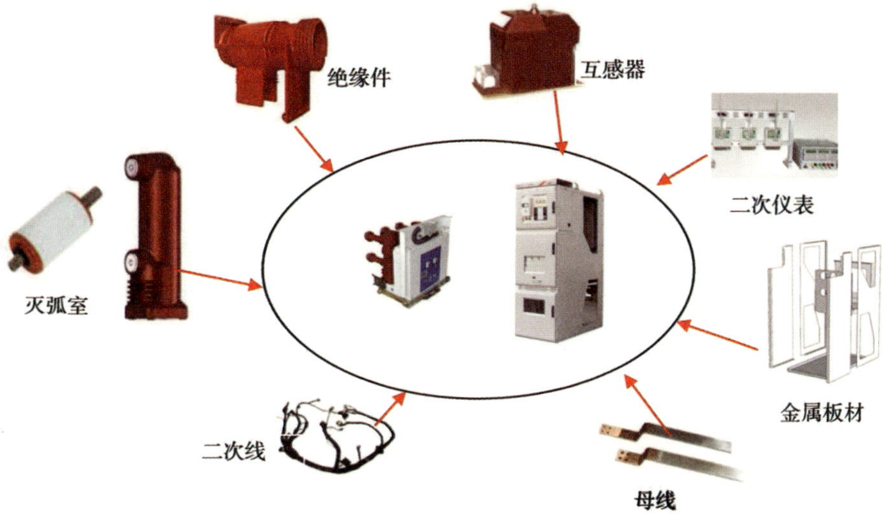

图 8-21　中压开关设备产业主要上游产业链

2. 中压开关设备产业的下游产业链

中压开关设备产业主要下游产业链如图 8-22 所示。

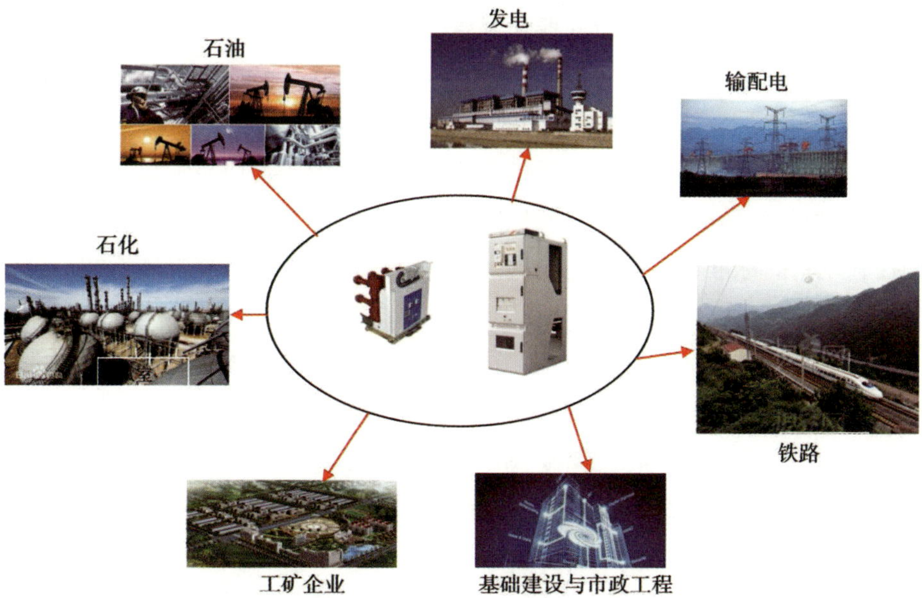

图 8-22　中压开关设备产业主要下游产业链

8.3.3　发展战略性新兴产业技术对上下游产业链的影响

1. 发展战略性新兴产业技术对上游产业链的影响

随着战略性新兴产业技术在中压开关设备产业的应用，给其产业带来了很大的影响。

（1）对真空灭弧室产业的影响　真空灭弧室在中压开关设备中的使用量很大，据行业预测，我国中压开关行业“十二五”中压真空断路器的生产量是3 606 732台，“十三五”中压真空断路器的市场需求量是3 880 000台，由此可知，中压开关行业“十二五”期间使用真空灭弧室为10 820 196只，“十三五”期间需要真空灭弧室11 640 000只。

随着中压开关行业小型化，以及高可靠性、环保等战略性新兴产业技术的发展，对真空灭弧室也提出了以下发展要求：

1）通过真空灭弧室的极柱固封，提高其绝缘可靠性，并为真空断路器的小型化奠定基础。

2）研究用热塑型固封材料代替热固性固封材料，提高绝缘材料的回收利用率。

（2）对绝缘件产业的影响　绝缘件在中压开关设备中发挥绝缘和支撑作用，是开关设备的基本结构件。

随着环保要求的不断强化，中压开关设备行业也在不断研究应用环保技术。目前，开关设备中的触头盒、穿墙套管等绝缘件，大多采用环氧树脂类热固树脂。

随着中压开关设备全寿命周期环保要求的强化，该类绝缘件制造商需研究热塑树脂的应用。

（3）对互感器产业的影响　互感器又称为仪用变压器，能将高电压变换成低电压，大电流变换成小电流，用于量测或保护系统。其功能主要是将高电压或大电流按比例变换成标准低电压或标准小电流，以便实现测量仪表、保护设备及自动控制设备的标准化、小型化。同时互感器还可用于隔开高电压系统，以保证人身和设备的安全。

随着智能化技术的发展和应用，传统的电磁式互感器难以满足中压开关设备智能化的需求，要求互感器行业开发电子式互感器，并不断提高其可靠性。

（4）对仪器仪表产业的影响　仪器仪表在开关设备中起测量作用，随着开关设备向小型化、智能化方向发展，传统仪器仪表也应向综合控制保护装置方向发展。

（5）对钢板产业的影响　钢板在开关设备中的用量很大，主要用于中压开关设备箱壳和部分结构件的制作。传统中压开关设备箱壳制作需要对金属板材进行前处理、喷漆等表面处理。随着中压开关设备清洁生产及新型开关设备的问世，敷铝锌板等无需表面处理的金属板材需求量不断增大，需要表面处理的金属板材需求量不断缩小。

2. 发展战略性新兴产业技术对下游产业链的影响

中压开关设备主要用于发电、输配电、石油、化工、铁路、工矿企业、基础建设与市政工程等领域，对其电力系统和设备起控制和保护作用。战略性新兴产业技术在中压开关设备中的发展和应用，对其下游产业链的影响如下：

1）中压开关设备智能化技术的发展，为其下游产业链电力系统和用电系统的智能化奠定了基础。

2）中压开关设备小型化技术的发展，是其下游产业链电力系统和用电系统的小型化的前提，有效减小了其配电设施的占地面积，降低了其建设成本。

3）中压开关设备环保技术的发展，在提高其产品全寿命周期环保性的同时，也提高了其下游产业链电力系统和用电系统的环保性。

4）中压开关设备可靠性技术的发展，提高了其下游产业链电力系统和用电系统的可靠性。

8.3.4 中压开关设备行业战略性新兴产业发展原则

战略性新兴产业代表着新一轮科技革命和产业变革的方向，是培育发展新动能，获取未来竞争新优势的关键领域。中压开关行业要把战略性新兴产业摆在企业发展更加突出的位置，大力构建现代产业新体系，推动行业持续健康发展。中压开关设备行业发展战略性新兴产业应遵循的原则：

坚持供给创新。创新是战略性新兴产业发展的核心。要深入实施创新驱动发展战略，大力推进大众创业、万众创新，突出企业主体地位，全面提升技术、人才和资金的供给水平，营造创新要素互动融合的生态环境。聚焦突破核心关键技术，进一步提高自主创新能力，全面提升中压开关设备产品和服务的附加价值和国际竞争力。

坚持需求引领。市场需求是拉动战略性新兴产业发展壮大的关键因素。中压开关行业要强化需求侧政策引导和供给侧结构调整，加快推进新产品、新服务的应用示范，将潜在需求转化为现实供给，以消费升级带动产业升级。

坚持产业集聚。集约集聚是战略性新兴产业发展的基本模式。中压开关行业要以科技创新为源头，加快战略性新兴产业发展，提升产业集群持续发展能力和国际竞争力。以产业链和创新链协同发展为途径，培育新业态、新模式，发展特色产业集群，形成创新经济集聚发展新格局。

坚持人才兴业。人才是发展壮大战略性新兴产业的首要资源。中压开关行业要针对束缚人才创新活力的关键问题，加快推进人才发展政策和体制创新，保障人才以知识、技能和管理等创新要素参与利益分配，以市场价值回报人才价值，全面激发人才创业创新的动力和活力。加大力度培养和吸引各类人才，弘扬工匠精神和企业家精神。

坚持开放融合。开放融合是加快战略性新兴产业发展的客观要求。中压开关行业要以更开放的理念、更包容的方式，搭建国际化创新合作平台，高效利用全球创新资源，大力推动行业优势技术和标准的国际化应用，加快推进产业链、创新链和价值链全球配置，全面提升战略性新兴产业的发展能力。

8.4 发展中压开关设备战略性新兴产业所需的资源

8.4.1 人才资源

1. 中压开关行业人才资源现状

目前，中压开关行业自主创新能力不强，各方科技力量自成体系，分散重复，整体运行效率不高；人才激励和鼓励创新机制不完善，严重制约了行业整体创新能力的提高。中压开关设备的研发技术难度较大，需要大量的资金投入和装备投资，尤其是智能开关设备、环保型开关设备等战略性新兴产业技术攻关，以企业的个体力量难以承受。如何充分发挥行业的整体优势，联合攻关，提高行业的整体技术水平和市场竞争力，是中压开关行业将面对的重大课题。

中压开关行业高水准复合型科技人才的缺乏和无序的人才流动，造成中压开关行业企业人才的结构性短缺。缺少前瞻性技术研发人才；缺少基础技术和关键工艺等的领军人才；缺少经营管理、高端研发和国际化的复合型高层次管理人才；缺少精通高压开关技术，同时熟练网络、电子技术的复合型人才。

2. 人才资源措施

人是科技创新最关键的因素，中压开关行业的创新事业需要创新的人才。而在建立高素质、高能力和有担当的科技创新人才队伍方面，中压开关行业仍然存在对知识和人才不尊重，缺少科研资金投入，缺少对知识产权有力保护、学术风气不正和学术腐败等问题。21 世纪的竞争就是人才的竞争，如何发现人才，培养人才，如何突出科技人才的作用，是实现《中国制造 2025》这一纲领的关键因素。

《“十三五”国家战略性新兴产业发展规划》提出的人才规划如下：

培养产业紧缺人才。实施战略性新兴产业创新领军人才行动，聚焦重点领域，依托重大项目和重大工程，建设一批创新人才培养示范基地，重点扶持一批科技创新创业人才。分行业制定战略性新兴产业紧缺人才目录，在国家相关人才计划中予以重点支持。根据产业发展需求，动态调整高校教学内容和课程设置，合理扩大战略性新兴产业相关专业招生比例。加强战略性新兴产业技术技能人才培养，推行企业新型学徒制，建立国家基本职业培训包制度，推动相关企业为职业学校战略性新兴产业相关专业学生实习和教师实践提供岗位。依托专业技术人才知识更新工程，培养一大批高层次急需紧缺人才和骨干专业技术人才，建设一批国家级继续教育基地。支持在线培训发展。

鼓励科技人才向企业流动。探索事业单位科研人员在职创业和离岗创业的有关政策，引导和支持事业单位科研人员按照国家有关规定，到企业开展创新工作或创办企业。在战略性新兴产业企业，设立一批博士后科研工作站，鼓励开展产业关键核心技术研发。落实国家对科研人员的各项激励措施，鼓励企业通过股权、分红等激励方式，调动科研人员的创新积极性。建立健全符合行业特点的人才使用、流动、评价和激励体系。

充分利用全球人才。在充分发挥现有人才作用的基础上，引进培养一批高端人才。研究优化外国人永久居留制度，简化外籍高层次人才申请永久居留资格程序，为其配偶和未成年子女提供居留与出入境便利。

另外，中压开关行业还应加强高端人才、科技领头人的选拔、培养和使用，加强行业专家和博士后的引进，实施“人才强企”战略。有计划地开展对科技人员和技术工人的培训和再培养，促进人才力量的储备，构建合理、完善的人才梯队。完善激励与约束机制，促进人才合理流动，保持企业创新活力。

8.4.2 研发平台

1. 中压开关行业研发平台现状

目前，我国中压开关行业真正有能力为全行业提供技术服务的研发平台只有西安高压电器研究院有限责任公司。能够为局部或区域中压开关企业提供技术服务的机构还包括一些国家认定的企业技术中心和行业研发机构。

（1）西安高压电器研究院有限责任公司介绍　西安高压电器研究院有限责任公司（简称西高院）主要从事输配电行业产品和技术的开发研究、产品试验检测与试验技术研究和高压直流输电工程成套设备系统研究工作；承担着高压开关、绝缘子、避雷器和电力电容器行业的管理与服务工作以及相关国家标准与行业标准的制修订工作。

西高院产品研发中心是我国中高压开关产品、绝缘子、避雷器、电力电容器和智能电力设备技术的研发基地。2008 年由原西安高压电器研究所、西安高压电瓷研究所和西安高压电容器研究所涉及产品研发和科研的相关部门合并而成，拥有一批具有深厚理论基础、丰富实践经验的高压电器学科带头人和一大批长期从事高压交、直流技术研发，产品设计的优秀专业技术人才。其中具有博士、硕士研究生学历的占一半以上。

多年来，西高院开发、研制了一大批具有国内外先进水平，深受用户欢迎的产品。20 世纪六七十年代，西高院自主开发出了国内领先的 SN10、SW6 型系列中、高压少油断路器；20 世纪八九十年代以来，又相继研制出一批具有国际先进水平的户内外真空和 SF_6 断路器及其成套开关设备等产品，很多产品如 KYN1、XGN2、ZN28、ZW8 和 ZW7 均为当时行业的主流产品；这一阶段还取得了开关电弧、材料应用研究成果。进入 21 世纪，西高院研发中心先后引进了三维设计及仿真软件，大大提高了设计手段，陆续开发了一批小型化、精品化的国际先进或国内领先的高中压开关设备，如 KYN61、ZN85、KYN96 和 ZN96 等系列中压开关设备。西高院开发的产品研究成果 90% 以上通过技术转让在国内厂家生产，据不完全统计，目前全国高压输变电行业中，由西高院负责设计和联合开发的产品年产值达数十亿元，遍布电力、冶金、化工、电气化铁道、城市电网改造和农村电网改造各领域。

多年来，西高院承担了国家“六五”“七五”“八五”“九五”“十五”“十一五”等重大技术装备攻关项目 150 余项。荣获全国和省级科学大会奖 15 项；获机械工业部或中国机械工业联合会的成果奖 36 项。多项科技成果填补了国内空白或处于国内领先地位，有多篇学术论文在国际学术会议或刊物上发表。西高院在科技创新的道路上，为我国中高压电器事业的繁荣做出了突出的贡献。

依托西高院还建立了高压电气国家工程实验室、国家能源输配电设备研发（实验）中心、机械工业高压输变电成套装备工程研究中心。

（2）国家认定企业技术中心　技术创新能力较强的中压开关行业企业，其技术中心被国家发展和改革委员会、国家科技部、财政部、海关总署和税务总局认定为国家认定企业技术中心，能够为部分和区域行业企业提供技术服务。这些技术中心包括中国西电集团公司技术中心、天水长城开关厂有限公司技术中心、北京北开电气股份有限公司技术中心、河南森源电气股份有限公司技术中心、大全集团有限公司技术中心、正泰集团股份有限公司技术中心、德力西集团有限公司技术中心、安徽鑫龙电器股份有限公司技术中心和平高集团有限公司技术中心等。其中中国西电集团公司技术中心、平高集团有限公司技术中心主要从事高压开关设备的技术研究与开发。

2. 研发平台的发展与有效利用

（1）需要建设的平台　发展中压开关设备战略性新兴产业，需要发展以下研发平台。

1）联合高等院校、科研院所、中压开关设备行业企业和产业链上下游企业，建设中压开关设备技术创新联盟，构建产权明晰、产学研相结合的研发平台，为全行业提供技术服务。

2）依托有实力的机构或行业企业，建设中压开关设备重点实验室，为全行业提供技术服务。

（2）有效利用现有行业组织

1）有效利用国内基础研发机构，如机械行业各种研究院（所）、电力科学研究院（所）等，为中压开关设备战略性新兴产业技术的发展提供技术服务。

2）有效利用行业协会，如中国电器工业协会高压开关分会、中国机械工业联合会等，为中压开关设备战略性新兴产业技术的发展提供技术服务。

3）有效利用行业标准化委员会，为中压开关设备战略性新兴产业技术的发展提供技术服务。

8.4.3 公共服务平台

为中压开关设备战略性新兴产业技术提供服务的公共服务平台，除研发平台外，还包括试验平台。这里介绍几个主要的试验平台。

1. 国家高压电器质量监督检验中心（西安）

国家高压电器质量监督检验中心（西安）依托西安高压电器研究院有限责任公司（简称西高院）建立而成，主要从事交、直流输配电设备的试验检测与试验技术研究。

国家高压电器质量监督检验中心始终坚持密切跟踪国际相关前沿技术，与国内外相关技术机构、行业企业和电力部门一直保持着良好的联系和沟通，积极参与 IEC、CIGRE 和 STL 等的学术活动，与荷兰 KEMA、意大利 CESI 和韩国 KERI 等国际知名试验站有着良好的合作关系。

作为中国电气设备的试验基地，该中心在高压电器、变压器、电抗器、互感器、直流输电设备、无功补偿装置、避雷器、绝缘子、电容器和智能电气设备等领域开展检测工作已有悠久的历史，具有完善的检测资源和综合检测能力，并按 IEC/ISO17025 导则建立了完善的实验室质量管理体系。经过几十年的发展，在相关领域具有深厚的技术积淀，积累了丰富的检测经验。该中心取得了 IECEE CBTL 资质，是国家高压电器、绝缘子避雷器、电力电容器和智能电气设备质检中心，是国家测量互感器型式评价实验室，是机械工业第五（西安）计量测试中心站。

国家高压电器质量监督检验中心是面向国内外，公正、公开和公平的第三方独立实验室，装备有 6 500 MV · A 短路发电机、1 500 MV · A 短路试验变压器、1 000 kV/7.5 MJ 合成回路、2 250 kV 工频试验变压器、4 800 kV 冲击电压发生器、2 000 kV 直流电压发生器、7 000 A 直流换流阀运行试验回路等一系列具有国际先进水平的重大试验装备；具备 1 100 kV/120 kA 交流设备容量试验、1 100 kV 交直流设备绝缘试验、±1 100 kV 直流换流阀绝缘和运行试验能力；试验检测能力位居世界领先地位。

国家高压电器质量监督检验中心具备对开关设备、变压器、电抗器、互感器、避雷器、熔断器、直流换流阀、绝缘子、避雷器、电容器、无功补偿装置和智能电气设备等 93 类设备进行型式试验、例行试验、性能试验及认证试验等的能力；具备对互感器、高压电桥、高压电容器、示波器、电压表、电流表、功率表、局放测量系统、温升试验装置和机械特性测试仪等 38 类设备仪器的校准能力和 9 类产品的计量能力；同时受国家质量监督检验检疫总局授权，负责高压电器、绝缘子、电力电容器和智能电气设备等产品的监督抽查工作。

几十年来，作为电力工业、装备行业强有力的试验技术支撑，在我国电力工业发展的不同时期，该中心几乎承担了所有重点工程中关键设备、高端产品的型式试验，如“±500 kV 三峡 - 上海”和“±800 kV 向家坝 - 上海”直流输电工程用换流阀绝缘试验、高岭背靠背直流联网工程用换流阀运行试验、西北地区首条 750 kV 输电工程及“晋东南—南阳—荆门”1 100 kV 特高压交流试验示范工程及扩建工程用关键设备的型式试验等，为电力系统的长期稳定运行和装备制造行业的健康发展做出了突出的贡献，在国内外行业领域赢得了极高的赞誉。

国家高压电器质量监督检验中心是“是集高电压、大容量、EMC 和仪器仪表计量校准等功能于一体的综合性实验室。与国际同行相比，该中心也是为数不多的，能真正实现电气设备全性能检测的综合性检测机构之一。

2. 电力工业电力设备及仪表质量检验测试中心

电力工业电力设备及仪表质量检验测试中心成立于 1990 年 5 月。1991 年 11 月通过了国家认证认可监督管理委员会实验室计量认证，2004 年 8 月，通过了中国合格评定国家认可委员会实验室认可，并取得资质。

该中心是电力行业的产品质量检验的权威机构，挂靠在中国电力科学研究院，依托中国电力科学研究院雄厚的技术力量和先进的试验设备，为电力工业提供产品质量保证。该中心依据国家有关标准、行业标准及 IEC 标准，可承担 75 项产品、1 037 个参数的检测，为产品的质量出具科学的检测数据和公正的检验报告。

该检测中心拥有的主要仪器设备 532 台（套），固定资产总值约 17 500 万元。实验室总面积约为 43 011 m^2，其中：户内检测室面积为 26 531 m^2；温恒面积为 37.8 m^2；户外检测场面积为 16 000 m^2。可承担 7 个大类 89 项产品的检测工作，主要包括：产品型式试验或质量检测、新成果的检测鉴定、仲裁检测、监督检测和其他形式的委托试验。

该检测中心下设七个检测部，分别是：高压开关及直流电源检测部、电能计量仪表检测部、能效测试与节能技术检测部、配电系统设备及中低压电器检测部、电力变压器检测部、绝缘子检测部、避雷器检测部和电池储能技术检测部。

3. 机械工业高压电器设备质量检测中心

机械工业高压电器设备质量检测中心（沈阳虎石台试验站）是国内最大的网络试验室，始建于 1958 年，1962 年投入运行。1988 年机械工业部承认为国家高压电器产品质量检测单位，并得到电力部认可。1997 年通过了中国国家进出口商品检验实验室认可委员会认可。1998 年通过了机械工业部和国家技术监督局机构评审和计量认证评审。2000 年通过了中国实验室国家认可委员会和国家质量技术监督局实验室认可，2009 年成为大容量试验室亚洲会议（AMHPL）的正式成员。2010 年根据中国机械工业联合会批文使用名称：机械工业高压电器设备质量检测中心。2013 年经国家能源局评审，成为国家能源开关设备评定中心成员之一。

检测中心占地面积约为 5 万 m^2，建筑面积为 1.7 万 m^2，现有各种主要检验和测量设备 137 台（套）。

检测中心现有人员 88 名，其中检验技术人员 68 名，占 77.2%，技术人员中高级工程师 26 名，工程师 21 名。

检测中心经过多年的建设与发展，具备了对高压电器产品进行综合检验的能力，主要按 GB、JB、DL 和 IEC 等标准进行 24 类高压电器产品的委托检测和监督检验。

图 8-23 机械工业高压电器设备质量检测中心试验室鸟瞰图

1—综合办公楼 2—合成回路大厅 3—短路试验变压器检修间 4—直接检验室 5—合成试验小室 6—直接试验小室 7—电抗器室 8—高压试验小厅 9—66 kV 变电所 10—500 MV·A 短路试验变压器区 11—2 500 MV·A 短路试验变压器区 12—37.5 MV·A 容性电流试验变压器 13—户外观察室 14—220 kV 电源进线开关区 15—220 kV 隔离开关区 16—合成检验控制室

8.5 资金与体制

8.5.1 金融、财政、税收等优惠政策

1.《国务院关于加快培育和发展战略性新兴产业的决定》规定的优惠政策

根据《国务院关于加快培育和发展战略性新兴产业的决定》（国发〔2010〕32 号），为加快培育和发展战略性新兴产业，必须健全财税金融政策支持体系，加大扶持力度，引导和鼓励社会资金投入。

（1）加大财政支持力度 在整合现有政策资源和资金渠道的基础上，设立战略性新兴产业发展专项资金，建立稳定的财政投入增长机制，增加中央财政投入，创新支持方式，着力支持重大关键技术研发、重大产业创新发展工程、重大创新成果产业化、重大应用示范工程和创新能力建设等。加大政府引导和支持力度，加快高效节能产品、环境标志产品和资源循环利用产品等推广应用。加强财政政策绩效考评，创新财政资金管理机制，提高资金使用效率。

（2）完善税收激励政策　在全面落实现行各项促进科技投入和科技成果转化，支持高技术产业发展等方面的税收政策的基础上，结合税制改革方向和税种特征，针对战略性新兴产业的特点，研究完善鼓励创新，引导投资和消费的税收支持政策。

（3）鼓励金融机构加大信贷支持　引导金融机构建立适应战略性新兴产业特点的信贷管理和贷款评审制度。积极推进知识产权质押融资、产业链融资等金融产品创新。加快建立包括财政出资和社会资金投入在内的多层次担保体系。积极发展中小金融机构和新型金融服务。综合运用风险补偿等财政优惠政策，促进金融机构加大支持战略性新兴产业发展的力度。

（4）积极发挥多层次资本市场的融资功能　进一步完善创业板市场制度，支持符合条件的企业上市融资。推进场外证券交易市场的建设，满足处于不同发展阶段创业企业的需求。完善不同层次市场之间的转板机制，逐步实现各层次市场间有机衔接。大力发展债券市场，扩大中小企业集合债券和集合票据发行规模，积极探索开发低信用等级高收益债券和私募可转债等金融产品，稳步推进企业债券、公司债券、短期融资券和中期票据发展，拓宽企业债务融资渠道。

2.《“十三五”国家战略性新兴产业发展规划》规定的优惠政策

《“十三五”国家战略性新兴产业发展规划》提出将加大对战略性新兴产业的金融财税支持，即：

（1）提高企业直接融资比重　积极支持符合条件的战略性新兴产业企业上市或挂牌融资，研究推出全国股份转让系统挂牌公司向创业板转板试点，建立全国股份转让系统与区域性股权市场合作对接机制。探索推进场外证券交易市场以及机构间私募产品报价与服务系统建设，支持战略性新兴产业创业企业发展。大力发展创业投资和天使投资，完善鼓励创业投资企业和天使投资人投资种子期、初创期科技型企业的税收支持政策，丰富并购融资和创业投资方式。积极支持符合条件的战略性新兴产业企业发行债券融资，扩大小微企业增信集合债券和中小企业集合票据发行规模，鼓励探索开发高收益债券和可转换债券等金融产品，稳步推进非金融企业债务融资工具发展。鼓励保险公司、社会保险基金和其他机构投资者合法合规参与战略性新兴产业创业投资和股权投资基金。推进投贷联动试点工作。

（2）加强金融产品和服务创新　引导金融机构积极完善适应战略性新兴产业特点的信贷管理和贷款评审制度。探索建立战略性新兴产业投融资信息服务平台，促进银企对接。鼓励建设数字创意、软件等领域无形资产确权、评估、质押、流转体系，积极推进知识产权质押融资、股权质押融资、供应链融资、科技保险等金融产品创新。引导政策性、开发性金融机构加大对战略性新兴产业支持力度。推动发展一批为飞机、海洋工程装备、机器人等产业服务的融资租赁和金融租赁公司。加快设立国家融资担保基金，支持战略性新兴产业项目融资担保工作。

（3）创新财税政策支持方式　发挥财政资金引导作用，创新方式吸引社会投资，大力支持战略性新兴产业发展。充分发挥国家新兴产业创业投资引导基金服务创业创新的作用，完善管理规则，做好风险防控，高效开展投资运作，带动社会资本设立一批创业投资基金，加大对战略性新兴产业的投入。鼓励有条件的地区设立战略性新兴产业发展基金，引导社会资金设立一批战略性新兴产业投资基金和国际化投资基金。积极运用政府和社会资本合作（PPP）等模式，引导社会资本参与重大项目建设。完善政府采购政策，加大对“双创”以及云计算、大数据和循环经济等支持力度，推进智慧城市、信息惠民、“城市矿山”和智能装备等示范应用。进一步完善光伏、风电和生物质等可再生能源发电补贴政策。调整完善新能源汽车推广补贴政策。完善战略性新兴产业企业股权激励个人所得税政策。

8.5.2　支持民间企业和资本投向新兴产业

随着我国社会主义市场经济体制的发育和完善，资金作为重要资源配置在经济结构调整中的作用越来越突出。不少专家指出，在调整经济结构和产业结构时，除重视发挥信贷资金的杠杆作用外，也要重视民间资金的力量。不但要防止其反政策方向流动，还要积极引导其成为推动经济发展方式转变的重要力量。而战略性新兴产业既是经济增长的“倍增器”，又是产业升级的“助推器”，需要依靠庞大的民间资金助推其发展，促进民间资本与战略性新兴产业加速融合。

我国过去高消耗资源、以环境破坏为代价的粗放式增长模式不可持续。要抢占未来经济科技发展的制高点，迫切需要那些资源和能源消耗较少的，有利于节能减排和经济结构调整的产业来带动，以提高全要素生产率。战略性新兴产业的共同特点是能耗低、污染少，产业带动能力强，符合低碳经济和循环经济的发展方向，能推动我国经济进入创新驱动、内生增长的发展轨道，提高经济增长的质量和增强在全球经济合作中的竞争力。

但是战略性新兴产业还有一个特点就是风险较高，许多创新型企业处于初创阶段，以专利、知识产权为代表的无形资产占比较高，在未转化为现实的收益之前，银行介入有一定难度。相比较之下，战略性新兴产业风险高，收益大的特点，比较符合民间资本的“胃口”。

我国的民间资本一直缺乏稳定的投资渠道，很大部分没有进入到实体经济中，成为到处游猎寻找获利机会的游资，过去两年进入到了房地产领域甚至农产品领域，成为资产价格和物价上涨的不确定因素。因此，把民间资金导流引入实体经济一直是政府的愿望，而实体经济中战略性新兴产业相对于民间资金具有较强的吸引力。这些产业属于国家大力倡导和支持发展的行业，政策风险较小，而且在行业准入上，门槛也比较低，民间资金比较容易进入。

再者，在战略性新兴产业的许多领域，国内企业已经进行了深入探索发展和技术创新，已经掌握了许多先进的核心技术，能够迅速转化为现实的生产力和效益，符合民间资金的逐利需求。

2016 年，在我国经济增速放缓的大背景下，战略性新兴产业持续快速增长，国际竞争力进一步提高，大批新增长热点蓬勃涌现，为稳增长、调结构、促转型发挥了重要作用。2016 年战略性新兴产业 27 个主要行业主营业务收入达到 19.1 万亿元，同比增长 11.3%，新兴产业一批新动能加快蓄积。具体来看，太阳能发电产业增长 41.2%，锂电子电池制造业增长 31.6%，信息化学品制造业增长 17.8%，软件和信息技术服务业增长 14.9%。

在许多地方政府的规划中，未来经济蓝图也在战略性新兴产业领域大肆着墨。如果闲散的民间资金聚集，为许多尚处于襁褓之中的战略性新兴产业提供充足的资金来源，将成为转方式、调结构的重要推手。有了稳定的投资渠道后，民间资金就不会成为规模庞大的游资，避免给地区经济运行带来冲击。

如何鼓励和引导民间资本进入战略性新兴产业，在自主创新和产业升级中发挥作用？则需要设立战略性新兴产业发展专项资金和产业投资基金，扩大政府新兴产业创业投资规模，发挥多层次资本市场融资功能，带动社会资金投向处于创业早中期的创新型企业。

专家建议，对于高风险的战略性新兴产业，要加大财税扶持力度，通过价格补偿、税收返还、利差回报和资源补偿等方式，保障民营投资的收益水平，提高民间资本的比较效益。具体在投资形式上，一是投资在创业板上市的创新型企业，二是鼓励民间资金直接入股处于初创期的企业，分享战略性新兴产业快速成长的收益。

我国经济增长面临着历史上最为突出的资源和生态环境挑战，转变经济发展方式必须培养新的增长点，成为引领新一轮增长的引擎。不论是为了提高经济增长的质量和效益，还是给民间资金开源导流，维持稳定的金融秩序，促进民间资本与战略性新兴产业的融合都是一举多得的重要举措。

8.6 政策引导和支持

1. 中压开关行业的发展特点

中压开关行业在改革开放初期，就参与了国际竞争，30 多年来，中压开关行业通过引进、消化和吸收国外先进技术，以及在此基础上的自主创新，使得新产品、新技术和新工艺不断推出。中压开关行业主要产品的技术水平接近或达到了国际先进水平，部分达到国际领先水平，生产能力稳居世界第一。

目前，我国从事中压开关设备生产的企业约有 2 000 家，部分企业开始向 126 kV 以上高压领域扩展；同时，高压开关设备制造企业也向中压领域渗透；另外，西门子、ABB 和施耐德等国际知名企业以独资建厂、合资等形式参与国内市场竞争。因此，在新常态下，国内中压开关制造业面临严峻挑战。

2. 国家支持中压开关设备行业发展的政策情况

“十一五”及以前，国家对制造业的发展的扶持方向限制因素不多，中压开关制造企业获得国家扶持的项目也比较多。科学与技术部“863”计划、科技支撑计划，国家发展和改革委员会重点产业振兴和技术改造专项计划等。

但“十二五”以来，随着国家产业政策的调整，国家扶持计划的指南越来越细化，中压开关行业无论是技术研发，还是技术改造，都被排除在《指南》之外。

根据《国家发展和改革委员会办公厅、财政部办公厅、工业和信息化部办公厅关于组织实施 2014 年智能制造装备发展专项的通知》（发改办高技〔2014〕300 号），为贯彻落实《国民经济和社会发展第十二个五年规划纲要》和《国务院关于加快培育和发展战略性新兴产业的决定》，加快智能制造装备的创新发展和产业化，推动制造业转型升级和可持续发展，国家发展和改革委员会、财政部及工业和信息化部于 2011—2013 年，连续三年组织实施了智能制造装备发展专项，支持了一批重大智能成套装备、关键智能部件、自动化生产线和数字化车间的研发及示范应用项目，取得了一批重大的突破性成果，并通过示范效应，为重点行业推广应用奠定了良好的基础。在此基础上，国家发展和改革委员会、财政部及工业和信息化部，决定2014年继续组织实施智能制造装备发展专项。该《通知》的《指南》中的“输配（变）电设备智能制造成套装备/数字化车间”，只针对国家1 000 kV特高压交流、800 kV特高压直流工程，支持110 kV以上高压、特高压开关设备以及500 kV及以上高压、特高压变压器制造。建立覆盖设计、加工（处理）、装配、检测、质控、物流和服务等环节的输配（变）电设备智能制造成套装备/数字化车间。同时，建设精益生产信息化管理系统，实现高效、精益及柔性生产。提高产品质量和可靠性，减少生产人员，降低劳动强度，缩短交货周期。

2014年、2015年国家发展和改革委员会及工业和信息化部的重点产业振兴和技术改造专项计划，没有列入中压开关制造业的相关方向。

另外，中压开关行业的研发和技术创新，在科技部也难以列入科技部的科技计划。

但是，2015年以来由工业和信息化部主管的《智能制造专项计划》，其《指南》中列入了中压开关行业的扶持方向。

3. 相关政策措施建议

由于国内开关行业属于竞争性行业，因此行业利润率普遍低于其他行业，据中国电器工业协会高压开关分行业统计，我国中高压开关行业2015年主营业务收入为1 839亿元，利润总额为149亿元，利润率仅为8.10%，中压开关行业竞争远比高压开关激烈，利润率远低于该数据，大多企业濒临亏损境地。

（1）研究、出台振兴中压开关制造业的政策、办法　针对我国传统制造业面临的外部紧缩、内部生产成本明显上升等现实困难，借鉴国内外先进经验，全面总结、认真研究、加快出台振兴中压开关制造业的有关的政策和办法，为装备制造业的发展提供必要的宏观条件。

（2）深化上下游行业体制改革　中压开关行业居于产业链的中游地位，面对上游和下游行业的强势地位，缺乏必要的话语权和议价权，产品价格越来越低，生产成本越来越高，企业经营日益困难。深化上下游行业体制改革已刻不容缓，这既有利于降低全社会用电成本，同时也有利于改善下游全产业链的盈利水平，保证企业生存的必要空间。

（3）加大财税、金融支持力度　面对生产要素成本上升，企业融资难，融资贵的普遍问题，一方面应尽快研究财政补贴和税费减免的可能性和适用范围；一方面应鼓励金融机构与企业建立长期战略合作关系，提供方便灵活的贷款方式，增加出口信贷资金投放；另一方面积极推动投融资体制改革，创新融资方式，激发社会投资创业热情，增强经济发展创新动力。

（4）鼓励自主创新　鼓励企业通过自主创新，完善产业结构，对于成功研制国际领先或填补了国内空白装备的企业，国家应给予适当的表彰和物质奖励。鼓励金融机构和社会资本提供方式灵活的专项研发贷款。鼓励保险公司开展首台（套）重大技术装备保险和专项研发风险保险业务。进一步完善知识产权保护政策，保障创新企业的切实权益。支持民族品牌，在科学、合理的基础上，提高国内企业产品的使用率。

1）坚持自主创新，鼓励引进消化吸收再创新，以能源重大工程为载体，实施重大科技专项。

2）建立企业为主体、市场为导向和产学研相结合的创新体系，依托国家综合能源科技研发中心，组织实施国家重大能源科技攻关工程，突破关键技术和核心技术。

3）依托海洋油气、非常规油气勘探开发、先进核电、大型液化天然气和煤炭清洁利用等重大能源工程，提升能源装备制造自主化水平。

4）创新科研体制机制，加强科技人才培养，鼓励企业科技创新，加快科技成果向现实生产力转化，鼓励国企、央企和预算内投资的国家重大建设工程和行业重点建设项目，带头采购企业创新产品。

5）行业协调。积极协调行业与行业之间、行业与地区之间的关系，消除行业壁垒和地区保护，进一步明确行业协会的地位、职能，完善市场准入规则，确保竞争有序。

6）进出口。加强设备进口管理，适时调整进口税收优惠政策，引导我国高技术、高附加值产品发展。支持装备产品出口，完善出口退税政策，适当提高部分高技术、高附加值装备产品的出口退税率。

8.7　中压开关设备行业风险分析

1. 用户市场主导地位

中国电信提出了“用户至上，用心服务”的理念。“用户至上”强调的是永远把用户放在第一位，用户处于高于、重于一切的位置。“用心服务”则强调的是在服务中要遵循的基本准则，用户满意就是其工作标准。

海尔集团提出了始终贯彻用户至上的服务理念。

东风雪铁龙推出了“家一样的关怀”服务理念。立志通过不断深化和创新服务方式，从流程执行、商务政策、检核机制和特定用户关怀等多方面开展精细入微工作，最终要达到100%客户都有“家一样”的感觉。

无论通信、家电和汽车等行业企业将用户置于何等重要的地位，如何重视用户利益，如何进行供给侧结构调整，其与用户交易过程中，为用户提供的产品和服务，取决于企业相关制度体系和标准规范，制造商与用户基本处于相对平等的地位。

但中压开关行业企业，尤其是民族企业，在与用户交易过程中，用户占据主导地位，从而给中压开关行业带来了资金、技术及信誉风险。

2. 资金风险

（1）保证金　由于用户的强势，在业务投标时，开关设备制造企业必须要提交投标保证金，中标后还需提交履约保证金。因此，从投标到合同执行完毕，中压开关行业企业的一部分资金一直无法正常使用。

（2）设备款支付方法　中压开关行业的设备款支付主要有以下几种方式：

1）签订合同后XX个工作日内支付合同总金额10％的预付款；设备到达现场，经安装、验收和调试合格并投运后支付合同总金额80%，设备无故障运行一年后支付合同总金额10%的质保金（1∶8∶1方式）。

2）签订合同后XX个工作日内支付合同总金额30％的预付款；设备到达现场，经安装、验收、调试合格并投运后支付合同总金额60%，设备无故障运行一年后支付合同总金额10%的质保金（3∶6∶1方式）。

3）签订合同后XX个工作日内支付合同总金额30％的预付款，设备到达现场经初步检验，设备及附件符合合同规定的数量、规格和型号后，支付合同总金额30%，经安装、验收、调试合格并投运后支付合同总金额的30%，设备无故障运行一年后支付合同总金额10%的质保金（3∶3∶3∶1方式）。

（3）资金压力和风险　据中国电器工业协会高压开关分行业统计，我国中高压开关行业2006—2015年主营业务收入和利润见表8-4。由此可知，中高压开关行业2006—2015的年利润率很低，平均为8.04%，中压开关行业竞争远比高压开关激烈，利润率远低于该数据。

表 8-4　中高压开关行业 2006—2015 年主营业务收和利润

年份	2006	2007	2008	2009	2010	2011	2012	2013	2014	2015
主营业务收入 / 亿元	715	885	1 019	1 204	1 372	1 392	1 513	1 680	1 798	1 839
利润总额 / 亿元	56	72	86	108	121	102	107	126	147	149
利润率（%）	7.83	8.14	8.44	8.97	8.82	7.33	7.07	7.50	8.18	8.10

分析上述中压开关行业的付款方式可知：

付款方式 1）对中压开关行业企业最苛刻，履约保证金和预付款金额相当，行业企业几乎要垫付 100% 的产品制造成本，一直到产品安装、验收和调试合格，而且用户资金状况必须良好，才能收回 90% 的产品货款，实现销售收入，收回履约保证金。

付款方式 2）中，用户支付了 30% 的预付款，但制造企业被冻结了约为货款 10% 的履约保证金，相当于制造企业仅获得了 20% 的合同款，却要完成所有合同义务，一直到产品安装、验收和调试合格，并且用户资金状况必须良好，才能收回 90% 的产品货款，实现销售收入，收回履约保证金。

付款方式 3）中，用户支付了 30% 的预付款，制造企业被冻结了约为货款 10% 的履约保证金，相当于制造企业仅获得了 20% 的合同款，就要完成产品制造和发货义务，如果用户资金状况良好，才能再次收回 30% 的产品货款（合计 60%）；一直到产品安装、验收和调试合格，而且用户资金状况必须良好，才能收回 90% 的产品货款，实现销售收入，收回履约保证金。

在中压开关设备交易业务中，用户处于绝对市场主导地位，合同（或协议）都是根据用户利益起草，民族企业只要拿到订单就算成功，很难就合同支付条款与用户平等协商。

上述三种付款方式，无论何种方式，制造商承担的资金压力和资金风险都很大。第一种支付方式（1∶8∶1 方式），到产品交付和投运，制造商要承担合同总额 100% 的资金压力和 90% 的资金回收风险；第二种支付方式（3∶6∶1 方式），到产品交付和投运，制造商要承担合同总额 80% 的资金压力和 70% 的资金回收风险；第三种支付方式（3∶3∶3∶1 方式），到产品交付，制造商要承担合同总额 80% 的资金压力和 70% 的资金回收风险，到产品投运制造商要承担合同总额 50% 的资金压力和 40% 的资金回收风险。

中压开关行业利润率本身很低，由于付款方式带来的资金压力，企业不得不使用流动资金贷款，进一步降低了行业的利润水平。另外，在合同支付中承兑汇票越来越多，而且期限越来越长，有的达到了一年期，使原本利润率很低的中压开关行业雪上加霜。

（4）措施建议

1）建立相应的财务运营规范，监管企业负债情况（尤其是应付账款）。

2）规范合同付款方式，建立平等付款模式，合同甲方也应实施履约保证金制，履约保证金与合同价款相当。一方面保证甲方有多大能力，建多大项目，避免投资风险；另一方面，保证乙方能够按合同规定回收货款。

3）在整个行业内建立符合中压开关行业特点的付款额度。中压开关行业是制造业，而且行业利润率低，生产成本高。生产成本占合同总额的70% ～ 80%以上，因此预付款额度达到合同总额的50%，采用5∶2∶2∶1付款方式比较合适。

3. 信誉风险

由于中压开关行业的资金风险，致使行业应收账款居高不下，从而给中压开关设备制造企业的经营带来了很大的资金压力。由于开关行业利润率本身很低，如果一味通过银行贷款解决流动资金问题，财务费用增大会挤压企业利润，甚至导致企业亏损。为了正常经营，开关行业企业也开始拖欠分供方的货款，形成了恶性三角债，严重影响了企业信誉。

信誉风险源于资金风险，解决措施与资金风险相同。

4. 技术风险

近年来，中压开关设备制造业在产品设计、试验验证、标准体系建设和加工制造能力等方面都取得了显著的进步和提高。各企业采用高技术含量的核心器件和新技术，开发出了独具特色的产品，能够满足用户多样化需求。有实力的中压开关设备制造企业大多开发了独具特色的开关元件（断路器等）。外购零部件也按 ISO 9001 标准，建立了合格供应商管理体系，严格管理。

但在中压开关设备合同中，由于用户处于主导地位，合同中用户对开关设备元器件指定了供应商，包括一次元件中的断路器、互感器和接地开关，以及二次元件中的保护仪表、检测元件等。这种指定，对制造企业带来了很大影响。

首先，开关设备开发研发完成后，都进行了严格的型式试验验证，用户在合同中指定一次元件供应商，制造商还需再次进行型式试验验证，不仅提高了制造商的制造成本，还不利于开关元件的持续创新。

另外，用户对元件供应商的指定，打破了制造商的质量保证体系，制造商难于从技术上完全保证产品整机质量的稳定性。

为尽可能减小用户的主导作用给开关行业带来的技术风险，相关行业应加强行业自律，形成产品质量和可靠性由制造商负责，产品中一二次元件的分供方也由制造商确定的良好风气。

8.8　中压开关设备行业的国际合作与竞争

1. 中压开关行业国际合作的历史

多年来，中压开关行业坚持自主创新，并积极开展国际合作，通过引进、消化、吸收和再创新，国内中压开关设备无论从结构、性能和可靠性，还是智能化等方面都取得了很大的进步，产品技术水平达到了国际先进水平，部分达到了国际领先水平。

20 世纪 90 年代，西门子公司 8BK20 中压开关设备及所配断路器问世后，国内企业通过消化、吸收和再创新，开发出了 KYN18 系列中压开关设备和 ZN65A 系列真空断路器，至今仍在大量生产销售；ABB 公司 ZS1 中压开关设备和所配的 ZS1 断路器问世后，国内企业通过消化、吸收和再创新，开发出了 KYN28A 系列中压开关设备和 ZN63A 系列真空断路器，至今仍然是该领域的主流产品之一。

其次，各中压开关制造企业还积极与国外知名开关设备企业开展广泛的国际合作，如西电集团和三菱电机合资成立了西安西电三菱电机开关设备有限公司，主要从事中压开关设备的生产和销售；天水长城开关厂有限公司和日本明电舍合资成立了上海明电长城开关有限公司，从事中压气体绝缘开关设备的生产和销售。ABB 在中国共有 5 家企业致力于中压开关设备及其他电力设备的设计、制造和销售。

国内中压开关制作企业还引进国外先进技术，进行中压开关设备的制造。

ABB、西门子、施耐德等国外知名公司均在中国投资独资公司，从事中压开关设备的制造和销售。

2.《关于推进国际产能和装备制造合作的指导意见》

2015 年 5 月 13 日，经李克强总理签批，国务院印发了《关于推进国际产能和装备制造合作的指导意见》（以下简称《意见》）。《意见》提出了推进国际产能和装备制造合作的指导思想和基本原则、目标任务和政策措施，是当前及今后一个时期推进国际产能和装备制造合作的重要指导性文件，也是中压开关设备行业国际合作的纲领性文件。

《意见》指出，坚持“企业主导、政府推动，突出重点、有序推进，注重实效、互利共赢，积极稳妥、防控风险”的基本原则，将与我国装备和产能契合度高、合作愿望强烈、合作条件和基础好的发展中国家作为重点国别，并积极开拓发达国家市场，以点带面，逐步扩展。将钢铁、有色、建材、铁路、电力、化工、轻纺、汽车、通信、工程机械、航空航天、船舶和海洋工程等作为重点行业，分类实施，有序推进。加强统筹协调，注重体制机制创新，坚持开放合作发展，健全服务保障体系，大力推进国际产能和装备制造合作，有力促进国内经济发展、产业转型升级，拓展产业发展新空间，打造经济增长新动力，开创对外开放新局面。

《意见》要求，要充分发挥企业市场主体作用，坚持以市场为导向，按照商业原则和国际惯例，积极开展国际产能和装备制造合作。在继续发挥传统工程承包优势的同时，充分发挥我国资金、技术优势，积极开展“工程承包+融资”“工程承包+融资+运营”等合作，有条件的项目鼓励采用建设－经营－移交（BOT）、政府和社会资本合作（PPP）等方式。要加强项目可行性研究和论证，注重经济性和可持续性。规范企业境外经营行为，注重资源节约和环境保护，承担社会责任，为当地经济和社会发展作出积极的贡献。

《意见》强调，要加强统筹指导和协调，完善对外合作机制，改革对外合作管理体制，做好外交服务工作，建立综合信息服务平台，积极发挥地方政府作用。完善财税支持政策，加大金融支持力度，发挥人民币国际化积极作用，扩大融资资金来源，加强和完善出口信用保险，强化服务保障和风险防控，为企业“走出去”提供支持和服务。

3.《“十三五”国家战略性新兴产业发展规划》对国际合作的规定

《“十三五”国家战略性新兴产业发展规划》要求：要贯彻国家开放发展战略部署，构建战略性新兴产业国际合作新机制，建设全球创新发展网络，推动产业链全球布局，拓展发展新路径。

（1）积极引入全球资源　抓住“一带一路”建设契机，推进国际产能合作，构建开放型创新体系，鼓励技术引进与合作研发，促进引进消化吸收与再创新。积极引导外商投资方向，鼓励外商投资战略性新兴产业，推动跨国公司、国际知名研究机构在国内设立研发中心。加大海外高端人才引进力度，畅通吸纳海外高端人才的绿色通道，为海外人才来华工作和创业提供更多便利。

（2）打造国际合作新平台　积极建立国际合作机制，推动签署落实政府间新兴产业和创新领域合作协议。推动双边互认人员资质、产品标准和认证认可结果，参与国际多边合作互认机制。以发达国家和“一带一路”沿线国家为重点，建设双边特色产业国际合作园区，引导龙头企业到海外建设境外合作园区。创新合作方式，提升重点领域开放合作水平。加强国际科技成果转化和孵化、人才培训等公共服务体系建设。

（3）构建全球创新发展网络　建立健全国际化创新发展协调推进和服务机制，加强驻外机构服务能力，利用20国集团（G20）、夏季达沃斯等平台开展新经济交流，充分发挥有关行业协会和商会作用，搭建各类国际经济技术交流与合作平台。引导社会资本设立一批战略性新兴产业跨国并购和投资基金，支持一批城市对接战略性新兴产业国际合作，建设一批国际合作创新中心，发展一批高水平国际化中介服务机构，建立一批海外研发中心，构建全球研发体系，形成政府、企业、投资机构、科研机构、法律机构和中介机构高效协同的国际化合作网络。支持企业和科研机构参与国际科技合作计划、国际大科学计划和大科学工程，承担和组织国际重大科技合作项目。鼓励企业积极参与国际技术标准制定。

（4）深度融入全球产业链　推动产业链全球布局，在高端装备、新一代信息技术和新能源等重点领域，针对重点国家和地区确定不同推进方式和实施路径，推动产业链资源优化整合。支持企业、行业协会和商会、地方政府和部门创新方式，开展战略性新兴产业国际产能合作，推动国内企业、中外企业组团共同开拓国际市场，支持产业链“走出去”，将“走出去”获得的优质资产、技术、管理经验反哺国内，形成综合竞争优势。推动高端装备、新一代信息技术等领域龙头企业海外拓展，与国际大企业开展更高层次合作，实现优势互补、共赢发展。

8.9　中压开关设备行业的专利与知识产权保护

1. 我国中压开关行业技术创新存在的问题

（1）自主创新能力不强，缺乏核心技术和自主品牌　近年来，高压开关行业新产品、新技术成果显著，但基础技术研究不够，缺少前瞻性、方向性技术研究，最新科技与开关产品研发未形成真正融合，许多产品属于引进技术的试制与二次开发产品，真正属于自主创新、具有自主知识产权和专利技术的项目较少；行业企业对科研、新产品开发的资金投入虽不断增加，但与国外先进企业相比明显不足，产品更新换代迟缓，缺乏核心竞争力，品牌意识不强，尚未形成能够与国外品牌相抗衡的自主品牌；关键部件和核心技术仍有相当比重由国外企业提供。因此，提高重大装备项目的国产化水平日趋紧迫。

（2）产品结构尚需完善　目前，国内开关生产制造企业众多，产品种类齐全，基本能够满足用户需求，但产业集中度低，产能明显过剩，且多数集中在中低端市场，产品技术含量低，同质化问题严重。需要增强自主创新能力，积极掌握核心关键技术。同时通过引进消化吸收，以及国际合作实现再创新和自主制造，形成自主知识产权。

2. 我国中压开关行业专利拥有情况

我国中压开关行业对专利的拥有量没有进行详细统计，这里只利用从国家知识产权局官方网站对主要中压开关设备制造企业的专利检索情况进行简单说明。主要开关设备制造企业拥有的有效授权专利数量见表 8-5。

表 8-5　主要开关设备制造企业拥有的有效授权专利数量

序号	企业名称	拥有的有效授权专利数量 / 件			
		发明专利	实用新型专利	外观设计专利	合计
1	大全集团有限公司	67	94	24	185
2	上海天灵开关厂有限公司	53	53	0	106
3	正泰电气股份有限公司	39	194	16	249
4	江苏东源电器集团股份有限公司	38	47	2	87
5	天水长城开关厂有限公司	28	172	4	204
6	沈阳华利能源设备制造有限公司	17	23	0	40
7	河南森源电气股份有限公司	12	281	5	298
8	山东泰开高压开关有限公司	5	96	0	101
9	北京北开电气股份有限公司	4	27	0	31

由表 8-5 可知，我国中压开关设备制造企业专利数量太少，发明专利更少。沈阳华利能源设备制造有限公司 2015 年开始几乎没有申请专利。但部分公司（河南森源电气股份有限公司、大全集团有限公司、上海天灵开关厂有限公司和天水长城开关厂有限公司）专利申请量不断增多，而且发明专利所占的比例不断提高，中压开关行业对自主知识产权技术的重视和知识产权保护意识的增强，由此可见一斑。

3.《“十三五”国家战略性新兴产业发展规划》对知识产权保护的规定

《“十三五”国家战略性新兴产业发展规划》提出要强化知识产权保护和运用。

（1）强化知识产权保护维权　积极推进专利法、著作权法修订工作。跟踪新技术、新业态和新模式发展创新，加强互联网、电子商务和大数据等领域知识产权保护规则研究，完善商业模式知识产权保护、商业秘密保护和实用艺术品外观设计专利保护等相关法律法规。完善知识产权快速维权机制，新建一批快速维权中心。将故意侵犯知识产权行为纳入社会信用记录，健全知识产权行政侵权查处机制，依法严厉打击侵犯知识产权犯罪行为，加大海关知识产权执法保护力度，推动提高知识产权侵权法定赔偿上限额度。

（2）加强知识产权布局运用　大力推行知识产权标准化管理，提升创新主体知识产权管理能力。实施知识产权行业布局和区域布局工程，在战略性新兴产业集聚区和龙头企业引导设立知识产权布局设计中心。构建知识产权运营服务体系，推进全国知识产权运营公共服务平台建设，培育一批专业化、品牌化知识产权服务机构，鼓励高端检索分析工具等开发应用，引导知识产权联盟建设。聚焦战略性新兴产业，鼓励创新知识产权金融产品，开发知识产权投贷、投保和投债联动等新产品，探索知识产权股权化、证券化。鼓励企业综合运用专利、版权和商标等知识产权手段，打造自有品牌。

（3）完善知识产权发展机制　实施战略性新兴产业知识产权战略推进计划，围绕战略性新兴产业集聚区部署知识产权服务链，建立知识产权集群管理制度，推动形成一批知识产权优势集聚区。加强战略性新兴产业专利分析及动向监测。建立重大经济科技活动知识产权分析评议制度，鼓励企业建立知识产权分析评议机制。完善海外知识产权服务体系，研究发布海外知识产权环境信息，跟踪研究重点产业领域国际知识产权动向，引导建立海外知识产权案件信息提交机制，加强对重大知识产权案件的研究，建立海外知识产权风险预警机制，支持企业开展知识产权海外并购和维权行动。

为贯彻实施《“十三五”国家战略性新兴产业发展规划》，首先，中压开关设备制造企业要加大技术研发投入，积极开发具有自主知识产权的新技术、新产品，增强品牌发展潜力和后劲。

8.10　发展新兴产业注意事项

8.10.1　绿色制造

1. 概述

人类进入工业社会已经有百余年的历史，工业的发展需要大量的自然资源，尤其是近年来工业对自然资源的剥夺日益严重，伦敦“光化学烟雾”，中国雾霾等环境问题日益突出，环境保护迫在眉睫。末端治理的方法常常被传统制造业采用来解决环境污染问题。但是这种方法的弊端在于投资大，成本高并且又消耗了大量的能源和资源。因此，在这种大背景下，绿色制造便应运而生。

绿色制造又被人们称之为环境意识制造，是指在保证产品成本，质量和功能的前提下，综合考虑环境影响和效率的现代制造模式，其目标是使产品从设计、制造、包装、运输、使用到报废处理的整个产品生命周期中，对环境的负面影响最小，资源效率最高，并使企业经济效益和社会效益协调优化。

2.《绿色制造工程实施指南（2016—2020 年）》

我国作为制造大国，尚未摆脱高投入、高消耗和高排放的发展方式，资源能源消耗和污染排放与国际先进水平仍存在较大差距，工业排放的二氧化硫、氮氧化物和粉尘分别占排放总量的 90%、70% 和 85%，资源环境承载能力已近极限，加快推进制造业绿色发展刻不容缓。以实施绿色制造工程为牵引，全面推行绿色制造，不仅对缓解当前资源环境瓶颈约束，加快培育新的经济增长点具有重要现实作用，而且对加快转变经济发展方式，推动工业转型升级，提升制造业国际竞争力具有深远历史意义。

为贯彻落实《中国制造 2025》，加快推动生产方式绿色化，构建绿色制造体系，2016 年 8 月 19 日，工业和信息化部、国家发展和改革委员会、科技部和财政部联合发布通知，印发了《绿色制造工程实施指南（2016—2020 年）》（简称指南）。

《指南》部署了“传统制造业绿色化改造示范推广”“资源循环利用绿色发展示范应用”“绿色制造技术创新及产业化示范应用”“绿色制造体系构建试点”等重点任务，并根据行业现状调研和现有先进适用技术推广普及后的效果预测，确定了各项工作的具体目标。

（1）传统制造业绿色化改造示范推广　一是实施生产过程清洁化改造。工业是污染物的主要排放来源，排放的二氧化硫、氮氧化物和烟粉尘分别占全国总排放量的 90%、70% 和 85%，持久性有机污染物（POPs）、重金属污染物等非常规污染物 90% 以上的排放量来自工业领域，重点行业主要污染物排放强度与发达国家仍有较大差距。实施生产过程清洁化改造时，必须把工业绿色发展与国务院“大气十条”“水十条”“土十条”等工作有机衔接，推进重点区域、重点流域和重点行业清洁生产技术改造，实施《水污染防治重点行业清洁生产技术推行方案》，建设一批清洁化改造示范项目，提升清洁生产水平。加强有毒有害污染控制，开展重点工业行业挥发性有机物（VOCs）削减专项行动，支持一批汞、铅和高毒农药等高风险污染物削减项目。

二是实施能源利用高效低碳化改造。“十二五”以来，工业能源消耗总量逐年增加，有色金属、建材、化工和造纸等重点用能行业仍呈快速增长态势，重点用能企业能源消费增速依然很快，高能效机电产品设备市场占有率还较低，能源利用效率有待进一步提高。因此对于流程工业系统的改造，要通过建设完善的企业能源管控中心，来深入推进流程工业系统节能改造，在钢铁、有色金属、铁合金、石化、化工、水泥和造纸等行业重点推广原料优化、能源梯级利用、可循环和流程再造等系统优化工艺技术。到 2020 年，一批重点工业产品综合能耗显著下降。对于高耗能通用设备的改造，重点实施高耗能设备系统节能改造，力争使在用的工业锅炉窑炉、电机系统、变压器等通用设备运行能效指标达到国内先进标准。到 2020 年，锅炉、电动机和内燃机系统平均运行效率提高 5 个百分点，高效配电变压器在网运行比例提高 20%。对于余热余压高效回收，普及中低品位余热余压发电、制冷、供热及循环利用，推进工业余热用于城镇供暖制冷等，促进产城融合。推广可再生能源在工业企业和园区的应用，鼓励建设分布式能源和微电网，到 2020 年，中低品位余热余压利用率达到 80%。

三是实施水资源利用高效化改造。水资源不足已经成为制约国民经济和社会发展的重要因素，特别是对于部分缺水地区。然而用水浪费的现象较为普遍，工业用水效率总体水平较低，地区间、行业间和企业间差距较大。加强工业节水不仅可以缓解水资源供需矛盾，还可以减少废水排放，改善水环境质量。实施水资源利用高效化改造将围绕化工、钢铁、造纸、印染和食品药品等高耗水行业，采用水系统平衡优化整体解决方案等节水技术，分行业明确了一批先进适用的工业节水技术，如化工行业的含硫废水汽提净化回用技术、钢铁行业的管网智能检测漏及更新技术、造纸行业的多段逆流洗涤封闭筛选技术和印染行业的数码喷墨印花技术等。大力推进工业企业用水效率对标达标活动，积极开展节水技术改造。同时，加快推广应用非常规水资源，支持工业企业采用电吸附、膜处理和海水淡化等技术，加强对城市中水、矿井水、高浓盐水和海水等的利用开发。到 2020 年，实现年节水量 20 亿 m^3 以上。

四是实施基础制造工艺绿色化改造。基础制造工艺是指机械加工生产过程中量大面广、通用性强的铸造、锻压、热处理、焊接、表面工程和切削加工及特种加工工艺等，是汽车、造船和机械等支柱产业的基础。目前，国内基础工艺绿色化水平与制造业的要求还有较大差距，主要体现在能源和材料消耗大，尺寸精度低，润滑剂、切削液污染严重，废弃物排放量大等。实施基础制造工艺绿色化改造，将通过铸锻焊切削制造工艺改造专项和热处理清洁化专项，减少铸造、锻压、焊接、表面处理和切削等基础加工工艺的能源、水、原料和材料等的使用和污染物的排放，推动传统基础制造工艺绿色化、智能化，建设一批基础制造工艺绿色化示范工程。到 2020 年，传统机械制造节能 15% 以上，节约原辅材料 20% 以上，减少废弃物排放 20% 以上。

（2）资源循环利用绿色发展示范应用　工业领域的生产活动中，经常产生大量的对环境和安全影响较大的固体废物，推动资源综合利用是实现节能减排、绿色制造的有效途径，特别是以“减量化、再利用、资源化”为原则，积极推进循环利用，通过物质闭路循环和能量梯次使用实现绿色发展，是确保我国工业可持续发展的一项重要支撑。“十三五”期间，围绕工业资源循环利用绿色发展，重点推进以下几项工作：

一是强化工业资源综合利用。根据工业固体废物产生的行业、区域特点和固体废物化学性质的不同，加强冶金渣、冶炼尘泥、尾矿、化工废渣和煤电固废等难利用固体废物的高值化利用与整体化发展；根据废有色金属、废弃电子产品和废旧轮胎等不同再生资源的利用价值特点，以龙头企业作为研发和利用的主阵地，推动再生资源高值化利用和技术装备升级改造，充分发掘再生资源的潜在效益，进一步优化各类废弃产品拆解、分选回收和配送等环节，提高再生资源的回收利用率和利用价值。加强大宗工业固体废物和再生资源的集约化发展，在“十二五”工业固体废物综合利用基地试点和城市矿产基地的发展基础上，继续扩大基地范围，开展水泥窑协调处置试点示范，实施工业固体废物的规模化消纳，开发多种适合当地的综合利用产品。

二是推进产业绿色协同链接。充分利用不同行业的生产运行特性，拓宽思路、领域和应用范围，在工业、农业和生活不同领域中构建生态链接，将工业、农业和生活发展进行有效结合，促进已有的耦合发展模式，探索开发新的跨行业合作循环发展模式。在区域协同发展方面，结合京津冀、长江经济带等重点区域资源属性和环境特点，探索资源综合利用产业区域协同发展新模式。通过建设一批特色鲜明的协同利用示范基地和示范项目，带动其他具有相似资源特点的地区和产业发展，促进区域间的协同发展。

三是培育再制造产业。实施高端再制造、智能再制造和在役再制造，面向航空发动机、燃气轮机和盾构机等大型成套设备及复印机、医疗设备和模具等，推广高效无损拆解、绿色清洗、毛坯快速智能检测、纳米复合成形、等离子喷涂和三维体积损伤零部件成形等技术。面向服役期内透平压缩机、数控机床等装备，推广基于工业互联网的设备全生命周期健康监测诊断系统和在线校准，早期故障智能诊断与预警及故障自愈化，在役设备个性化再设计和改造升级等技术。到2020 年，再制造技术工艺达到国际先进水平，再制造产业规模达到 2 000 亿元。

（3）绿色制造技术创新及产业化示范应用　一是突破节能关键技术装备。围绕制约节能产业发展的重大关键技术和装备，通过示范试点的方式，探索节能产品培育和发展的新模式，在节煤、节电、余能回收利用、高效储能和智能控制等领域加大研发和示范力度，培育一批有核心竞争力的骨干企业，突破 40 项具有自主知识产权的重大节能技术装备。力争到 2020 年，节能产业产值达到 1.7 万亿元。

二是提升重大环保技术装备。从鼓励先进、规范行业和淘汰落后三个角度，着力推进环保技术装备产业发展。一是组织实施先进环保技术装备应用示范工程，引导环保技术装备产业升级；二是制定实施（大气治理行业）环保装备制造行业规范条件，发布一批规范企业名单，规范行业发展；三是发布一批落后环保技术装备负面清单，提高企业进入环保技术装备行业的门槛。

三是开发资源综合利用适用技术装备。围绕资源综合利用领域国际领先的技术装备，开发一批关键核心技术和适合推广及产业化的成套装备。依托骨干企业、重点高校和科研院所等机构，培育一批资源综合利用产业创新中心，提升工业资源技术装备水平，推进产业化应用。

（4）绿色制造体系构建试点　以企业为主体，围绕绿色产品、绿色工厂、绿色园区和绿色供应链，推进绿色制造体系建设，编制印发关于开展绿色制造体系建设的通知，加快构建绿色制造体系。

一是建立健全绿色标准。在产业深度融合的背景下，生产制造过程的连续性、相关性特征不断增强，制造业绿色发展模式朝着系统性、综合性方向发展，需要建立相应的综合性标准体系。下一步，将依据国家标准委员会印发的《绿色制造标准体系建设指南》，推进对绿色制造标准的引导和管理，加强标准制定的组织机制建设，强化标准宣贯和应用服务，开展标准实施效果评估。

二是开发绿色产品。研究表明，80% 的资源消耗和环境影响取决于产品设计阶段。在设计阶段，充分考虑现有技术条件、原材料保障等因素，优化解决各个环节资源环境问题，可以最大限度地实现资源节约，从源头减少环境污染。目前，政府引导和市场推动相结合的工业产品绿色设计推进机制和绿色产品评价标准体系已初步建立，11 项绿色设计产品名单已经评价发布，4 项绿色产品国家标准、13 项团体标准已经发布。下一步，将加快绿色产品标准制定，强化标准实施。深入推进绿色设计示范企业创建试点工作，指导试点企业完成创建任务。积极推进绿色产品第三方评价，建立各方协作机制，发布绿色产品目录，引导绿色生产，促进绿色消费，推动国际合作。计划到 2020 年，开发 10 000 种绿色产品。

三是创建绿色工厂。作为构建绿色制造体系的关键一环，绿色工厂是实施绿色制造工程的重点任务，绿色工厂的创建要以标准为基础，以试点示范为手段，制定绿色工厂创建的指南和通则。按行业选择一批基础好的企业率先开展试点，再择优选取示范企业树立标杆，以此带动更多企业创建绿色工厂，共同支撑推进绿色制造工程。到 2020 年，创建 1 000 家绿色示范工厂。

四是建设绿色工业园区。绿色工业园区创建是优化产业布局，推进产业转型升级的重要途径。选择一批基础条件好、代表性强的工业园区，结合各地区产业结构特点和实际，推进绿色工业园区创建示范。同时，进一步深化国家低碳工业园区试点。推行园区综合能源资源一体化解决方案，深化园区循环化改造，实现园区能源梯级利用、水资源循环利用、废物交换利用和土地节约集约利用，全面提升园区资源能源利用效率。到 2020 年，创建 100 家绿色工业园区。

五是打造绿色供应链。以汽车、电子电器、通信和大型成套设备等行业龙头企业为重点开展绿色供应链管理试点示范，运用现代信息技术，完善供应链管理，逐步推动生产者责任延伸制度取得实质性进展。

六是建设绿色制造服务平台。发挥政府引导作用，调动服务机构、制造企业等多方积极性，共同建设绿色制造公共服务平台。通过建立基础数据库、评价机制、专利池、创新中心和产业联盟等，促进绿色制造相关资源的有效配置和整合，构建“政产学研金介用”一体化绿色制造协作模式，提供绿色制造整体解决方案，降低企业绿色化改造成本，促进绿色制造综合服务行业发展，形成促进绿色制造技术创新及应用的市场化长效机制。

另外，《指南》还明确了组织实施绿色制造过程中的保障措施。一是加强组织领导，明确从国家部委协调合作、专家评估和地方政府落实三个层面推动工程实施。二是加大财税支持，提出利用现有财政渠道、各级专项资金和税收优惠政策等支持工程实施。三是拓宽融资渠道，强调发挥绿色信贷、绿色债券、绿色产业基金、上市融资、专项建设资金、融资租赁和股权投资基金等多渠道融资的作用。四是强化监督管理，要求从政策环境、市场机制、企业社会责任和社会监督多个方面推动绿色制造工程的实施。五是加强国际合作，着眼于利用境外市场、技术和资金资源推动绿色制造工程的实施。六是传播绿色理念，强调从提升全社会绿色意识、参与度和积极性，营造绿色发展良好氛围的角度推动绿色制造工程的实施。

《指南》充分利用现代信息技术手段，加大对传统制造业绿色改造、提升的支持力度，同时打破地区与行业之间界限，创新工作方式，创建市场化机制，通过现有的各类技术和有效手段，完善节能减排长效机制，推行合同能源管理、第三方环境治理和合同节水管理等新模式，拓宽金融融资渠道，实现协同创新，推进绿色制造发展。

3. 中压开关行业的绿色制造

（1）概述　中压开关制造业属于机械制造业，20 世纪以来，为了实现企业的转型发展，大多数中压开关设备制造企业都摒弃了小而全的经营模式，通过专业化分工，将机械加工、表面处理等业务委托由专业化企业生产，降低了相关生产业务成本，提高了零部件质量，提升了企业产能。实现了“一石三鸟”的目的，同时为企业奠定了由加工制造向制造服务转型的基础。尽管如此，从产品全寿命周期出发，中压开关设备的绿色制造还应考虑机械制造的源头。

在 21 世纪的今天，微电子技术、大规模集成电子技术和机械工业相结合，使传统机械工业蓬勃发展的同时，产生了对能源和原材料的巨大消耗和浪费，对生态环境的日益破坏。全球技术人员和环保人士都在全力解决此类问题，美国、日本和德国等发达国家在这方面都取得了不少成果。我国已经开始重视该技术领域。

目前机械制造工业存在的主要问题有：

1）废旧或闲置的设备回收和再利用率较低。

2）能源和原材料的浪费现象十分严重。

3）环境保护意识在机械制造工业厂家头脑中还比较淡薄，尤其是一些中小企业对环境的污染还比较严重。

4）产品的回收利用率很低。长期以来我国沿袭的生产模式是生产→流通→消费→废弃的开式循环，现在提倡的是闭式循环，就是在原来的生产模式中增加一个“回收”环节。厂家在产品的设计和制造过程中就应该充分地考虑回收的问题。我国清华大学的家电产品全生命周期绿色设计和上海交通大学的汽车全生命周期绿色设计，现在已取得了不少成果。

（2）绿色制造工艺和先进技术　在机加工发展历程中，许多新型高效的先进工艺和方法不断推出，从而使机械制造工业在近几十年来快速发展，但以上提到的问题也不得不引起我们关注。随着技术的发展和社会进步，产品的更新换代和废弃速度加快，如何加以回收利用也是一大难题；机械制造工业高投入、低产出和对材料能源的大量浪费，以及由此而来的工业废弃物增多，是与现在提倡的可持续发展背道而驰的；机械制造工业对环境的负面影响还没有引起各方面的充分注意。所以推广绿色制造工艺和先进技术势在必行，环境友好型和对用户及操作者友好型的绿色制造工艺，将是未来工艺技术发展的趋势之一。

所谓绿色制造工艺是近几年才提出来的一个新概念，目前尚无统一的标准定义。根据中压开关设备制造的特点，需要考虑以下几点。

1）设计人员必须具有良好的环境意识。

产品设计人员在进行中压开关设备设计时，不仅要考虑产品的 TQCS 属性，即 Time（时效）、Quality（质量）、Cost（成本）和 Service（服务）；还要注重产品的 E（Environment，环保）属性，即产品使用的绿色度。大多数中压开关设备制造企业根据 ISO14001 建立了环境管理体系，明确了产品设计中需要考虑的环境因素。

2）广泛采用标准化、模块化的零部件。

产品设计人员在进行中压开关设备设计时，应充分考虑产品报废时的回收利用，产品报废后，容易拆卸和分解，并可以回收或再生。绝缘件（如触头盒、穿墙套管等）尽可能选择由降解材料制造的产品。

3）尽量简化工艺，优化配置，提高系统运作效率，使原材料和能源的消耗最少。

4）减少不可再生资源和短缺资源的使用量，尽量采用各种替代物质和技术。

5）开发环保型中压开关设备，如环保型气体绝缘开关设备、固体绝缘开关设备等。

6）对老设备进行节能改造。

8.10.2 社会责任

中压开关行业企业发展战略性新兴产业，实现企业转型升级，必须要勇于承担社会责任。

全国政协常委、国务院参事任玉岭在接受《中国经济周刊》采访时指出，目前欧洲、美洲及日本都在制定自己的社会责任标准，我国也应针对经济社会发展的需要和企业社会责任中暴露出的问题，尽早研究和制定中国的企业社会责任标准。他建议，应从以下八个方面来确立我国企业的社会责任标准。

1. 承担明礼诚信确保产品货真价实的责任

由于种种原因造成的诚信缺失，正在破坏着社会主义市场经济的正常运营。由于企业的不守信，造成假冒商品随时可见，消费者因此而造成的福利损失每年在 2 500 亿～2 700 亿元，占 GDP 比重的 3% ～ 3.5%。很多企业因商品造假的干扰和打假难度过大，导致企业难以为继，岌岌可危。为了维护市场秩序，保障人民群众的利益，企业必须承担起明礼诚信，确保产品货真价实的社会责任。中压开关设备的质量，对稳定和可靠供电发挥着重要作用。

2. 承担科学发展与交纳税款的责任

企业的任务是发展和赢利，并担负着增加税收和国家发展的使命。企业必须承担起发展的责任，搞好经济发展，要以发展为中心，以发展为前提，不断扩大企业规模，扩大纳税份额，完成纳税任务，为国家发展做出大贡献。但是这个发展观必须是科学的，任何企业都不能只顾眼前，不顾长远，也不能只顾局部，不顾全局，更不能只顾自身，而不顾友邻。所以无论哪个企业，都要高度重视在“五个统筹”的科学发展观指导下的发展。

3. 承担可持续发展与节约资源的责任

中国是一个人均资源特别紧缺的国家，企业的发展一定要与节约资源相适应。企业不能顾此失彼，不顾全局。作为企业家，一定要站在全局立场上，坚持可持续发展，高度关注节约资源。并要下决心改变经济增长方式，发展循环经济，调整产业结构。尤其要响应中央号召，实施“走出去”的战略，用好两种资源和两个市场，以保证经济运行的安全。这样，我们的发展才能持续，再翻两番的目标才能实现。

4. 承担保护环境和维护自然和谐的责任

在全球和我国经济快速发展的同时，环境也日益恶化，特别是大气、水和海洋的污染日益严重。野生动植物的生存面临危机，森林与矿产过度开采，给人类的生存和发展带来了很大威胁，环境问题成了经济发展的瓶颈。为了人类的生存和经济持续发展，企业一定要担当起保护环境，维护自然和谐的重任。

5. 承担公共产品与文化建设的责任

医疗卫生、公共教育与文化建设，对一个国家的发展极为重要。特别是公共教育，对一个国家脱除贫困、走向富强具有不可低估的作用。医疗卫生工作不仅是全民族身体健康的保障，也是社会劳动力资源供应的保障。文化建设则可以通过休闲娱乐，陶冶人的情操，提高人的素质。我国由于过去对这些方面的投入较少，历史欠债较多，因此存在的问题比较严重。公共产品和文化事业的发展固然是国家的责任，但在国家对这些方面扶植有困难、财力不足的情况下，企业应当分出一些财力和精力担当起发展医疗卫生、教育和文化建设的责任。

6. 承担扶贫济困和发展慈善事业的责任

虽然我国经济取得了巨大发展，但是作为一个有 13 亿人口的大国还存在着很多困难人口。特别是农村的困难人口就更为繁重。这些责任固然需要政府去努力，但也需要企业为国分忧，参与社会扶贫济困工作。为了社会的发展，也是为企业自身的发展，我国的广大企业更应该重视并承担起扶贫济困的责任。

7. 承担保护职工健康和确保职工待遇公平的责任

人力资源是社会的宝贵财富，也是企业发展的支撑力量。保障企业职工的生命、健康和确保职工的工作与收入待遇的公平，不仅关系到企业的持续健康发展，而且也关系到社会的发展与稳定。为了与国际企业社会责任标准的接轨，也为了使中央关于“以人为本”和构建和谐社会的目标落到实处，我国企业必须承担起保护职工生命、健康和确保职工待遇公平的责任。作为企业要遵纪守法，要爱护企业的员工，搞好劳动保护，不断提高工人工资水平，保证工资按时发放。企业要多与员工沟通，多为员工着想。

8. 承担发展科技和创自主知识产权的责任

当前，就总的情况看，我国企业的经济效益是较差的，资源投入产出率也十分低。为解决效益低下的问题，必须要重视科技创新。通过科技创新，降低煤、电、油、运的消耗，进一步提高企业效益。改革开放以来，我国为了尽快改变技术落后状况，引进了许多国外先进技术，使经济发展走了捷径。企业要高度重视引进技术的消化吸收和科技研发，加大资金与人员的投入，努力做到创新以企业为主体。

参考文献

[1] 高压开关行业年鉴 2015[M]. 西安：中国电器工业协会高压开关分会，2016.

第9章 中压开关行业企业介绍及供给侧结构性改革

9.1 中压开关典型企业发展介绍

9.1.1 西安高压电器研究院有限责任公司

西安高压电器研究院有限责任公司（简称西高院）是中国西电集团下属西电电气股份有限公司的全资子公司。创建于1958年，原名为西安高压电器研究所（简称西高所），是我国“一五”期间156项重点建设工程之一。2001年，西高所改制为有限责任公司。2008年，西电集团进行资源整合，搭建集团研发平台，西高所吸收合并集团内西安电瓷研究所、西安电力电容器研究所，成立了“西安高压电器研究院有限责任公司。

西高院主要从事输配电行业产品和技术开发研究、产品试验检测与试验技术研究、高压直流输电工程成套设备系统研究工作；承担着高压开关、绝缘子、避雷器和电力电容器行业的管理与服务工作和相关国家标准与行业标准的制修订工作。

西高院自最初创建以来，承担并完成了多项交、直流输变电工程成套高压电气技术装备研制任务，代表着我国交、直流输变电装备技术的能力和水平。由西高院负责设计和组织研发的输配电设备已在电力、冶金、化工、电气化铁道、城市电网改造和农村电网改造各领域广泛应用，为中国输配电行业的发展做出了巨大的贡献。

西高院现拥有3个经国家认监委授权的国家级产品质检中心：国家高压电器质量监督检验中心、国家绝缘子避雷器质量监督检验中心和国家电力电容器质量监督检验中心，是国家质检总局授权的国家测量互感器型式评价实验室；同时是经中国合格评定国家认可委员会认可的实验室，中国机械工业联合会授权的机械工业第五计量测试中心站（西安），陕西省质量技术监督局授权的法定计量检定机构。被授权检验的产品包括高压电器类、变压器类、直流换流阀类、绝缘子类、避雷器类、电力电容器类和静止无功补偿装置等，共69种。其典型试验能力为：三相直接试验14 kV/200 kA、40.5 kV/50 kA；三相合成试验363 kV/63 kA、单相合成试验 1 100 kV/120 kA；交流 1 100 kV 及直流 ±1 100 kV 设备的绝缘试验；突发短路试验 500 kV/240 MV · A；直流换流阀运行试验 ±1 100 kV/7 000 A。

长期以来西高院与国际国内同行权威技术机构交流十分频繁，西高院是国际电工委员会（IEC）成员单位、IEC/TC28 的国际秘书处挂靠单位、国际大电网会议（CIGRE）的成员单位、国际短路试验联盟（STL）的观察员、亚洲大容量试验联盟（AMHPL）的正式成员单位、中国 CHPTL 的成员和秘书处承担单位，是 SAC/TC65 、SAC/TC163、SAC/TC60/SC2、SAC/TC80、SAC/TC81 和 SAC/TC45 标委会秘书处承担单位，是 IEC/TC17、TC33、TC36、TC37 和 TC42 等国际电工委员会相关技术委员会及其分技术委员会的国内技术对口单位；是国家级学会 5 个专业委员会挂靠单位；是中国电器工业协会高压开关分会、电力电容器分会和绝缘子避雷器分会挂靠单位。

西高院同时负责中文核心期刊《高压电器》《电瓷避雷器》《电力电容器与无功补偿》《高压电器技术信息》《高压开关行业通讯》《输变电信息》及《高压开关行业年鉴》等的出版发行，负责行业有关文献资料的文摘、汇编，定期进行技术经济分析和研究，开办《中国高压电器网》行业门户网站，为行业的发展提供了大量有价值的信息服务。

西高院以其坚实的技术实力、全面周到的行业服务以及频繁的技术交流，在国内输配电行业中树立了权威的地位。

9.1.2 天水长城开关厂有限公司

1. 企业基本介绍

天水长城开关厂有限公司始建于 1969 年，是国内输配电开关行业的大型专业制造公司，甘肃省战略性新兴产业整体攻坚战第一批骨干企业，兰州长城电工股份有限公司的龙头子公司，主要从事中高压开关设备技术研究、产品开发、制造、销售和服务等。多年来，公司坚持自主创新，产品以小型化、智能化、高可靠性和充气化引领国内行业水平，产品出口欧洲、美洲、澳大利亚、亚洲和非洲等的 52 个国家与地区，服务于国内电力、石化和铁路等 20 多个行业，并在三峡工程、“神五”工程、“神六”工程、青藏铁路、中国航天酒泉发射基地、核电及国防建设等国家重点工程项目中发挥着重要作用。公司具有年产高压 GIS 300 间隔、高压 SF_6 断路器 500 台，中压开关设备 15 000 面，中压开关元件 18 000 台，低压开关设备 6 000 面的生产能力。

经过 40 年人才和技术的深厚沉淀，该公司已打造出一支拥有 223 人（其中

90% 以上具备中高级技术职称），具备丰厚理论与实践经验的技术研发团队，其技术中心研发手段先进，集基础技术理论研究、新产品新技术研发为一体，成果不仅具备行业领先性，而且具备较强的转化能力，技术创新效益显著，因此成为国内中压开关行业中研发实力最强的研发团队之一。2009 年，其技术中心被国家发展和改革委员会、科技部、财政部、国家税务总局和海关总署认定为国家企业技术中心，为进一步提升自主创新能力和广泛开展技术对外合作构造了一个更为广阔的平台。

2007 年，该公司入选中国机械 500 强；同年被中国机械工业联合会评选为中国机械工业优秀企业和中国机械工业最具影响力品牌；被中国电器工业协会评选为中国电器工业最具影响力企业；2008 年被认定为“高新技术企业”；2011 年，该公司被国家科技部、国务院国资委、中华全国总工会认定为“国家创新型企业”。

多年来，该公司坚持“培育品牌、创造名牌”战略，经过 40 多年的不懈努力，现已发展成为聚集了一批优秀专业人才，拥有雄厚技术开发能力、现代化管理及先进设备设施的大型专业化公司。2010 年 1 月，其“长城”商标被国家工商总局认定为中国驰名商标。公司在国内中高压开关设备研发、制造及销售领域一直处于领先地位，各项技术经济指标在国内高压开关行业名列前茅。在国内火电、石化和冶金等大中型重点工程领域的市场占有率保持 30% 以上，部分领域达到 70% 以上。

该公司与俄罗斯全俄电工研究院、日本 AE 帕瓦株式会社、上海交通大学、西安交通大学、西安高压电器研究所、中机国际工程咨询设计总院、中国电力科学研究院和兰州理工大学等国内多家高等院校和科研院所建立了长期稳定的技术合作关系，便于企业及时掌握科技发展的最新动态，开展多层次的产学研合作。

该公司现有职工 1 324 人，工程技术人员 465 人，其中从事研究开发的人员 233 人，博士及省政府津贴以上专家 14 人，中高级职称人员 543 人，本科以上学历人员 221 人。

2. 企业发展现状

近年来，该公司抓住国家宏观经济持续增长，特别是国内电源建设和电网改造投资力度明显加大所形成的良好市场机遇，以市场为导向，以发展为主题，以产品结构调整为主线，以科技进步为动力，加快机制创新、技术创新和管理创新，公司整体经济实力和竞争实力跨上新台阶。

（1）加强科技创新，支撑了企业的持续发展 “十二五”以来，该公司共完成省级以上新产品鉴定项目 49 项，其中：国际领先水平产品 2 项，国际先进水平产品 46 项，国内先进水平产品 1 项。获得省部级科技进步奖一等奖 1 项，二等奖 6 项，三等奖 6 项。这些新技术获得发明专利 24 项，实用新型专利 151 项，外观设计专利 4 项。主持制定的国家标准 1 项、能源行业标准 1 项；参与制定的国家标准 9 项，行业标准 5 项。并在大参数开关设备、智能化中压开关设备、中压高可靠性真空断路器及高海拔等严酷环境用中压开关设备、核电 1E 级开关设备、企业设计 / 制造和管理数字化环境建设和应用等技术领域处于国内同行业领先地位。

（2）信息化建设，助推企业全面升级 “十二五”期间，该公司启动了企业管理信息化系统整合、提升项目（CTCS-ERP2）的建设。公司基于产业园建设和产业整合，按照《一园一基地运营管理调整方案》，理顺母子两公司经营管理模式，已初步建成了一个平台（PDM3），两个系统 ERP1.2 和 ERP2 的信息化管理系统。持续改进 ERP1.2 系统。在同时满足 ERP1.2 和 ERP2 系统的基础上，整合 PDM3 系统平台，使 ERP2 系统与 PDM3、WMS 和 MES 各分系统之间的数据、业务集成，并建立了 ERP2 系统应用指南和操作手册，使信息化系统数据清晰，流程顺畅，提高了 ERP2 主数据的准确性与完整性，实现了实物流、资金流和信息流的相互统一。

（3）“一园一基地”建设，增强了企业竞争能力 按照长城电工产业园建设规划，在其“一园一基地”框架下，2013—2014 年，建成了中压空气绝缘开关设备制造数字化车间项目，2014 年底该项目投入运营，2016 年 11 月通过了国家审核，已全面实现了车间加工、装配及检测的一体化和数字化。该项目以 6 条装配生产线、数控钣金、立体仓库和 ERP2、MES、WMS 系统为制造和管理平台，实现了装备升级和管理升级。为该公司主导产品中压空气开关元件、成套产品实现年产 18 000 台和 15 000 面奠定了基础。

同时，该公司对基地资源进行整合，组建了天水长城开关厂有限公司，以其专业化研发、非上线产品制造和独有的电镀、喷漆件配套为母公司的市场开发、制造提供支持和配套。基地的生产装配与园区产品的生产制造形成互补，有利于园区的持续发展和建设。同时，基地还承担着零件酸洗、碱洗、镀银和镀锌等特殊工序的加工，基地的电镀能力、技术和资质，为产业园产品配套提供了便利。

3. 企业主要产品产能和本行业发展现状及前景分析

（1）主要产品产能和产量　随着该公司中压空气绝缘开关设备制造数字化车间项目（B1）的完成，实现了年产主导产品中压开关元件年产 18 000 台、中压空气绝缘开关设备年产 15 000 面的生产能力，初步实现了装备升级，公司制造装备能力处于同行业一流水平。2016 年，公司实现工业总产值 90 000 万元，营业收入 78 022 万元。

（2）本行业发展状况　近年来，面对外部经济紧缩和内部生产成本上升等压力，高压开关行业逐步放缓了快速增长的步伐，稳中求进。通过引进，消化，吸收国外先进技术和在此基础上的自主创新，使得新产品、新技术和新工艺不断推出，行业主要产品的技术水平接近或达到了国际先进水平，部分产品达到了国际领先水平，生产能力稳居世界第一。

截至 2014 年年底，我国从事高压开关设备生产的企业约有 2 000 家。目前国内高压开关领域参与中低端高压开关产品生产的企业数量相对较多，大部分企业集中在 126 kV 及以下的产品，这一领域的市场集中度相对较低；由于技术壁垒等因数的影响，参与高端高压开关产品竞争的企业相对较少，生产 126 kV 及以上电压等级产品的企业约 40 家，生产 252 kV 及以上电压等级产品的企业约 20 家。

（3）行业发展前景　中高压开关产品的技术研发向免维护、高可靠、小型化、集成化及智能化方向发展，以高技术含量的核心器件和新技术、新工艺和新材料为主线进行发展，环保、节能、高效、高可靠性、集成化和智能化成为发展主流。预计到 2020 年，170 kV 及以下的真空断路器及其成套装置将会得到迅速发展；到 2030 年，220 kV 及以下的 SF_6 电器设备将被真空断路器和以压缩空气为绝缘的真空 GIS 所取代；高温超导材料、热塑性材料和环保材料将广泛应用；集成创新将成为重要的创新模式。将原来分立的不同的材料、元器件及技术方案整合（组合、集成）起来，为用户提供新的整体解决方案，以满足用户的多样化需求，如组合电器、紧凑型开关设备、箱式变电站、智能开关设备及多功能开关设备等，将成为开关行业技术发展的一个重要趋势。

（4）发展机遇

1）“一带一路”政策机遇。2013 年 9 月和 10 月，习近平总书记分别在访问哈萨克斯坦和印度尼西亚时，提出共同建设“丝绸之路经济带”和“21 世纪海上丝绸之路”（简称“一带一路”）倡议，将集中在农业技术装备、高端装备、新能源汽车、先进输变电装备和燃气轮机等领域实施一批重大创新工程和智能制造重大项目，为公司发展提供了政策机遇。

2）智能电网建设机遇。国家能源局主导制定的《智能电网建设指导意见》即将出台，此外“十三五”规划中的智能电网发展规划也在制订中。该公司研发了各种开关设备智能化技术，在“十三五”智能化电网建设中将获得难得的发展机遇。

3）轨道交通及电铁的发展机遇。据中国城市轨道交通协会不完全统计，2016 年全国城市轨道交通客运总量为 160.9 亿人次。随着建设规模的扩大和运营线路的增加，北京、上海和广州已实现轨道交通网络化运营，深圳、南京、重庆和天津等城市正逐步走向网络化运营。“十三五”时期，我国将进入城市轨道交通和电铁建设大发展阶段，2020 年规划线路里程将超过 10 000 km。轨道交通和电铁的发展，为公司中压气体绝缘开关设备提供了进一步做大做精的机遇。

4）核电的发展机遇。核电产业已成为一项完善的能源产业，我国核电发展技术路线已经确定，按照国家核电产业规划，未来 5 年仍需新核准及开工 4 000 万 kW 左右核电项目，以达到 2020 年在运 5 800 万 kW 、在建 3 000 万 kW 核电项目的目标，到 2020 年国内核电设备市场总容量将超过 3 800 亿元，核电市场前景广阔。

5）产业园建设机遇。为实现公司“十三五”转型发展，长城电工启动了产业园建设项目，目前 B1 项目已基本建成投产，公司主导产品空气绝缘开关设备及开关元件已在园区生产。同时，公司 B2（中高压气体绝缘开关设备制造）车间计划 2017 年 7 月投产。公司产业园全面建成投产运营后，产能已从年产中压开关柜 8 000 面提升到 16 000 面，开关元件从 8 000 台提升到 20 000 台，市场响应能力和交付能力得到大幅提升。

4. 科研和创新体制及人才队伍建设情况

（1）创新平台建设效果显著。多年来，该公司坚持自主创新，并积极开展产学研合作和国际科技合作，技术创新取得了丰硕成果，近三年企业共完成 23 项自主知识产权的省级以上鉴定的科技成果，其中 15 项达到国际先进水平，在新产品研发方面共完成了 37 项，另外，企业还完成了 31 项长期储备技术、22 项制造技术、15 项质量技术以及 12 项管理创新技术的开发。近三年研发的新技术共获得授权专利 77 项，其中发明专利 7 项，实用新型专利 69 项，外观专利 1 项。这些创新成果获甘肃省科技进步奖二等奖 4 项，甘肃省技术发明奖二等奖 1 项；

中国机械工业联合会科技进步奖二等奖 2 项、三等奖 3 项，天水市科技进步奖一等奖 3 项、二等奖 5 项，中国电工技术学会科技进步奖二等奖 2 项、三等奖 1 项。

天水长城开关厂有限公司以这些创新成果为基础，企业技术创新实现了在多个新领域的重大突破，在开关行业具有典型的示范意义。

（2）科技成果转化能力强　近年来，该公司还对钣金、焊接、涂敷、机加工、装配和绝缘六大传统关键工艺进行了持续技术改造，相继引进了一大批国际先进水平的高精尖设备和技术，如从美国、芬兰引进了两条具有国际先进水平的板材柔性加工 FMS 生产线，同时，分别从德国、英国、日本、西班牙、芬兰、意大利和瑞士等国家引进了表面涂饰自动线、数控加工中心、激光切割机、弧焊机器人、母线加工单元、三坐标检测仪、X 光机检测装置、断路器可靠性能自动机械操作装置和断路器计算机检测系统等先进的数控加工和检测设备，公司的高精尖关键设备已占固定资产的 70% 以上。

另外，该公司以《中国制造 2025》为指导，完成了“中压空气绝缘开关设备制造数字化车间”项目建设，主要包括中压空气绝缘开关设备装配检测分系统、开关元件装配检测分系统、箱壳制造分系统、母线制造分系统、二次线束制造分系统、开关元件主回路制造分系统、制造执行系统（MES）和企业资源计划管理系统（ERPII）等。通过该项目的建设，实现了销售业务一体化、计划分层化、物料项目化、成本控制明晰化、制造流程模型化、制造模型分线化、设备管理信息化、主数据集中化和检验数据实时化。公司生产及试验检测设备的数控化率达到 90% 以上。该项目列入了 2015 年度国家智能制造专项计划项目，为公司近年来研发的换代产品的产业化提供了装备支撑，同时也大幅提升了公司科技及成果转化能力。公司科技转化能力（包括技术装备水平和检测手段）不仅在国内，在国际同行业中也堪称一流。

（3）创新体制和人才队伍建设　该公司技术中心是国家企业技术中心，按照技术创新特点、市场运作规律、企业发展目标、企业技术创新战略、企业多年来的发展特色以及高压开关设备研发与技术创新特点，技术中心构筑了即科学又有特色的组织机构。根据中心内部不同创新岗位对创新人才的需要，科学地配备了岗位所需的人才，使创新人才能够发挥最大的作用、创造最大的价值。另外，技术中心还建立了完善的创新管理制度，保证了科技创新的可持续性与和谐性。技术中心与国内高等院校和科研院所建立了长期稳定的合作关系，便于企业及时掌握科技发展的最新动态，开展多层次产学研合作。

人才培养教育工作是技术中心整个人才工作的基础性工作，企业为技术中心设立了创新人才培训中心，负责技术中心科技人员的培训与再教育。中心创新人才培养教育机制重点抓好了两个方面工作：

一是加强人才培养，做好中青年科技拔尖人才的培养和选拔工作，选拔部分德才兼备，有培养前途的中青年人才，由专家进行高层次的培养，建立拔尖人才和学科、技术带头人的“后备梯队”制度。加强专业技术人员的继续教育，对各类专业技术人员进行培训，促进知识更新。

二是加强优秀人才培训。主要依托高等院校和科研院所，对优秀人才进行新知识、新技术培训，培养一批具有世界眼光的高层次、复合型人才。

另外，该公司还通过产学研结合项目、国际合作项目的实施，培养高层次创新人才。

9.1.3 行业其他企业

1. 山东泰开高压开关有限公司

山东泰开高压开关有限公司是泰开电气集团有限公司全资子公司，是研制开发生产 550 kV 及以下户外高压 SF_6 断路器、组合电器、40.5 kV 及以下户外真空断路器三大系列产品的大型专业化企业。该公司占地面积 280 亩（1 亩 =666.7 m^2），建筑面积 5 万 m^2。现有员工 1 500 余人，其中专业技术人员 400 余人。综合经济指标在全国高压开关行业列前五名，是国家火炬计划“重点高新技术企业”、山东省机械工业连续六年“利税 50 强”企业。

为适应全球化发展战略，该公司全面构筑竞争力，创新发展。严格按照国际标准建立质量保证体系，1997 年通过了 ISO9001 质量保证体系认证，2003 年又顺利通过了 2000 版认证。该公司始终坚持“为用户提供零缺陷产品”的质量方针，精心设计，精心制造。公司引进大量先进的生产加工设备，如美国哈斯公司的 VF5 加工中心、威德曼公司的数控机床、德国海德里西真空绝缘浇铸生产线等一系列加工设备，使工艺装备达到国际先进水平。同时通过连续不断的技术改造，建造了 550 kV 净化等级达到 100 万级的装配车间，其中灭弧室达到 10 万级；配备了 550 kV 试验变压器和 3 000 kV 冲击电压发生器等高压试验检测设备，为公司向超高压电力领域进军奠定了硬件基础。

该公司始终坚持“以人为本”的经营理念，引进和培养各种高学历、高素质、高能力的人才，形成合理的科技管理人员结构，充分体现了公司科技兴企、人才兴企的战略。企业管理采用先进的 MIS 信息系统，使企业管理流程高效化；产品设计和制造采用 CAD 和 CAM 技术，使产品的结构设计更合理化、科学化。先进的技术工艺，精良的工装设备，完善的管理机构，优秀的员工队伍构成了公司为电力系统提供优质产品的坚实基础。“保持国内领先、争创世界一流”是山东泰开高压开关有限公司人不懈的追求。公司全体员工满怀信心，发扬“正直、诚信、务实、创新、追求卓越，回报社会”的企业精神，以优良的产品、可靠的质量、合理的价格和一流的服务为国内外客户提供更多更好的优质产品，使公司向国际化一流企业迈进。

2015 年，该公司生产销售 40.5 kV 中压成套开关设备 11 666 面，位居行业首位；生产销售 12 kV 中压成套开关设备 29 645 面，位居行业第二名；生产销售 12 kV 真空断路器 35 275 台，位居行业第 5 名；生产销售 40.5 kV 真空断路器 12 693 台，位居行业首位，占行业该类产品生产总量的 22.01%。

2. 安徽中电兴发与鑫龙科技股份有限公司

安徽中电兴发与鑫龙科技股份有限公司（简称中电鑫龙）是国家级高新技术企业和双软企业；该公司拥有国家企业技术中心、国家级博士后科研工作站和两个省级重点实验室和省级工程技术研究中心；荣获国家认定的创新型企业。中电鑫龙始终专注于智慧城市、平安城市、智能交通和智能建筑等关键技术和产品研发、整体解决方案提供、信息系统集成服务和运营维护服务，在智慧城市、平安城市、反恐与公共安全、新能源、充电桩、电力电子、自动化和输变电设备等领域拥有核心技术、丰富的实践经验和行业经验。

该公司在中国资本市场上市有反恐维稳科技股，以及中国 A 股市场的公共安全物联网、云计算与大数据行业的科技股，股票代码 002298。

该公司是中国智慧城市和平安中国建设行业唯一具有“八甲”资质的系统集成商、装备与一体化解决方案供应商及系统运营服务商。具体资质包括：国家保密局认定的涉密信息系统集成甲级资质、工业和信息化部认定的信息系统集成国家一级资质、公安部认定的安全技术防范工程一级资质、住建部认定的智能建筑设计国家甲级、智能建筑工程承包一级、电子工程承包国家一级资质、文化部认定的音视频工程承包特级资质以及国家发展和改革委员会、财政部颁发的能源合同管理资质。

该公司通过了质量管理体系、环境管理体系和职业健康安全管理体系认证，有 44 类产品通过了产品型式试验，44 类产品获得了国家强制性产品认证（3C）证书。公司现有专利 471 项，其中发明专利 50 项；相继与法国施耐德、美国通用、德国西门子、瑞士 ABB 等国际知名公司建立了技术、应用及商务合作伙伴关系。

该公司中压开关产品主要包括 KYN28—12（24）与 KYN61—40.5 系列中压成套开关设备、VA、VS1 与 SVP3 系列真空断路器，2015 年，该公司生产销售 12 kV 中压成套开关设备 37 461 面，位居行业首位；生产销售 40.5 kV 中压成套开关设备 11 505 面，位居行业第二名。

3. 施耐德（陕西）宝光电器有限公司

施耐德（陕西）宝光电器有限公司（简称 SSBEA）是施耐德电气（中国）有限公司与陕西宝光集团共同组建的一家专业从事中、高压真空断路器及相关产品研发、生产和销售的中外合资企业。施耐德宝光总部位于国内中高压产业基地陕西省宝鸡市高新科技园区。

在世界 500 强企业与中国中压电器龙头企业的通力合作下，作为国内中压开关行业最具知名度的“宝光”品牌产品的唯一合法生产商，施耐德宝光秉承精益生产科学理念，为广大用户提供全系列、高品质、高可靠性的产品及专业的服务。并致力于将施耐德宝光打造成为中国高效的中压断路器制造平台。

施耐德宝光拥有自主研发并具有先进设计理念、独立知识产权、权威机构认证的 VBG 和 VBGs 等系列高压真空断路器、智能柱上开关、铁道双极开关、气体绝缘环网柜和芬兰进口的微型计算机综合保护测控装置等。公司产品覆盖面广，全面满足客户在 1 2 kV、24 kV 和 40.5 kV 输配电系统的应用需求，并广泛服务于电力、能源、石化、煤炭、钢铁、冶金、制造、交通、建筑和环保等诸多行业，大型企业和国家重点工程项目。产品全面覆盖中国大陆，并迈向国际市场。

2015 年，该公司生产销售 12 kV 真空断路器 52 480 台，位居行业首位。

4. 河南森源电气股份有限公司

河南森源电气股份有限公司创建于 1992 年，是中国电器工业协会高压开关分会副理事长单位，电力电子分会副理事长单位，河南省变压器行业协会常务副会长单位，全国电力电子 100 强企业，国家重点高新技术企业，拥有国家级企业技术中心、智能互联输配电装备及系统集成河南省工程实验室和国家博士后科研工作站，以及河南省中压输配电装置、风力发电和电能质量装备 3 个省级工程技术研究中心。

1998 年以来公司先后通过了 ISO9001（质量）、ISO14001（环境）和 OHSAS18001（安全）国际标准体系认证，2000 年以来先后承担了国家重大电力装备自主化专项、国家新型电力电子器件产业化专项、国家战略性新兴产业专项、国家能源装备技改专项、国家智能装备制造专项、国家火炬计划项目和河南省重大科技攻关项目等重点项目。

2016 年，该公司多项产品在荷兰 KEMA 实验站通过了完整型式试验，获最高级别“complete”级认证证书，16 项新产品 10 项科技成果通过了国家级鉴定。目前该公司获得 500 多项专利授权。先后获得“国家知识产权优势企业”“中国电子信息百强企业”“全国制造业信息化应用领先奖”“河南省优秀民营企业”“河南省数字化企业试点单位”“河南省首批创新型示范企业”“河南工业突出贡献奖”等荣誉。

长期以来，该公司始终秉承“服务于社会、贡献于国家”的企业理念，坚持“依靠机制创新引进高素质人才，依靠高素质人才开发高科技产品，依靠高科技产品抢占市场制高点”的发展战略，吸引了来自北京、西安等地的多名国家、行业标委会委员及多名行业技术专家，构建了优秀的技术研发团队，参与了近 30 项国家标准和行业标准的制定。该公司在北京清华科技园设立了核电电力装备技术研究院。多年来与清华大学、西安交通大学、上海交通大学和大连理工大学等国内外科研院所进行产学研合作，共同建设高、低压配电和电力自动化领域的高科技产品研发平台。该公司构建了 ERP 信息化平台、PDM 数据库系统、NC 系统和 MES 系统，并将世界最先进的柔性智造、智能物流仓储和机器人技术集成创新，形成了由 20 多条智能生产线组成的行业最先进的数字化工厂，使其成为国际一流、国内产能最大的现代化输配电设备研发和制造基地。

该公司主要生产智能型高压、中压、低压发电、输电、配电装置以及变压器及其元器件，包括以 SAPF、SVG 和 TWLB 为主的电能质量治理装置，以风光互补路灯、LED 灯具为主的市政、工矿和景观照明系统，以智能逆变器、箱式变电站为主的光伏、风力发电设备。目前该公司已发展成为全国产销量最大的光伏发电设备生产厂家。该公司制造的 KYN 系列成套开关设备、SAPF 有源滤波成套装置和风光互补路灯等八类产品入选为河南省名牌产品。其中 KYN80 系列高压开关成套设备在电气绝缘和机械寿命两方面填补了国内空白；SAPF 有源滤波成套设备是国家节能减排重点推荐产品，也是唯一获得国家发展和改革委员会重大专项资金扶持的电力谐波治理专利产品；组串式光伏并网逆变器通过了 CQC 的太阳能产品认证，500 kV · A 逆变器通过了领跑者认证，15 kW 交流充电桩和 120 kW 智能型交直流一体充电桩通过了型式试验。

目前，该公司正逐步从单一的电气设备供应商向电气设备总包商转变，产品相继装备了国家电网、长江三峡、黄河小浪底、西气东输、南水北调和郑州地铁等国家重点工程，并远销美洲、中亚和东南亚等 30 多个国家和地区。

2015 年，该公司生产销售 12 kV 真空断路器 45 031 台，位居行业第 4 名；生产销售 12 kV 成套开关设备 29 481 面，位居行业第 3 名；生产销售 40.5 kV 成套开关设备 9 028 面，位居行业第 3 名；生产销售 40.5 kV 预装式变电站 5 277 台，位居行业首位；生产销售 12 kV 预装式变电站 3 680 台，位居行业第二名。

5. 双杰电气股份有限公司

双杰电气股份有限公司是自主创新能力较强的企业，曾荣获“2012 中关村十大创投案例”“中关村‘十百千工程”等荣誉。该公司于 2015 年 4 月在深圳证券交易所创业板成功上市（股票代码：300444；股票名称：双杰电气）。

该公司专业致力于智能配电、新能源和新能源汽车三大领域相关产品的研发、生产、销售及运营，形成三大领域“三驾马车，协同并进”的产业布局。

该公司在智能配电领域的主要产品包括环网柜、预装式变电站、柱上开关、高低压成套开关设备、配网自动化监控系统及其他配电自动化设备。该公司产品在环保化、小型化、智能化和免维护等方面实现了多项技术突破，取得了 30 余项发明专利、70 余项实用新型专利和外观设计专利，近百项非专利技术；其中固体绝缘环网柜是其自主创新的产品，是列入国家电网公司《第一批重点推广新技术目录》的“推广应用类技术”的唯一一项环网柜产品。2015 年，该公司生产销售 12 kV 环网柜 19 242 面，位居行业首位。

该公司瞄准中国和全球产业发展趋势，始终以技术创新为发展驱动力，始终以为客户提供一流产品和服务为宗旨，将 SOJO 品牌打造成为国内环网柜第一品牌，锂电池隔膜第一品牌，微电网第一品牌。实现“做智能配电领域一流设备供应商，新能源汽车领域一流产品供应商，新能源领域一流产业运营商，负责社会，福泽国人”的双杰愿景。

6. 青岛特锐德电气股份有限公司

青岛特锐德电气股份有限公司成立于 2004 年 3 月 16 日，是中德合资的股份制企业，国家级高新技术企业；2009 年 10 月成功上市（股票代码：300001）。

该公司拥有 12 家一级子公司，21 家二级子公司，现有员工人数 5 000 多人。集团总部拥有 13 个职能部门，7 个事业部，2 个金工加工中心，全国 12 个售后服务大区，22 个营销大区。

特锐德拥有一支凝聚力高、战斗力强、高素质、高绩效和勇担当的“狼性”

正规军团队，“创业企业团队建设管理经验”被哈佛大学、清华大学纳入教学案例库，面向全球发行。这是中国企业入选哈佛大学案例库的22个案例之一，也是唯一一个凭借“团队建设”管理经验入选的中国企业。

目前，该公司拥有国际先进水平的特锐德工业园和现代化的特锐德研究院，是中国大型的户外箱式电力产品系统集成商、电力系统集成解决方案的专家和大型的箱变研发生产企业，拥有世界先进水平的110 kV城市中心模块化智能变电站、太阳能光伏一体化箱变和有轨电车智能箱变等创新产品，自主研发能力强，箱式变电站完全实现工业化、工艺化、专业化和规模化生产，取得了中国铁路市场占有率第一、煤炭市场第一和局部电力市场第一的好成绩，成为细分行业龙头企业和国内箱式电力设备制造业的领军企业。

该公司依靠“一步领先、步步领先”的技术创新发展战略，建立了具有特锐德特色的自主知识产权体系，拥有专利170多项；拥有一大批在国内外变配电领域有着较高知名度的专业技术人才和专家学者，建立了500多人的技术研发团队，同时成为中国各行业电力产品技术标准的参与者和制定者。

2014年，特锐德成功研发了具有国际领先技术的“无桩充电、无电插头、群管群控、模块结构”的电动汽车群智能充电系统；2015年特锐德又对外发布了CMS主动柔性充电技术，专家鉴定结论为“技术水平国际领先”，引领充电技术的发展前沿。

特锐德主营业务是研发、设计和制造500 kV及以下的变配电一二次产品、新能源汽车充换电设备及相关产品，提供产品相关技术服务、施工服务；电力设备租赁及相关技术服务；特种车辆的组装、拼装；新能源汽车充换电站（点）建设与运营；融资租赁业务。

2015年，该公司生产销售12 kV预装式变电站6 293台，位居行业首位，生产销售12 kV环网柜17 896面，位居行业第二名。

9.2 中压开关行业的供给侧结构性改革

1. 供给侧结构性改革的深刻背景

《人民日报》发表习近平总书记在省部级主要领导干部学习贯彻十八届五中全会精神专题研讨班上的重要讲话，讲话的四个问题之一，就是关于供给侧结构性改革。其中讲到：“我们讲的供给侧结构性改革，同西方经济学的供给学派不是一回事”“我们讲的供给侧结构性改革，既强调供给又关注需求，既突出发展社会生产力又注重完善生产关系，既发挥市场在资源配置中的决定性作用又更好地发挥政府作用，既着眼当前又立足长远”“供给和需求是市场经济内在关系的两个基本方面”“供给侧和需求侧是管理和调控宏观经济的两个基本手段”“二者不是非此即彼、一去一存的替代关系”“供给侧结构性改革，重点是解放和发展社会生产力，用改革的办法推进结构调整，减少无效和低端供给，扩大有效和中高端供给，增强供给结构对需求变化的适应性和灵活性，提高全要素生产率”。这些论述，是我们认识和推动供给侧结构性改革基本遵循的原则。

提出供给侧结构性改革有着深刻的背景，这个深刻的背景可从需求和供给两方面看。从需求方面看，现在老百姓的需求水平升级了，而企业生产的产品远远不能满足老百姓高质量、高品位、高附加值和个性化的需求。怎么办？老百姓就用脚投票，跑到国外去买奶粉、奢侈品、电饭煲、马桶盖和药妆品等，甚至跑到韩国去整容。从供给方面看，低档次、低质量、低附加值的产品又供给过多，假冒伪劣的产品也不少，老百姓或不需要，或不放心，你供我不要，形成严重的生产过剩，使中国的制造业面临严峻的信任危机和转型危机。而这还只是市场反映的表面现象。从更深层次的背景看，是源于我国经济发展阶段发生了根本性的变化，其主要标志：

一是工业化峰值已过。产业结构由以工业为主体的“二三一”结构，转变为以服务业为主体的“三二一”结构，工业投资增长持续下降，以后工业也不大可能成为拉动经济增长的第一动力。当然，工业的主导地位不会变，实现“再工业化”和打造“工业 4.0”版的任务十分艰巨，而且会很漫长。

二是城市化进程已经放缓。过去依靠城市化快速发展带来的基础设施建设、房地产建设和公共设施建设，以及由此拉动的钢材、水泥、能源和电力等的需求，随着城市化率增速放缓，这些领域的投资需求也会慢下来。同时，以“经营城市”和“土地财政”助推的城市规模扩张面临转型，整个城乡和城市化系统面临重构。

三是人口老龄化来临。人口老龄化不是一个简单的人口问题，而是关系社会结构和经济结构的重大变化问题，随之必然会带来就业结构、退休年龄和医疗保险等一系列变革。重要的是，老年人对再就业、文化、旅游、休闲度假、医疗保健和养老送终等方面的需求，将逐渐成为支柱性产业。

四是进入绿色发展阶段。当前，人类面临的生存危机已经大于发展危机。同样，我们的发展，面临着老百姓和国际社会对保护和修复良好生态环境的双重压力，面临着治理雾霾等污染和履行《巴黎协定》等承诺的倒逼压力，可以说过去那种“高投入、高排放、高污染、低效益”的粗放型经济发展方式，已经走到尽头。因此，植入绿色发展理念，走绿色发展道路，已经成为我们的不二选择。

在这几个大的背景下，我国经济发展进入了新常态，未来经济增长既不会是“V”型，也不会是“U”型，甚至不会是“L”型，而是一种适应新常态的“～”型，即是保持中速增长略有波动的微波型，既不会很高，也不会很低。

2. 供给侧结构性改革的内涵

当前，虽然传统的短缺现象不复存在，但新的有效供给不足日渐凸显，结构性矛盾突出。应当从供给一侧着手，改善供给的有效性，提供更多高品质的产品和服务，特别是增强医疗、养老、教育和休闲娱乐等公共服务领域的供给。这需要从根本上激发企业活力，鼓励投资和创新，化解结构性矛盾。

经过 30 多年的高速增长，尽管中国已经成为世界第二大经济体，但在长期粗放式发展的惯性作用下，一些重化工业和一般制造业形成严重的产能过剩。不仅经济增速放缓、增长动力缺乏，而且企业盈利下降，债务风险上升。国企的资产负债率持续上升。债务风险和通缩相互作用，导致经济持续下滑，不良资产积压，传统行业的生存举步维艰，大量僵尸企业成为经济运行中的风险源。

以往，宏观调控更多地采用货币政策，通过总量调整来激发短期增长。然而 2015 年以来，央行已经 5 次降息降准，国家发展和改革委员会新批基建项目超过 2 万亿元，但经济颓势难改。无论是 2009 － 2010 年的“四万亿元”，还是目前的“精准投资”，均收效不佳。这表明，中国经济中的矛盾已经不仅仅是短期的、周期性的和外部的冲击，而且是中长期的、结构性的和内生性的问题。对总需求进行管理的刺激性政策对前一种情形短期内有效，但对后者尤其是长期的结构性矛盾却束手无策。因此，应该及时转变思路，从总需求管理转为对供给侧调整与需求侧管理相结合的结构性改革，才能重新激发创新的活力。

供给侧改革是相对需求侧管理而言的，主要侧重提升经济增长的质量和效率，增强企业长期创新活力，注重经济长期、持续的发展。纵观经济思想史，作为供给学派的典型实践，“里根经济学”（Reaganomics）和“撒切尔主义”（Thatcherism）分别采用减税和国企改革等措施，帮助美、英两国在 20 世纪 80 年代摆脱滞胀，走出衰退。

过去 20 多年来，“投资、消费、出口”作为拉动经济增长的“三驾马车”为人们耳熟能详。“三驾马车”指的主要是需求侧，与其相对的是供给侧，就是生产要素的供给和有效利用。需求侧的“三驾马车”决定短期内的经济增长率，而供给侧则有劳动力、土地、资本和创新四大要素，这四大要素在充分配置条件下所实现的增长率即是中长期的潜在经济增长率。结构性改革就是要调整经济结构，实现要素优化配置，提升经济增长的质量和效益。

所谓供给侧改革，就是从供给、生产端入手。通过降低企业税负，减少生产领域的交易成本，促进投资者更有效地进入各生产领域等改革措施，最大限度地释放生产力，提升企业竞争力，促使资源转向新兴领域、创新领域，创造新的经济增长点，最终实现经济结构的转型和可持续发展。供给侧改革既包括劳动力、资金、土地和资源等生产要素的高效投入，也包括技术进步、人力资本提升和知识增长等领域的要素升级，还包括企业、创业者、创新型园区、科研院所和创新型政府管理等创新。同时，通过减税、简政放权和扩大市场准入等措施，激发各个主体的积极性和创造性，改善经营环境。最后，通过淘汰落后产能，培育具有竞争优势的新产品、新服务。

3. 如何推进供给侧改革

实现绿色发展。绿色发展是供给侧改革的重点目标之一，也是供给侧改革的重要内容。要实现绿色供给，就要从经济、政治、文化、社会和生态五位一体的发展理念入手，树立生产优质生态产品的发展理念。

实现消费升级。重点对服务消费、信息消费、绿色消费、时尚消费、品质消费和农村消费等领域实施和促进消费升级，对健康、医疗、教育和养老等消费领域的升级，要探索资产证券化的创新，加大对新兴产业以及相关基础设施和公共服务的融资支持。

以"互联网+"改善产业业态。鼓励采用互联网、智能机械等技术和创新模式，促进传统产业的创新、升级，促进新兴产业的培育和发展。

进一步放宽民生领域的准入。在养老、教育和医疗卫生等领域，应加快市场准入进程，比如，高水平的物业管理不仅带来新的商业增长点，也能切实改善生活品质。

淘汰落后产能，促进新产能的进入。对产能严重过剩的钢铁、有色金属等行业，要加快结构调整，提高环保、技术、质量和劳动保护等标准，加快淘汰一批高污染、高能耗的产能，同时建立产业援助机制，为企业退出提供必要的通道和支持，重点在失业救济、离岗培训、土地和设备转换等方面提供必要的协助和经济补贴。

简政放权，降低税费。一方面，要化解产能过剩，实现市场出清。另一方面，我们要为企业减税减负，提高竞争力。因此，只有简政放权，调整政府在经济发展中的角色，才能为改善供给创造有利条件。同时，应减少财政性投资的比重，优化市场和产品的供给结构，降低融资成本。

以中国研发创造新供给。苹果手机再次论证了供给可以创造需求的理论。因此，一味依赖“后发优势”，依靠引进，就不可能在大飞机、芯片设计制造、智能制造和物联网等领域实现突破和飞跃。应当加强培育竞争优势，通过产品研发和创新来提高中国制造的国际竞争力，促使供给由低端、廉价转向“高大上”。

当前，供给和需求两端都要推进结构性改革。事实上，我国已经着手对供给加大改革，如简政放权、放管结合、优化服务，推动“大众创业、万众创新”以及“互联网＋”等，都是旨在创造新的供给。同时，扩大中西部铁路建设、棚户区改造和城市地下给排水设施建设等领域的投资需求。

对于经济体系庞大、结构复杂和地区差异明显的中国而言，既要着手供给侧的改革，又要继续专注于对需求侧的培育。因此，尽管供给侧改革极为重要，但不可能完全替代“三驾马车”的作用，我们应当在需求和供给两侧同时发力，实行动态管理。